종교와 페미니즘, 서로를 알아 가다

양
혜
원

종교를 페미니즘으로 알아가다

비아토르
viator

제가 번역한 90여 권의 번역서를 읽어 주신 독자들, 제가 직접 쓴 글과 책을 읽어 주신 독자들, 저와 함께 글을 쓰면서 대화 파트너가 되어 주었던 "자기 서사 프로젝트" 그룹, 저를 처음으로 교수로 만들어 준 밴쿠버 기독교 세계관 대학교의 학생들, 그리고 크고 작은 강연에 저를 초청해 주시고 그 강연을 들어 주신 분들을 생각하며 썼습니다.

차 례

전작《교회 언니의 페미니즘 수업》을 어떤 신비한 기운에 의해 한달음에 썼다면, 이 책은 진통을 많이 겪었습니다. 그 이유는 여러 가지입니다. 우선 먼젓번 책은 한국에서 쓰지 않았습니다. 그래서 제가 대화하는 청중과 어느 정도 거리를 두고 쓸수 있었습니다. 그때 제 상상 속 대화 상대는 제가 2013년에 한국을 떠나 미국으로 공부하러 갈 무렵 대화를 나누었던 상대의 연장이었습니다. 그래서 저는 그들과 같은 언어를 공유하고 있다고 생각했고, 고민의 지점도 비슷하리라 생각했습니다. 그렇기 때문에《교회 언니의 페미니즘 수업》은 제가 이전에 써 왔던 글쓰기 방식의 연장선상에 있습니다.

물론 중요한 차이는 있었습니다. 한국을 떠나기 전에 저는 '복음주의'권에서는 거의 처음으로 페미니즘의 화두를 제 책《교회 언니, 여성을 말하다》를 통해 던지고 떠났습니다. 그러나 공부를 마치고 쓴 후속작《교회 언니의 페미니즘 수업》에서는 페미니즘과 거리를 두게 되었습니다. 그런데 공교롭게도 '복음주의'권에서는 그 어느 때보다 페미니즘에 목말라 하고 있었습니다.

여기에서 제가 '복음주의'권이라고 따옴표를 치는 이유는, 복음주의가 제가 자연스럽게 걸치는 옷은 아니기 때문입니다. 한국에서 복음주의는 실제로 신앙생활을 하는 사람들과 어느 정도 유리되어 있습니다. 저는 대학생 때 스스로를 기독교인으로 정체화하고 난 후 한 번도 제 신앙을 복음주의와 관련지어서 생각한 적이 없습니다. 한국에서 복음주의는 다소 운동의 성격을 띠고 있었고, 한국의 복음주의가 수입하는 수많은 영미의 백인 남자 신학자들이 하는 이야기들은 지루했습니다. 그나마 제가 좋아했던 C. S. 루이스나 헨리 나우웬 그리고 제가 많은 책을 번역한 유진 피터슨과 같은 저자들은 제 삶의 무엇을 건드렸기 때문에 좋아할 수 있었지만, 그들은 사실 정통(?) 복음주의자도 아니고, 저도 복음주의의 무엇을 배운다고 생각하며 그 책들을 읽지 않았습니다. 한국에서 '복음주의'라는 말을 쓰는 대다수의 사람은 남자들이었고, 가끔 그런 말을 쓰며 그 운동에 참여하는 여자들도 있었지만, 저는 그들 모두에게 다소 거리감을 느꼈습니다. 저는 복음주의가 무엇이고 그것을 어떻게 지키느냐에는 관심이 별로 없었습니다. 저의 주된 관심은, 복된 삶을 살려면 하나님을 믿어야 한다고 해서 믿었는데, 그런 하나님을 믿는다는 게 도대체 내 삶에서 구체적으로 무엇을 의미하는가 하는 것이었습니다. 제가 어울린 그룹이 결국 복음주의와 관련이 있었고 그래서 그 그룹에서 가르치는 대로 따랐다고 해서 제가 자연스럽게 저 자신을 복음주의와 동일시한 것은 아니었습니다.

복음주의라는 말을 조금 더 편안하게 쓰게 된 것은 오히려 미국에서 공부를 마치고 나서입니다. 처음에 미국에서 공부할 때는 우선 미국의 복음주의와 한국의 복음주의가 상당히 다르다는 것을 이해해야 했습니다. 거칠게 말해서 미국에서 복음주의는 종교에서나 정치에서나 대표적인 보수입니다. 한국의 경우 복음주의는, 종교적인 면에서는 근본주의가 한국 기독교의 다수를 차지하기 때문에 나름 진보로 자처하고 있었고, 정치적인 면에서는 (그 무렵에는) 보수의 선을 어느 정도 지키면서도 진보의 욕망을 가지고 있었습니다. 그래서 종합적으로는 나름대로 진보라는 인식을 가지고 있었습니다. 제가 미국에서 공부하면서 보니 복음주의는 제법 오명을 쓰고 있었고, 그러한 오명과 제가 아는 한국 복음주의자들의 자부심은 잘 결부되지 않았습니다. 그래서 한편으로는 더욱 저 자신을 복음주의자라고 하기가 힘들었지만, 결국은 그렇게 볼 수밖에 없었습니다.

일단 제가 속한 그룹의 계보가 그랬습니다. 영미에서 복음주의자로 분류되는 사람들에게서 사사한 한국 사람들 밑에서 저도 배웠기 때문입니다. 제가 번역한 책의 저자들 중 다수가 또한 그렇게 분류됩니다. 그리고 미국 사람들이 보기에 제가 속한 그룹의 종교적 실천이 복음주의자들의 실천과 비슷했기 때문에 스스로를 그 자리에 두어야 사람들에게 제 배경을 설명할 접점을 찾을 수 있었습니다. 다시 말해서 저 자신을 복음주의와 동일시하지 않아도 저를 일단 복음주의에 위치시켜야 비로소 서로를 알아가기 시작할 수 있었던 것입니다. 그것은 마치 제가 저를 한국인과 완전히 동일시하기는 힘들어도 저는 한국인일 수밖에 없고, 또한 한국인이라고 해야 대화가 가능한 것과 같았습니다. 어린 시절을 영국에서 보낸 저는 한국이 늘 낯설었고, 스스로도 그리고 저를 아는 사람들도 저를 전형적인 한국인이라고 보지 않았습니다. 그런데도 저는 영국에서든, 미국에서든, 그리고 나중에는 일본에서든, 저를 (무엇보다도 인종과 여권이 저를 그렇게 규정하기 때문에) 한국인이라고 할 수밖에 없었고, 그러면서 한국인이 되어 간 면이 있습니다. 마찬가지로, 제가 한국에서 기독교 수업을 받은 계보에 따라 저는 복음주의자가 되어 갔습니다.

그런데 이 복음주의 그룹이 페미니즘에 열광하고 있었던 것입니다. 처음에는 이 현상이 당황스러웠습니다. 저는 복음주의가 무엇을 지켜야 하는가에는 관심이 없었지만, 복음을 지키기 위한 경계선들에 대한 이해는 갖고 있었습니다. 그 경계선은 절대적인 선은 아니지만, 적어도 한 그룹의 정체성을 형성하는 데에 매우 중요한 역할을 합니다. 그런데 그 정체성이 뿌리째 흔들리고 있는데도, 그것에 대해 고민하고 정리하고 점검하면서 필요한 변화를 모색하는 게 아니라, 그냥 정신없이 몸체가 다 흔들리며 혼란스러워하고 있다는 인상을 받았습니다. 2018년 말에 제 책《교회 언니의 페미니즘 수업》의 북콘서트에서 제가 말했듯, 왜 그렇게 되었는가 하는 것은 학자들의 연구가 필요한 문제이고, 그러한 연구를 통해서 이 그룹은 자기 이해를 할 필요가 있습니다. 이 책은 그것을 분석하는 연구서는 아닙니다. 아마도 그런 연구를 위해 한국에서 펀딩을 하는 곳이 있다면 그것이야말로 한국 기독교 지성의 성숙을 보여 주는 단면이라고 하겠지만, 안타깝게도 아직은 거기까지 다다른 것 같지는 않습니다.

미국에서 박사를 마치고 2017년 하반기에서 2019년 하반기까지 2년간 일본의 한 연구소에 객원 연구원으로 머물면서 저는 한국에 와서 한 번씩 강연을 할 기회가 있었고, 2019년 2월에는 캐나다 밴쿠버에 있는 기독교 세계관 학교에서 석사생들을 대상으로 일주일간 집중 강의를 할 기회가 있었습니다. 한 학기 수업을 일주일에 해내는 그야말로 '인텐시브'한 강의였습니다. 그 기회를 통해서 저는 처음으로 한 번 강의하고 끝내는 게 아니라 학생들과 연이어 대화하면서 제 청중을 새롭게 이해할 수 있었습니다.

여기에 쓴 글의 모태는 2019년 12월 중순에서 2월 중순까지 교계 신문 〈뉴스앤조이〉에 연재했던 글입니다. 그 글을 쓸 때부터 나중에 살을 붙여 책으로 내겠다는 계획을 세웠고, 그래서 바로 책 집필에 들어갔지만 그 사이 시행착오를 몇 차례 겪었습니다. 우선 기독교와 페미니즘이라는 두 개의 세계관이 그렇게 쉽게 융합되는 게 아니라는 것이 제가 종교여성학자로서 가지는 기본적인 입장인데, 한국에 돌아와 보니 이러한 저의 입장을 밝히고 함께 토론할 구체적인 대상이 누구인지 저 자신도 분명하게 파악하지 못했습니다. 저와 함께 글쓰기 프로젝트에 참여하는 친구가 아직 제가 공부를 마친 지 얼마 되지 않아서 그렇다는 말을 했는데, 그것도 한 가지 이유가 될 것입니다. 말하자면 학계에서 논의 주제에 접근하고 다루는 방식에 저는 익숙해져 있었던 것입니다. 그리고 제가 한국을 6년 반 정도 떠나 있었다는 것도 한 가지 이유가 될 것입니다. 여하튼 제게 새롭게 주어진 상황과 그동안 달라진 청중을 이해하는 데에 시간이 좀 필요했습니다.

제가 연구하는 분야가 중요하게 관여하는 그룹은 크게 다섯 개입니다. 종교학, 여성학, 종교여성학, 기독교, 기독교 페미니즘. 이 책을 맨 처음 쓰려고 마음먹었을 때는 기독교 페미니즘 그룹을 주로 염두에 두었던 것 같습니다. 그런데 몇 번의 경험을 통해서 이 그룹은 오히려 저와 별 접점이 없다는 것을 알게 되었습니다. 그래서 이 책의 방향을 조금 수정했습니다. 제가 소개하고자 하는 내용은 변함없습니다. 그러나 제가 생각하는 대화 상대는 페미니즘과 조금은 거리를 두고 궁금해하는 분들입니다. 다시 말해서, 기독교인으로서 페미니즘을 어떻게 이해하는 게 좋을지를 고민하는 분들이라고 할까요.

제가 보는 한국 사회의 특징 중 하나는 무엇 하나가 '뜨면' 그 다음 것이 뜰 때까지 다들 열심히 그 노래 하나만 부른다는 것입니다. 물론 이것은 한국에만 국한된 현상은 아닙니다. 항간에 떠도는 이른바 '힙'한 이야기에 끼어들어야 비로소 그들과 하나 되는 현상은 어디에나 있습니다. 짐 캐리 주연의 〈트루먼 쇼〉를 보면, 모두가 열광하던 쇼가 끝나자 시청자 하나가 "이젠 뭐 보지?" 하고 묻습니다. 즐겨 보던 프로그램 하나가 끝났으니 다음에는 어떤 프로그램을 볼까 묻는 것입니다. 가짜 인생을 살던 트루먼이 텔레비전 세트를 깨고 나와 자신을 되찾는 과정을 열심히 응원하던 시청자들이 그 쇼가 끝나자 그 다음 '트루먼'을 찾는 것입니다.

사실 유행이란 그런 것이고, 대중은 그러한 유행을 만들기도 하고 따르기도 한다는 것은 새로운 이야기가 아닙니다. 하지만 한국은 유행에 유난히 더 민감하지 않나 생각합니다. 저는 페미니즘이 그러한 유행 중 하나로, '힙'한 가십거리로 지나가는 것은 페미니즘에도, 기독교에도 좋지 않다고 생각합니다. 물론 지금 페미니즘은 제가 생각했던 것보다 더 오래 (기독교) 대중의 대화에 머물고 있습니다. 그러나 과연 긍정적인 방향으로 머물고 있는지는 잘 모르겠습니다. 페미니즘이 모든 문제를 해결하고 모든 것을 완성시킬 것이라고 믿는 분들도 있겠지만, 페미니즘은 여러 사상 중 하나일 뿐입니다. 그러나 또 한편으로 페미니즘은 다른 어떤 사상보다도 여성들의 삶과 밀접하게 연관된 사상이라는 점에서 단지 하나의 사상에 불과한 것은 아닙니다. 모든 것everything 은 아니지만 무엇something 이기는 한 것입니다.

기독교는 지금까지 여러 사상과 현상을 상대하며 2천 년

넘게 이어져 오고 있는 전통입니다. 그에 비하여 페미니즘은 비교적 최근의 사상이자 현상입니다. 이 책에서는 그러한 역사를 가진 기독교가 페미니즘과 관계를 맺는 혹은 관계를 맺을 수 있는 방식들에 대해서 이야기하려고 합니다. 저는 한 번도 누구를 가르치는 자리에 있다는 생각을 한 적이 없습니다. 박사 공부를 하면서도 제 관심은 가르침보다는 연구였습니다. 그러나 작년 2월에 처음으로 학생들을 가르치면서 가르치는 일의 가능성에 대해서 생각해 보게 되었습니다. 그래서 이 책은 대화체로 하는 강의로 구성했습니다.

첫 번째 강의에서는 종교와 페미니즘의 불완전한 만남에 대해서 이야기하려 합니다. 많은 기독교 페미니스트들이 기독교와 페미니즘은 만날 수 있다고 확신하고 있고 또한 만나야 한다고 믿습니다. 저는 만날 수는 있다고 생각하지만 그 만남은 불완전할 수밖에 없다고 생각하며, 또한 반드시 만나야 한다고 생각하지도 않습니다. 그 배경을 첫 번째 강의에서 설명하려고 합니다. 두 번째 강의에서는 이슬람 페미니즘을 소개하려 합니다. 기독교와 페미니즘 논의에 무슨 이슬람을 끌어오느냐 생각하는 분들이 있을 것입니다. 제가 연구를 하면서 보니 이슬람 페미니즘에는 의외로 한국의 상황에서 기독교 페미니즘을 고민하는 사람들이 참고할 수 있는 부분들이 있었습니다. 이미 한국의 기독교 페미니즘 논의는 자유주의 혹은 해방주의에 경도되어 있기 때문에, 기독교 페미니즘을 논할 수 있는 새로운 시각을 가지는 데에 이슬람 페미니즘은 좋은 참고가 됩니다. 그렇게 좋은 참고로 활용될 수 있도록 중간중간 기독교 관점의 설명도 같이 해 두었습니다.

세 번째 강의에서는 유교 페미니즘을 소개합니다. 이번에도 기독교와 페미니즘 논의에 웬 유교를 끌어들이냐는 반응이 있을 것이라 생각합니다. 그 이유는 아주 간단합니다. 한국 사회는 유교 전통이 강한 사회이고 특히 젠더 관계에서는 유교의 젠더 규범을 기준으로 삼고 있기 때문입니다. 기독교인도 예외가 아닙니다. 우리는 기독교인이 되면 순식간에 유교 전통과 아무런 상관이 없는 새로운 피조물이 된다고 생각하는 경향이 있습니다. 그러나 현실은 그렇지 않습니다. 우리가 세례를 받을 때 잠시 흥분하고 뭔가 새로운 존재가 된 것 같지만, 며칠 지나면 그냥 자기 자신에 머물러 있는 것을 알게 되는 것과 마찬가지입니다. 수련회도 그렇지요. 일상을 떠나 오직 한 가지에만 집중하며 뜨겁게 기도하고 찬양하는 며칠을 보내고 나면 아주 후레쉬해지지만, 며칠 지나면 또 같은 일상을 반복합니다. 하물며 5백 년 동안 온 민족이 대를 이어 자기self를 형성해 온 유교 전통이 하루아침에 뒤바뀌겠습니까. 어떤 학자는 심지어 한국 사회에 유교적 인간관계가 영향을 미친 시간은 최소한 1천 5백년이라고까지 말합니다. 유교가 처음으로 한국에 들어온 것이 삼국시대 때인데, 그 언저리부터 유교는 한국인들에게 인간관계의 윤리적 규범이었다는 것이지요. 서구 사회의 기독교 역사가 2천

년이라며 그 사회에 자리잡은 기독교 정신을 부러워하기도 하는데, 한국 사회에는 그에 버금가는 1천 5백여 년의 역사를 통해 유교 정신이 자리잡은 것입니다. 한국의 기독교 페미니스트들은 이 전통을 부정하고 싶어 하지만 그렇다고 해서 현실이 달라지는 것은 아니기 때문에, 유교 페미니즘이 어떻게 유교를 바꾸려 하는지를 들여다보는 것은 유교 전통에 이식된 기독교가 페미니즘을 수용할 수 있는 방식을 이해하는 데에 도움이 됩니다.

마지막 네 번째 강의에서는 한국 복음주의 페미니즘의 가능성에 대해서 이야기하려 합니다. 복음주의 페미니즘에 대해서는 1980년대부터 이미 논의된 바 있습니다. 그러나 한국에서는 자유주의 진영의 기독교가 페미니즘을 선점하면서 복음주의 페미니즘은 거의 소개되지 않았습니다. 물론 한국에서 복음주의 페미니즘이 제대로 소개되지 않은 것은 단지 그 이유 때문만은 아닙니다. 이에 대해서는 마지막 장에서 다루게 될 것입니다. 한편, 미국이나 영국에서 논의되는 복음주의 페미니즘을 굳이 한국으로 고스란히 수입할 필요는 없다고 저는 생각합니다. 그 지역과 우리는 서로 다른 문화와 기독교 역사의 배경을 가지고 있기 때문입니다. 그래서 마지막 장에서는 복음주의 페미니즘 자체를 소개하는 데에 치중하기보다는 한국에서 복음주의 진영에 속한다고 할 수 있는 사람들이 페미니즘을 활용할 수 있는 방안들을 생각해 보려 합니다. 기독교인도 다 같은 사람이기 때문에 우리가 사람으로서 기독교인을 이해하기 위해서 사회학이나 심리학을 참조하는 것처럼, 여성들의 삶과 경험을 이해하기 위해서 얼마든지 페미니즘을 참조할 수 있습니다. 저는 목사도 신학자도 아닌 한 사람의 평신도 입장에서 그러나 또한 종교학자의 입장에서 신앙을 지키면서 여성으로서 하나님이 약속하신 복된 삶을 살 수 있는 방향들을 같이 생각해 보려 합니다. 어떤 분들에게는 이 마지막 장이 가장 중요할지도 모르겠습니다.

얼마 전부터 제 연구의 목적이 무엇이냐고 묻는 질문에 대해 저는 이해를 구한다는 말을 하곤 합니다. '이해를 구하는 믿음'은 캔터베리의 성 안셀름(1033-1109)이 지녔던 모토로 유명합니다. 믿음은 지성과 충돌하지 않는다는 것이 기독교 세계관의 신념 중 하나입니다. 그러나 이해는 단지 지성의 차원에만 머물지 않습니다. 정말 제대로 이해하면 머리가 아니라 몸이 반응한다는 것을 저는 배우고 있습니다. 그런데 이해를 하려면 일단 출발점이 있어야 합니다. 여러분이 복음을 받을 때도 진공 상태에서 받은 것이 아니라 가정, 학교, 직장을 오가던 어느 시점에 받았던 것처럼, 우리는 모두 이 땅 어딘가에서 그 땅의 기운과 가치를 입은 채 기독교인으로 살고 있습니다. 그렇다면 여러분은 어느 땅에 서서 기독교를 혹은 페미니즘을 이해하고 계십니까? 1강은 바로 그 내용을 다룰 것입니다.

그 전에 먼저 한 가지 의문에 답을 하고 들어가겠습니다. 이 책에서는 종교라는 말을 자주 쓰는데요, 기독교인들을 독자로 생각하고 있다면서 왜 기독교라는 말 대신 종교라는 말을 쓰는지 궁금해하실지 모르겠습니다. 그 이유는 우선 우리가 다종교 사회에서 살고 있기 때문입니다. 사실 이러한 다종교 사회의 현실을 늦게 받아들인 곳은 오히려 서구 사회라 할 수 있습니다. 기독교가 개인의 삶에서 사회 윤리, 사회 제도, 가치, 정치체제, 문화, 사상 체계 등에 이르기까지 워낙 속속들이 서구 사회를 구성하고 있었기 때문입니다. 제가 처음에 미국에서 공부할 때 수업 시간에 '종교'라는 말이 나오면 저는 당연히 여러 종교들을 떠올렸는데 사실은 그게 기독교를 의미하는 말로 쓰인 경우들이 많아서 적응하는 데에 시간이 좀 걸렸습니다. 그래서 페미니스트 '신학'도, '신'이라는 용어가 반드시 기독교의 신에 국한된 것이 아닌데도, 여러 종교를 아우르는 신학이 아니라 기독교 신학을 의미합니다. 하지만 다종교 사회에서는 하나의 종교에 국한된 용어를 그렇게 일반적 용어로 쓰면 안되지요. 모든 종교를 다 아우를 수 없다면 차라리 페미니스트 기독교 신학, 페미니스트 불교 신학 등으로 불러야 하고, 페미니스트 신학은 페미니즘의 관점에서 재구성한 여신 종교나 기타 여성 종교에 국한해서 쓰는 게 오히려 더 맞을 것입니다.

그런데 이러한 기독교 중심의 서구 신학이 한국에 들어오면서 한국 사회의 다종교 현실을 잊게 만드는 경우들이 생깁니다. 동아시아 국가에서 한국의 기독교는 유례 없이 많은 신자들이 생기면서 불교와 나란히 한국의 주류 종교가 되었지만, 한국에서 기독교는 여전히 여러 종교들 중 하나입니다. 따라서 현재 기독교가 사회에서 차지하는 이러한 상대적인 위치를 인식할 필요가 있기 때문에 종교라는 표현을 기독교라는 용어와 번갈아 가며 사용했습니다.

또 한 가지, 종교라는 말을 쓸 때의 유익은 기독교를 한 발자국 떨어져서 보는 데에 도움이 된다는 것입니다. 대상에 너무 밀착되어 있으면 오히려 대상이 잘 보이지 않지요. 그래서 한 번씩 거리를 두고 보면 좀 더 종합적인 이해에 도달하는 데에 도움이 됩니다.

마지막으로 기독교를 일반적인 종교의 언어로 풀어 쓰면 비기독교인들이 좀 더 쉽게 기독교에 접근할 수 있습니다. 우리끼리만 아는 말을 쓰면 그 언어에 익숙하지 않은 사람들은 낯설 수밖에 없지요. 그래서 서로의 공통분모를 찾아서 대화를 시작하면 기독교라는 특수성에 대한 부담을 주지 않으면서 이야기를 풀어갈 수 있습니다.

그러면 이제 진짜 시작해 보도록 하겠습니다.

제 1 강

종교와 페미니즘의

불완전한 만남

개인의 양심 문제가 된
종교

저는 기독교 가정에서 태어나서 기독교인으로 자랐습니다. 어릴 때 경험한 기독교인과 비기독교인의 가장 큰 차이는 일요일에 교회에 간다는 것이었고, 식사 전에 기도를 한다는 것이었습니다. 저희는 기독교 가정이기 때문에 일찌감치 제사를 드리지 않았습니다. 그리고 가족 나들이로 인근 경주에 가면 불상들이 많았는데, 저런 건 우상이라는 인식이 있었습니다. 이러한 것들은 기독교인을 비기독교인과 구분해 주는 외형적이고 비교적 간단한 표시입니다. 그 외에 저는 다른 아이들과 별 차이가 없었고, 교회 다니는 친구건 다니지 않는 친구건 구분하지 않고 친하게 지냈습니다.

그러다가 고등학교에 가서 새 윤리책을 받아 들고 보니거기에 세계의 현인들을 소개하는 항목이 있었는데 그중에 예수도 있었습니다. 가시관을 쓰고 하늘을 응시하는 예수의 얼굴이 도판으로 실려 있었던 것으로 기억합니다. 그 사진을 보면서기분이 좀 묘했습니다. 교회에서는 이분을 신으로 예배하는데 윤리책에는 현인 중 하나로 실려 있었으니까요. 그리고 세계사 시간이 되자 선생님이 수업 전에 먼저 이런 말씀을 하셨습니다. 세계사 수업 내용 중에는 인류의 기원에 대한 것도 포함되어 있는데, 가끔 교회 다니는 학생들이 항의를 한다는 것입니다. 인류의 조상은 '원숭이'가 아니라고 말이죠. 그러면서 선생님은 이건 그냥 학교에서 가르치는 내용이니까 그렇게 듣고, 종교적 믿음에 대한 부정이나 그런 것으로 받아들이지 말라고 하셨습니다. 돌이켜 보면 그 선생님도 교회 다니는 분이 아니셨을까 생각합니다. 여하튼 그분은 나름 슬기롭게 학교 커리큘럼과 개인의 신앙을 구분하려 했던 것 같습니다.

여기서 기독교인과 비기독교인의 또 다른 차이가 나타납니다. 기독교인들은 탁월한 윤리적 지도자 중 한 사람으로 여겨지는 사람을 신으로 예배하고, 좀 더 열심이 있는 신자는 인류의 기원에 대한 과학적 설명을 탐탁지 않게 여깁니다. 그러나 시험 성적을 잘 받기 위해서는 교과서에서 배운 대로 답해야 한다는 것을 알기 때문에 그 정도는 큰 양심의 가책 없이 따를 수 있습니다. 게다가 인류의 기원에서 현대사까지 다루는 세계사의 방대한 분량에서 어차피 그런 내용은 시험에 잘 나오지도 않으니까요.

교회에 다니고, 기도를 하고, 불상이나 제사상에 절하는 것을 우상 숭배로 여기고, 예수를 신으로 예배하고, 인간의 기원은 '원숭이'가 아니라고 생각하는 이런 것들이 제가 자라면서 기독교인과 비기독교인의 차이라고 생각했던 몇 가지 특징입니다.

하지만 세상에서 살아가기 위해서는 시험을 칠 때 (어차피 사지 선다 항목에 창조 같은 것은 나오지도 않기 때문에) 오스트랄로 피테쿠스에서 호모 사피엔스까지 외운 대로 답을 해야 한다는 것도 배웠습니다. 그러다가 고3이 되어 보니 시험이 너무 중요해서 교회에 나오지 않는 친구들이 생겼습니다. 대학에 가서는 좀 더 의지적으로 교회에 나가지 않는 경우도 생겼지요. 이처럼 교회는, 그러니까 종교는, 아무런 강제성이 없는 곳이었습니다. 개인의 신념이나 필요에 따라서 참여해도 되고 참여하지 않아도 되는, 가져도 되고 가지지 않아도 되는 것인 셈이지요. 이것이 종교에 대한 전근대 사회와 근대 사회의 가장 큰 차이입니다.

전근대 사회에서 종교는 믿을까 말까, 가질까 말까 고민하는 선택 사항이 아니었습니다. 물론 그 안에는 망나니도 있고 성인도 있었지만 신이 없다고 생각한 사람은 없었습니다. 서구 사회의 경우 교구는 곧 행정구역이었고, 출교는 생존을 위태롭게 하는 무서운 벌이었습니다. 한국 사회의 경우 유교의 이념에 따라 아내가 정절을 지키지 않으면 국가가 태형을 줄 수도 있었고, 부모를 공경하지 않는 자녀는 손도에 처해졌습니다. 손도란 마을에서 축출당하는 것인데, 그렇게 축출당한 사람이 다른 마을에서 환영을 받을 리 없지요. 기독교가 처음 한국에 전파될 때 제사 거부 행위가 반역행위로 여겨진 것은 정치체와 종교의식이 분리되어 있지 않았기 때문입니다. 이처럼 종교가 인간의 생활을 제도에서 가치관까지 다 지배하던 시대를 사회학자 피터

버거는 '신성한 덮개'가 씌워져 있던 시대라고 설명했습니다. 그 때는 세상에 신, 혹은 인간의 눈에는 보이지 않는 신비한 원칙이나 세계가 있는 게 당연하게 여겨지던 시대였고, 그 신, 원칙 혹은 세계는 인간 사회와 불가분의 관계에 있었습니다.

서구 역사의 경우 이렇게 신 없이는 설명되지 않던 사회 생활이 조금씩 변하기 시작한 시기를 종교개혁 무렵으로 잡습니다. 서구 사회는 종교개혁을 겪으면서 신을 생각하는 방식에 큰 분열이 일어났습니다. 하나의 신이 통치한다고 믿고 하나의 교회가 그 신을 대변했는데 교회가 갈라지면서 그 통일성이 깨어졌습니다. (종교개혁은 11세기에 로마 교회와 그리스 교회가 분리될 때보다 훨씬 더 대중적인 운동이었고 그만큼 그 여파도 남달랐습니다.) 그 무렵 아메리카 대륙이 발견되고 동서를 잇는 해로가 개척되면서 동서의 교류는 그 어느 때보다 활발해졌고, 그래서 다른 종교와 신들의 존재를 더 가까이에서 경험할 수 있게 되었습니다. 물론 새로운 세계가 발견되면서 선교의 규모도 더 커지고 더 공격적이 되었지만, 나와는 다른 존재와의 만남은 내가 철석같이 믿는 것들을 흔들어 놓기에 충분했습니다. 게다가 17세기에서 19세기까지는 계몽주의 운동으로 세상을 바라보는 방식이 달라지고 과학 또한 발전하던 시기라 서구 사회를 덮고 있던 기독교라는 신성한 덮개에는 구멍이 숭숭 뚫리게 되었습니다.

한편, 종교개혁이 시작되던 때부터 거의 2백 년간 종교 분쟁을 겪은 유럽은 이러한 분쟁을 종식시키기 위해 정치와 종교를 분리하기 시작했고, 새로운 정치체를 설명하기 위한 새로운 국가론이 등장했습니다. 그 대표적인 이론이 사회 계약설인데요, 이 이론은 간략히 말해서 똑같은 권리를 가진 개인들이 재산과 자유를 보호하기 위해 서로 계약을 맺어 사회를 이룬다는 것입니다. 말하자면, 국가가 시민의 재산과 자유를 보호해 주는 대신 시민은 세금을 내고 병역에 동원된다든가 하는 것을 허용한다는 것이지요. 이 이론에서 종교는 딱히 하는 역할이 없습니다. 국가는 종교가 사회의 질서를 어지럽히지 않는 한 누가 무엇을 믿든 개입하지 않기로 했고, 그렇게 종교는 개인이 가지는 신념 혹은 양심의 문제가 되었습니다.

이러한 변화는 일방적으로 일어난 것이 아닙니다. 종교 스스로도 종교를 외적 형식의 문제가 아닌 내면의 문제로 만들었습니다. 그렇게 된 데에는 마르틴 루터가 크게 기여했습니다. 그는 참된 종교의 가치는 교회라고 하는 외적 기관이 제시하는 외적인 행위들을 따르는 데에 있는 것이 아니라, 인간이 직접 신과 대면하여 얻는 내면의 의와 자유에 있다고 보았습니다. 인간의 외적 조건과 내면적 상태를 분리하고 내면에 더 큰 가치를 둔 것이지요. 물론 루터는 자신의 이러한 선언과 달리 가톨릭교회로부터 그리 멀리 가지 못하고 자신의 주장에 더 가깝게 행동했던 재세례파를 박해했지만, 적어도 그의 말만 본다면, 그는 전통보다는 전통을 깨고 나오는 개인에게 훨씬 더 큰 가치를 두었습니다. 전통이 무어라 말하건 나 자신만 하나님 앞에서 확신이 있으면 된다고 보았기 때문이지요. 이러한 루터의 신념이 근대로 들어서선 서구 사회의 기본 바탕이 되었습니다.

이렇게 서구 사회에서 종교와 정치가 분리되고 종교가 개인의 양심의 문제가 되어 가면서 종교와 학문도 분리되기 시작했습니다. 인간에게 유효한 지식은 과학적 방법을 통한 검증을 거쳐야 한다는 견해가 지배적인 견해로 자리잡았기 때문입니다. 다시 말해서, 신이나 선조의 지혜와 같은 권위를 인정함으로써 받아들이는 지식이나, 계시처럼 과학적으로 검증할 수 없는 지식들은 유의미한 지식으로 보지 않기로 한 것입니다. 속설이나 사견이 될 수는 있어도 정설이나 인증받는 지식이 될 수는 없게 된 것이지요. 이제 중요한 것은 자연 현상과 인간의 경험을 인간의 눈으로 관찰하여 데이터를 모으고 그것을 합리적으로 분석하고 추론하여 어디에나 적용되는 이론을 만드는 일이 되었습니다. 지식에 대한 이러한 인식의 변화는 인간과 자연과 사회에 대한 이해를 돕는 많은 학문 분과들을 탄생시켰고, 그러한 분과 중 하나가 종교학입니다.

신학은 인문학의 정당한 분과가 되지 못했습니다. 과학적이고 객관적이기보다는 편파적이고 (즉, 사적이고) 포교를 목적으로 한다고 보았기 때문입니다. 반면에 19세기에 탄생한 종교학은 다양한 종교들을 객관적으로 비교 관찰하면서 종교를 설명할 수 있는 포괄적인 이론을 도출하려 했습니다. 물론 이 당시의 종교학은 결국 기독교의 (그리고 기독교 가치에 기반을 둔 서구 사회의) 우월성을 포장한 것에 불과했다는 비판을 나중에 받게 됩니다만, 적어도 출범할 때의 의도는 계시에 의존하지 않고 과학적으로 종교를 이해하려는 것이었습니다.

정말로 간략하게 훑었습니다만, 이러한 일련의 과정들을 통해서 종교에 대한 오늘날의 태도가 자리잡았습니다. 즉, 종교는 개인의 양심의 문제이고, 개인이 평등한 만큼 개인이 택하는 종교도 사회의 안녕을 해치지 않는 한 기독교든 불교든 도교든 유교든 유대교든 이슬람이든 다 동등하며(즉, 종교의 자유가 있으며), 윤리책에서 묘사할 수 있는 예수는 세계의 현인 정도일 뿐 인류의 구원자라든가 그런 말은 하면 안 됩니다. 신학교에서는 예수가 그리스도라고 마음껏 가르칠 수 있지만, 적어도 인문대학의 종교학과에서는 그렇게 가르치지 않습니다. "기독교인들은 예수를 그렇게 생각한다"고 제3자적인 진술을 할 수 있을 뿐입니다.

학자들은 이것을 종교를 사적 영역에 배치시켰다는 말로 설명합니다. 이제 '신성한 덮개'는 한 사회 전체를 덮는 게 아니라, 각 개인이 무엇을 믿기로 택하건 그 개인의 머리 정도만 가리는 것이 되었습니다. 공적인 자리에서는 가능한 한 개인의 종교적 지향과 신앙을 드러내지 않고, 드러내더라도 사적인 견해 정도로만 제시하고, 종교적 규범보다 국가 혹은 시민 사회의 규범을 더 우선시하게 되었다는 뜻입니다. 물론 민주주의 사회에서 보장하는 발언의 자유(흔히 '언론의 자유'로 번역하는 'freedom of speech'는 공인된 신문이나 뉴스 등 언론의 자유를 의미하는 게 아니라 개인이든 단체든 자신의 생각을 표현할 자유를 의미합니다)는 사적인 견해도 공개적으로 표현할 수 있게 해줍니다. 또한 인간은 서로의 생각을 주고받고 좋은 생각은 공유하려 하기 때문에 선한 영향과 설득을 통한 포교 활동도 금지되지 않았습니다. 그러나 그것을 받아들이는 것은 전적으로 개인의 자유에 달려 있으며 국가가 강제할 수도, 금지할 수도 없다는 것이 자유 민주주의 사회의 종교에 대한 원칙입니다.

이러한 현상은 서구에서 시작되었지만, 근대적 국민 국가의 설립 과정에서 정치와 종교의 분리, 그리고 종교의 개인화는 어느 정도 규범이 되었습니다. 그래서 개인의 인권을 보장하는 근대 헌법을 채택한 한국도 일반 사회 제도와 종교 제도를 분리시키고 종교를 국가의 하위 범주로 두었습니다. 그러나 정치와 종교의 분리는 말에 그칠 뿐, 현실적으로 그렇게 된 적은 없습니다. 오늘날 국가와 종교의 관계는 한편으로는 종교 단체들이 자신의 가치를 지키기 위해 계속해서 국가의 정책에 영향을 미치려 하고, 또 한편으로는 국가가 종교인들의 표를 얻기 위해서 그들의 환심을 사려 하면서, 서로 밀고 당기는 정치적 관계에 있다고 할 수 있습니다.

이제 다음 섹션에서는 종교의 이러한 변화와 더불어 근대화 과정에서 여성에게 일어난 변화를 설명하도록 하겠습니다.

사적 영역에 배치된
여성

앞에서 종교에 대한 전근대와 근대의 가장 큰 차이가 전근대 사회에서는 종교가 전 사회를 덮는 신성한 덮개였다면, 근대로 들어오면서 그 덮개는 구멍도 뚫리고 크기도 점점 줄어들어 개인의 머리를 덮을 수 있는 정도로 축소되었다고 했습니다. 물론 좀 과장된 표현이기는 합니다. 기독교만 보아도 매주 예배에 참석하는 사람들은 적어도 다 같은 신성한 덮개 아래 있다고 할 수 있지요. 그러니까 개인의 머리 정도가 아니라 적어도 한 교회의 지붕 정도는 덮을 수 있습니다. 그러나 근래에 들어서 서로가 믿는 하나님이 크게 다르다는 것을 경험하는 경우가 많은 만큼 종교가 개인의 신념으로 축소된 현상은 어느 정도 사실이라고 하겠습니다. 그리고 그만큼 제도로서 종교의 권위도 축소되었습니다. 그런데 근대로 들어오면서 달라진 것은 종교의 지위만이 아니었습니다.

앞에서 사회 계약설에 대해서 잠깐 언급했는데요, 동등한 권리를 가진 개인들이 자신의 재산과 자유를 보호하기 위해서 서로 계약을 맺어 정치체를 이루었다고 하는 이 이론은 자유 민주주의 사회의 기초가 되는 이론입니다. 이전에는 신분이 세습되고 아버지를 우두머리로 하여 가정생활과 노동이 영위되었다면, 프랑스 혁명을 비롯하여 몇 차례의 혁명을 겪으면서 서구 사회는 아들과 아버지에게 동등한 시민의 신분을 주었고, 이 시민의 신분을 세습이 아닌 모든 사람이 태어나면서부터 가지는 권리로 인정했습니다. 그런데 이 '개인'에서 여자들은 배제되었습니다. 여자들은 시민 사회에 함께 참여하는 동등한 존재가 아니라, 가정에서 무임으로 재생산 노동을 하는 역할을 부여받은 것입니다. 신분제 사회일 때는 그나마 상류층 여성들이 자기 가문의 신분 때문에 누리는 게 있었다면, 이제는 모든 여성이 똑같이 이등 시민이 된 것이지요.

이러한 시민 사회의 변화와 더불어 산업 혁명이 일어나면서 공간적으로 일터와 가정이 분리되었습니다. 페미니즘 이론에서는 이것을 여자들을 가정이라고 하는 사적인 영역에 배치한 것이라고 설명합니다. 산업 혁명 이전에는 가정생활의 공간과 노동의 공간이 분리되지 않았습니다. 즉 생산과 재생산이 같은 곳에서 유기적으로 이루어졌지요. 그러나 산업 혁명을 거치면서 임금 노동이 이루어지는 공간은 정치의 공간과 더불어 공적인 공간이 되고, 살림을 하고 아이를 낳고 양육하는 공간인 가정은 사적인 공간이 되었습니다.

제가 번역한 도로시 세어즈의 《여성은 인간인가?》(IVP 역

　　　　　1. 종교와 페미니즘의 불완전한 만남

간, 2019)를 보면, 산업 혁명 이전에 여자들이 담당하던 노동의 목록을 이렇게 나열합니다. '방적 산업, 염색 산업, 직조 산업, 양조업, 증류업, 식품 절임 및 가공 산업, 베이컨 산업, 토지 및 부동산 관리, 낙농업'(17-18쪽). 이 모든 일이 산업화되면서 가정의 공간을 떠나 공장과 사무실로 가고, 여자들은 전보다 훨씬 더 협소해진 아파트와 같은 공간에서 아이를 낳고 가족을 돌보게 되었습니다. 이러한 노동의 분리와 공간의 분리를 페미니즘 이론에서는 공적인 영역과 사적인 영역의 분리라고 설명하고, 남자들은 공적인 영역에, 여자들은 사적인 영역에 배치했다고 말합니다. 이러한 배치가 문제가 되는 것은 모든 힘과 권력이 공적인 영역에서 나오기 때문입니다. 그러므로 페미니즘의 중요한 과제 중 하나는 여자들이 사적인 영역을 벗어나 공적인 영역에서 힘과 권력을 얻게 하는 것입니다.

이러한 역사적 변화는 서구 사회에서 주로 일어난 것이지만, 근대 국민 국가의 틀을 갖추면서 비서구 사회들도 서구 사회와 같은 외양을 갖추게 됩니다. 아시아에서 비교적 빨리 근대화를 이룬 일본의 경우, 이러한 공사 분리의 체제를 갖추기 위해서 내조론과 현모양처론을 만들었습니다. 근대화는 그 사회에 걸맞은 근대 가족을 탄생시켰는데, 근대 가족이란 남자는 밖에서 임금 노동을 하고 여자는 집에서 가족을 돌보는 기능적 역할 분담이 이루어지는 가족입니다. 이러한 근대 가족의 탄생과 더불어 바깥세상은 경쟁과 약육강식의 치열한 세계이고, 가정은 정서적 유대가 있고 따뜻한 안식처라는 인식이 자리잡았습니다. 그리고 바깥 일을 하는 남자들은 그러한 사회에 적합한 기질을, 가정에서 돌봄과 양육을 담당하는 여자들은 그러한 역할에 적합한 기질을 타고났다고 보았습니다. 이렇게 새로운 개념의 가족을 서구에서 수입하면서 거기에서 여성이 담당하는 역할을 이해시키기 위해서 내조론과 현모양처론이 등장했습니다. 가정에서 여성의 관계는 주로 시모와의 관계를 중심으로 이루어졌는데 그것을 서구와 같은 '부부' 모델에 적합하게 만들기 위해서 아내에게 가정에서 남편을 '내조'하는 '양처'의 역할을 부여한 것이지요. '현모'는 원래 전통적으로도 있는 모델입니다만, 근대 국가에서는 특히 우수한 국민을 낳고 키우는 일이 여성이 시민으로서 할 수 있는 중요한 역할이 되었습니다. 그래서 당시 일본에서는 여성의 교육도 자녀 교육을 위해서 그리고 남편의 대화 파트너가 되기 위해서 필요한 만큼만 허용했습니다.

이처럼 여성이 사적 영역에 배치되면서 종교도 여성 특유의 현상이 되었습니다. 정치 활동과 경제 활동 영역, 그리고 학문의 영역에서도 종교의 언어가 빠르게 사라져 간 것과 대조적으로 가정은 여전히 종교가 살아 있는 영역이었고, 어머니와 아내의 신앙심은 가족의 도덕성과 전통을 유지하는 중요한 매개였습니다. 가족의 도덕성을 유지하는 것은 사회 전반의 도덕성 유지에도 중요한 역할을 했고, 전통은 사회의 정체성 유지에 중요한 역할을 했습니다. 이 역할 또한 여성이 전담하게 된 것입니

1. 종교와 페미니즘의 불완전한 만남

다. 저희 집에서도 아버지는 회사 일 때문에 어쩔 수 없이 술도 마시고 담배도 피우고 주일 예배도 빠지고는 하셨지만, 어머니는 병든 시어머니를 돌보고 자녀들을 챙기면서 착실하게 주일 예배에 나가고 구역 모임에도 참석하고 자녀들에게 식사 기도를 가르치셨습니다. 저희 집이 기독교 가정이 아니었다면, 어머니는 예배 대신 남편 집안의 기제사와 명절 제사를 챙겼겠지요.

남자들이 일하는 공적 영역은 거친 생존의 사회라고 여겨졌기 때문에 자잘한 도덕에 크게 매이지 않아도 쉽게 용서를 받았다면, 여자들은 그 도덕을 남편 몫까지 지켜 줘야 했습니다. 그리고 그러한 도덕의 기반은 자기 사회의 지배적 종교가 마련해 주었습니다. 그래서 여자들은 교회에서 남편의 성공을 비는 것과 더불어 그가 악과 유혹에 빠지지 않도록 남편 몫까지 열심히 기도하게 되는 것입니다. 이러한 여자들의 신앙심은 흠이기보다는 장점으로 작용합니다. 지나친 미신만 아니라면 가족을 위해 기도하는 아내가 바람직하지 않을 리가 없습니다. 어차피 여자니까 충분히 발달하지 못한 이성 대신에 신앙심이 그 부분을 채운다고 볼 수도 있습니다. 이러한 역할 구분을 일컬어 종교와 여성이 같이 사적 영역에 배치되었다고 하는데요, 이 말은 종교든 여성이든 공적인 영역에서 힘을 발휘하지 못한다는 뜻입니다.

이제 이어지는 내용에서는 이러한 배치에 대해서 페미니즘과 종교가 각각 어떻게 반응했는가를 설명하려고 합니다. 그 전에 한 가지만 간단히 언급하면, 이러한 역사적 변화의 과정은 한쪽의 일방적인 작용으로만 이루어지는 것이 아닙니다. 다시 말해서 종교인들이나 여성들이 그러한 변화가 일어나는 동안 그냥 방관하고 있다가 어느 정도 시간이 흘러 반격에 나선 것이 아니라, 변화와 반응이 동시에 작용하면서 일어난 역사적 과정이라는 것입니다. 예를 들어, 과학이 발전하는 동안 기독교인은 지켜보고만 있다가 종교가 위협을 받는 것 같으니까 반격한 게 아닙니다. 기독교인도 과학뿐 아니라 경제, 정치, 학문 등 모든 분야에서 활동하면서 다 같이 그 흐름을 타고 변화의 주체로 살아 왔습니다. 심지어 때로는 그러한 변화가 정말 기독교적인 것이라고 믿으며 적극적으로 동조하기도 합니다. 그러다가 어느 시점에 가서 이러한 변화의 윤곽이 더 두드러지고 하나의 현상이 될 때 그것에 대응하는 움직임이 나타나는데 그러한 대응 방식은 일률적으로 일어나지는 않습니다. 그래서 기독교의 경우에도 어떤 그룹은 현대의 흐름에 적응하는 편을 택하고, 또 어떤 그룹은 현대 사회의 흐름과 긴장 관계에 서는 쪽을 택하고, 또 어떤 그룹은 아예 상관하지 않는 쪽을 택합니다.

여성들도 마찬가지입니다. 근대 사회의 변화가 일어날 때 어떤 여성들은 페미니스트가 되어 그 변화에 적극 동조했고, 어떤 여성들은 전통을 지키기로 했습니다. 그리, 페미니즘 안에서도 여성들이 겪는 변화와 관련해 여러 가지 대응 방식들이 나왔습니다. 다음 섹션에서는 그러한 대응 방식 중에서 가장 기본적인 페미니즘의 분석을 설명하도록 하겠습니다.

페미니즘의
문제 제기

여러 혁명들을 거쳤으면서도 여성들이 여전히 시민 사회에서 배제되자 페미니스트들은 19세기부터 참정권 운동으로 저항했습니다. 그래서 20세기로 들어서면서 여성들에게 참정권을 주는 나라들이 늘었고, 그와 더불어 교육의 기회도 좀 더 광범위하게 주어졌습니다. 근대화와 국민 국가 탄생의 과정에서 주어진 이러한 변화들은 여성들에게 기회였습니다. 소설가 박완서는 20세기 초 페미니즘 운동(신여성 운동)의 영향을 받은 어머니 덕분에 당시 여성으로서는 드물게 시골에서 서울로 와서 좋은 학군에서 교육을 받고 서울대학교까지 들어갈 수 있었습니다.

근대화가 여성에게 허락한 교육은 여성에게 조금씩 가정에서 벗어날 수 있는 기회를 주었고, 남성들이 지배하던 공간으로 여성들이 진입할 수 있게 해주었습니다. 그래서 여성 작가들이 나오고 여성 과학자들이 나오고 여성 기자들이 나오고 여성 교수들이 나왔습니다. 그 흐름은 계속되어서 오늘날 여성이기 때문에 할 수 없는 일이 있다는 인식은 더 이상 하지 않게 되었습니다. 군인에서 대통령에 이르기까지 원칙적으로 여성에게 금지된 영역은 없습니다.

그러나 근대가 모든 여성에게 동일한 기회를 준 것은 아니며 (교육의 기회는 여전히 '있는 집안' 여성들의 특권이었습니다) 기회를 얻은 여성들에게도 '여성'이라는 표는 언제나 따라다녔습니다. 그래서 예를 들어, 남자 기자들만큼 거칠고 경쟁적이어야 여자 기자도 비로소 실력을 인정받고, 밖에서는 아무리 성공해도 가정을 제대로 돌보지 않으면 여자로서 자기 일을 제대로 해내지 못하는 것 같은 느낌을 스스로도 가지고 주변으로부터 압력도 받았습니다. 심지어 2006년에 나온 〈악마는 프라다를 입는다〉라는 영화에도 회사에서는 그렇게 터프하고 고압적일 수 없는 편집장이 집에서는 남편에게 절절매는 모습이 나옵니다. 이처럼 남자는 일, 여자는 가정이라는 공식은 여전히 유효합니다. 그렇기 때문에 남자에게는 일이 있어야 결혼도 가능하고, 일자리가 확실한 남자라면 이혼남이라도 결혼하려는 여자들이 언제든지 있다면, 여자는 일을 하다가도 결혼하면 가정으로 돌아가는 것이 당연하게 여겨지고, 여자가 돈을 버는 것은 오히려 결혼 생활의 장애물로 여겨지며, 이혼녀는 단정치 못한 (혹은 결함 있는) 여자로 여겨집니다.

참정권도 얻었고 교육의 기회도 얻었는데 왜 이런 현상이 일어나는 걸까요? 그것이 1960년대 후반부터 일어난 2세대 페미니스트들-일명 '세컨드 웨이브 페미니즘second wave feminism'-

이 던진 커다란 질문 중 하나였고, 그 질문에 대한 답으로 나온 것 중 하나가 앞에서 설명한 사적 영역에 배치된 여성입니다. (참고로 참정권 운동 시기를 '퍼스트 웨이브 페미니즘'이라고 합니다.)

우리는 가정을 매우 소중하게 여기고, 자연적 단위로 여기며, 따라서 그 안에서 일어나는 수고는 돈으로 환산할 수 없는 것으로 여깁니다. 출근하는 남편과 등교하는 자녀를 위해 아침을 차리고, 도시락을 싸주고, 청소를 해주고, 아프면 돌봐 주고, 가족의 건강을 위해 몸에 좋다는 음식을 찾아 장을 보고, 그 외에 휴지에서 가구까지 살아가는 데에 필요한 모든 것들을 남편이 벌어 오는 돈 안에서 구매하여 가족이 편안하고 행복하게 지낼 수 있게 해주는 주부의 역할은 사랑에서 우러나오는 자연스러운 행위이지 근로자들이 고용주와 맺는 것 같은 차갑고 냉정한 계약에 기반을 둔 노동으로 여겨지지 않습니다.

그러나 2세대 페미니스트들이 조사하고 연구한 바에 의하면, 가정에서 전업주부로 사는 여성들은 까닭 모를 우울증에 빠져 삶의 보람을 느끼지 못하고 있었습니다. 그나마 전업주부로 살 수 없는 취약 계층의 여성들은 자신이 생계 부양자인데도 불구하고 여자라는 이유로 남자와 같은 일을 하고도 임금은 적게 받습니다. 안식처인 가정 안에서 남편에게 맞아도 그런 것은 부부가 알아서 할 사적인 일이라며 아무도 개입하지 않았습니다. 혹 이혼이라도 하려고 하면 주부로 살아온 경력은 아무 도움이 되지 않아 일자리를 얻기가 힘듭니다. 게다가 이혼한 여자는 사람들이 쉽게 보거나 이상하게 보고, 여자가 사업을 하려고 해도 남자 보호자를 데려오지 않으면 대출도 해주지 않았던 것입니다. 한마디로 투표는 할 수 있게 되었는지 몰라도 실질적으로는 별 권리도 없고 보호도 전혀 받지 못했던 것이지요.

그 이유는 남자들이 사회 계약을 통해 시민의 권리를 획득할 때 여자들은 남자들과 성적 계약을 통해 무상으로 성과 가사 노동을 제공하게 되었기 때문이라고 페미니스트들은 분석했습니다. 다시 말해서 시민사회는 여전히 남성 중심 사회였고, 그 시민 사회가 성립할 수 있었던 이유는 남녀 간의 성적 계약이 기반이 되었기 때문이라는 것이지요. 남녀가 만나 사랑에 빠지고 결혼해서 아이를 낳는, 너무도 자연스러워 보이는 이 과정이 사실은 남자가 벌어 오는 돈을 받아 무상으로 가정을 운영해 주고 아이도 낳아 주는 불평등한 결혼 계약에 근거한 행위였다는 것입니다. 그것이 불평등한 계약이라는 것은 이혼할 때 여자의 가사 노동은 노동으로 인정받지 못했던 것만 보아도 알 수 있습니다. 오늘날 한국에서도 이혼할 때 전업주부가 재산 형성 기여분을 인정받게 된 것은 이러한 불평등한 성적 계약에 꾸준히 문제를 제기하면서 평등한 결혼 계약을 만들려고 노력한 결과입니다.

하지만 페미니스트들은 여전히 결혼 제도에 대해서 기본적으로 회의적입니다. 국가는 사회의 안정을 위해 결혼한 사람과 하지 않은 사람을 세제 혜택 등을 통해서 여전히 차별하며, 대부분의 나라들이 결혼의 권리 자체도 이성애자에게만 부여합

1. 종교와 페미니즘의 불완전한 만남

니다. 그리고 원래 결혼이라는 것이 물려줄 이름과 재산을 가진 사람들을 위한 것이었던 만큼 부계 중심성을 벗어나기 힘듭니다. 그러나 또 한편으로 결혼 제도는 계속해서 개선될 수 있다고 보고 또한 결혼이 사람들에게 주는 특별한 의미도 있기 때문에 좀 더 긍정적으로 바라보는 사람들도 있습니다.

2세대 페미니스트들은 이렇게 결혼 제도와 이혼을 둘러싼 문제를 개선하는 한편, 가정에서 일어나는 폭력에 공적인 권력이 개입해야 한다고 주장했습니다. 가족은 사랑의 규칙이 지배하는 곳이라고 여겨졌기 때문에 가정 안에서 폭력이 일어나도 그것을 정의의 관점에서 보지 않았습니다. 국가가 지켜 줘야 하는 인권의 문제가 아니라 개인들 간의 사랑에 문제가 생긴 정도로 보았던 것이지요. 하지만 페미니스트들은 여자들을 가정이라는 사적 영역에 배치해 놓고 거기에 정의를 개입시키지 않는 것은 기본적으로 여성의 인권을 인정하지 않는 것이라고 문제 제기를 했습니다. 시민은 국가와 계약을 맺을 때 국가가 나의 재산과 안녕을 지켜 줄 것을 믿고 자신의 권리를 일정 부분 국가에 양도합니다. 그래서 세금도 내고 필요하면 전쟁에 동원도 되는 것이지요. 그런데 여성들이 가정에서 폭력을 당하면서 자신의 안녕에 심각한 위협을 받는데도 국가가 거기에 개입하지 않는다는 것은 여성을 국가가 지켜야 할 시민으로 보지 않는 것이라고 페미니즘은 지적한 것입니다. 그리고 그것이 바로 시민 계약 이전에 여자들을 이등 시민으로 만들어 남자의 보호와 주권 아래 둔 성적 계약이 있었다고 말할 수 있는 근거입니다.

'사적인 것이 정치적이다'라는 2세대 페미니즘의 모토는 이처럼 여자들이 가정에서 매를 맞는 것은 두 사람의 사랑 문제도 아니고 여성 혹은 남성 개인의 문제도 아닌, 사회의 구조적 불평등의 문제이고 따라서 구조적이고 정치적인 개입이 필요함을 역설하는 것이었습니다. 또한 이 모토는 근대 역사를 지나면서 설립된 공적 영역과 사적 영역의 분리에 문제를 제기하고 그러한 분리는 성차별을 지속시키기 위한 고의적이고 인위적인 것이었음을 지적하는 말이기도 했습니다.

다음 섹션에서 설명할 종교 페미니즘은 이러한 페미니즘의 분석을 그대로 종교 안으로 가져왔는데요, 페미니즘의 입장에서 볼 때 이러한 불평등한 처사가 자연스럽고 당연한 현상으로 유지된 데에는 종교가 감당한 역할이 큽니다. 당장 성경만 보아도 그렇습니다. 창세기부터 남녀 구분은 제법 분명합니다. 우리가 타락이라고 알고 있는 사건 이후 남자와 여자가 세상에서 각자 겪어야 할 고통이 다르게 묘사되지요. 둘 다 노동의 수고를 느낄 것이라고 하기보다는 남자는 노동의 수고를, 여자는 출산의 수고를 경험할 것이라고 합니다. 여기에 이미 서로 다른 성 역할과 성별 분업에 대한 인식이 반영되어 있습니다. 그리고 신약에 와서도 교회에서나 가정에서 남자와 여자가 해야 하는 역할이 서로 다르게 표현되어 있습니다.

종교가 이러한 구분과 차이를 이 세상의 질서로 자연스

럽게 받아들이게 해온 것이 사실인 만큼 페미니즘 입장에서 하는 비판이 틀린 것은 아닙니다. 물론 종교의 입장에서는 그렇게 할 이유가 있었지만 페미니즘의 입장에서는 문제가 되었습니다. 그래서 페미니즘은 이러한 성 역할의 구분과 그에 따른 차별이 자연스러운 것이 아니라는 것을 설명하기 위해서 '젠더'라는 개념을 도입했습니다. '젠더'란 남성다움과 여성다움의 구별이 인위적이라는 것을 설명해 주는 개념인데요, 나아가서 사회 자체가 그렇게 '젠더화'되어 있다고 설명합니다. 그리고 그렇게 '젠더화'되어 있기 때문에 여성들이 계속해서 차별을 당한다는 것입니다. '젠더'라는 개념은 성 역할의 구분과 성별 분업은 인위적일 뿐만 아니라 남녀의 위계를 유지하기 위한 장치라는 것을 설명하는 페미니즘의 중요한 분석 도구입니다.

그런데 평등 의식이 싹튼 근대 사회에 와서도 기본적으로 남자와 여자의 몸은 다르고 그에 따라 출산에서 각자가 맡는 몫도 다르기 때문에 이 젠더화는 계속 유지되었습니다. 우리가 한 사회에 태어나서 사회화되는 과정은 그 사회에서 작용하는 남자와 여자의 규범을 내면화하는 과정이기 때문에, 젠더화는 조금씩 변형이 일어나기는 해도 계속 유지됩니다. 그러니까 여성다움과 남성다움의 내용은 달라져도 여성다움과 남성다움 자체가 사라지지는 않습니다. 예를 들어, 예전에는 요리하는 남자는 남성적으로 여겨지지 않았지만, 이제는 돈이 있고 근육도 좀 있으면 오히려 요리하는 남자가 더 매력적입니다. '요리'가 긍정적인 남자의 일로 바뀌면서 성 역할을 구분하는 기능을 상실한 대신, 돈이나 근육과 같은 다른 남성성의 상징 요소들이 남아서 자칫 여성스러워 보일 수 있는 남성의 남성성을 유지해 주는 것입니다. 즉, 요리라는 것이 추가되면서 남성다움의 내용은 달라졌지만 남성다움 자체가 사라진 것은 아닙니다.

이처럼 사회는 우리가 타고난 생물학적 신체에 따라서 그 시대의 여성성과 남성성의 상징을 부과하고, 그 상징에 맞는 행동을 익히고 내면화하면서 우리는 남자와 여자로 사회화되어 갑니다. (한편 1990년대부터 등장한 퀴어 이론은 이러한 생물학적 성별도 선험적으로 존재하는 것이 아니라, 우리가 성별을 남자와 여자라고 하는 이성애의 틀에서만 보기 때문에 우리의 생물학적 신체도 그렇게 분류하는 것이라고 말합니다.) 이러한 사회화 과정에는 한 사회의 상징체계를 구성하는 문화적 종교적 가치는 물론이고, 법 제도, 가족 제도, 경제 제도, 언론, 미디어 등 모든 것이 관여합니다. 이렇게 가치와 제도가 얽혀서 남자다움과 여자다움을 계속 재생산하면서 남자에게 특권을 주는 체제를 페미니즘에서는 가부장제라고 부릅니다.

왜 이러한 성 역할의 구분이 성차별과 직결된다고 보는지 조금 더 설명해 보겠습니다.

인류의 역사 동안 여자들은 늘 일했습니다. 그리고 산업혁명이 시작되었을 때에도 많은 여자와 아이들이 공장을 채웠습니다. 한국에서도 많은 여성들이 생산라인에 들어가서 가족을 위해, 그리고 오빠와 남동생의 학비를 벌기 위해 일했습니다. 그런데 여자들은 임금 노동을 해도 자기 용돈 정도 벌기 위해서, 혹은 일시적으로 노동 시장에 나온 것으로 사회는 바라보았습니다. 여자가 원래 있어야 할 곳은 가정이라는 인식 때문입니다. 그래서 실제로 여자들이 일터에 나와도 그 일을 수행하는 사람이 여자인 이상, 그 일이 그 여자에게 남자에게와 같은 의미가 있을 것이라고 보지 않았습니다. 그리고 여성들도 자신의 일에 남자와 같은 의미를 부여하지 않았습니다. 이것은 여성들이 일을 열심히 하지 않았다는 의미가 아니라 여자의 인생이 남자의 인생과 다른 만큼 일에 부여하는 의미 또한 다를 수밖에 없다는 말입니다. '젠더화'된 사회란 바로 그런 사회를 말합니다.

오늘날에도 이러한 현상은 유지되고 있습니다. 경제 활동이든 정치 활동이든 소위 '바깥 일'로 여겨지는 일을 하는 여성들에게는 남성들과 달리 '애는 누가 보니?'라는 질문이 따라다닙니다. 이 질문은 현재 아이가 없는 결혼한 여성들도 받게 되는데, 그때의 의미는 '(네가 이 일을 계속하면 앞으로 생길) 애는 누가 보니?'입니다. 이처럼 여성들이 현실적으로 하는 일과 별개로 무엇보다도 가정과 아이와 연관해서 여성을 바라보기 때문에 성역할의 구분이 여성에게 불리하게 작용한다는 것입니다.

그렇다면 인류 역사상 언제는 여자를 가정에 속한 존재로 보지 않은 적이 있을까요? 제가 알기로 없습니다. 그렇다면 왜 근대 사회에 와서 새삼스레 가정이라고 하는 '사적 영역'에 배치된 것이 문제가 되는 것일까요? 그것은 바로 근대 사회의 인식 때문에 그렇습니다. 신분제 사회에서는 정치와 생계 활동이 신분에 따라 나누어졌다면 근대 사회는 그러한 신분제가 적어도 표면적으로는 폐지되었고, 폐지되는 게 마땅하다는 인식이 자리잡았습니다. 그러나 페미니즘의 입장에서 볼 때, 가장 중요한 신분제, 즉 여자를 남자에게 종속시킨 신분제는 고대나 근대나 여전했고, 근대 사회에서 그 종속의 방식은 공적 영역과 사적 영역을 나누는 것을 통해서 유지되고 있다는 것입니다. 다만 차이가 있다면, 이전처럼 여자가 열등하기 때문에 그런 것이라고 공공연히 말하지 않고, 여자와 남자는 다 평등한데 성별이 다르니까 다른 역할을 나누어 가지는 것이라고 말합니다. 페미니즘은 이것이 결코 평등한 배치가 아니라는 것을 증명하기 위해서 특히 1980년대부터 많은 연구들을 쏟아내었습니다.

이 두 영역의 차별을 없애기 위해서는 대략 세 가지 방향을 택할 수 있습니다. 하나는 사적 영역, 곧 가정의 가치를 부각시키는 것이고, 또 하나는 사적 영역을 공적 영역화 하는 것이고, 또 하나는 사적 영역에 있는 사람을 공적 영역으로 끌어내는 것입니다. 첫 번째는 종교 전통에서 많이 쓰는 방법입니다. 그래서 기독교도 가정의 가치를 강조하면서 그 일을 수행하는 여성들의 자존감을 높여 주려 합니다. 두 번째는 공산주의적인 접근입니다. 육아도 개별 가정이 아닌 공립 시설에서 국가가 담당하면서 가정의 사적 기능을 최소화하는 것입니다. 세 번째는 페미니즘에서 대표적으로 사용하는 방법입니다. 페미니스트들이 가정의 가치를 인정하지 않는 것은 아닙니다. 그러나 자본주의 사회에서 가정은 생산의 영역이 아니라 소비의 영역일 뿐이며 따라서 그 가치를 인정받지 못하고 권력의 기반이 되지도 못합니다.

일하는 엄마들의 편의를 위해 육아 시설이나 수유 시설 등을 직장에 설치할 수도 있습니다만, 그게 과연 일에 도움이 되는지 오히려 방해가 되는지에 대해서는 의견이 분분합니다. 게다가 그렇게 하는 것이 여성을 개인 노동자가 아닌 모성과 연결시켜 보는 고정 관념을 오히려 더 견고하게 만들 수 있다는 우려도 있습니다. 최근에 일본에서 국회에 아이를 데리고 나와 수유를 한 의원의 행동이 논란이 된 적이 있는데요, 이러한 일에 눈살을 찌푸리는 것은 비단 남자들만이 아닙니다. 이미 효율적인 노동의 공간과 정서적 교류가 이루어지는 가사/육아의 공간이 분리된 상황에서 과연 그 경계를 허무는 것이 무엇에 어떻게 도움이 되는지에 대해서는 여자들 사이에서도 의견이 갈릴 수밖에 없습니다. 게다가 여자들 자신도 가사가 늘 즐거운 것은 아니며, 사람에 따라 아예 즐겁지 않기도 합니다. 여자들도 대학교까지 나오는 동안 남자들과 똑같이 산업 일꾼으로 양성되는 교육을 받았는데, 결혼했다고 갑자기 시댁 일에 불려다니고, 아이 키우는 거나 밥하는 거나 모르기는 마찬가지인데 단지 여자라는 이유로 그 일을 해야 하는 상황은 상당히 부당하게 느껴질 수밖에 없습니다. 그래서 가정에서 일어나는 많은 일들을 외주화 하고 여자들도 같이 직접 돈을 만지는 일을 하는 것이 바람직한 남녀평등의 길이라고 페미니즘은 보게 된 것이지요.

물론 페미니즘 안에도 견해가 다양해서 모두가 그렇게 생각하는 것은 아닙니다. 그러나 페미니즘의 다수는 그렇게 생각하며 지금까지 페미니즘 운동도 그러한 방향으로 흘러 왔습니다. 오늘날 페미니즘 안에서 일고 있는 페미니즘에 대한 비판은 바로 그러한 방향으로 흘러 온 페미니즘에 대한 것입니다. 제사 크리스핀이라는 저자는 자신은 (반어법으로) 페미니스트가 아니라고 선언한 페미니스트 선언문에서, 지금까지 페미니즘은 "전통과 의식, 가족과 세대간 연결, 공동체와 소속감을 단절시켰다. 그런 것들을 보존할 가치가 있는 것으로 보기보다는 우리가 억지로 해야 하는 무임금 노동이라고 했다. 우리가 억지로 해야 했던 것은 사실이지만 그러한 일들은 가치가 있고 유지되어야 하는 것 또한 사실이다"(Jessa Crispin, *Why I am Not a Feminist: A Feminist Manifesto*, Brooklyn and London: Melville House, 2017, p. 34)라고 말했습니다. 이 말은 여성들이 그동안 가정에서 하던 일은 전통을 이어 가고 가족을 연결시켜 주면서 소속감을 주는 중요한 일이었는데, 페미니즘이 그 일의 중요성은 언급하지 않고 다 쓸데없는 무임 노동으로만 보게 했다는 뜻입니다.

제가 가르쳤던 학생 중 하나는 딸의 성공을 과도하게 지지한 어머니 밑에서 자라 명문대학에 입학했지만 썩 만족스럽지 못한 직장 생활과 결혼 생활을 하다가 뒤늦게 기독교를 믿은

후 가정에서 엄마로서 하는 일의 가치를 발견하고 삶의 의미와 만족을 찾았다고 합니다. 지금까지 페미니즘 운동이 여성들이 가정에서 하는 일에 가치를 부여하는 방식은 그것을 돈으로 환산하는 것이었습니다. 그런데 이혼할 때는 재산 형성에 기여한 것으로 인정될지 모르나 현실적으로 집에서 살림하는 아내에게 임금을 주는 남편은 없습니다. 결국 계속 무임 노동인 셈이지요. 그러므로 돈이 있어야 힘과 권력이 생기는 자본주의 사회에서 가사 노동은 계속해서 가치 없는 일이 될 수밖에 없습니다. 따라서 남자들과 같은 힘과 권력을 가지는 것이 목표인 페미니즘도 가정에서 여성이 하는 일과 어머니의 역할에 의미를 부여하기보다는 그런 일들을 가치 없는 일로 볼 수밖에 없는 것입니다. 그 학생은 페미니스트 의식이 다분했던 어머니 밑에서 자라 여성으로서 자신의 가치는 밖에서 남자들처럼 성취하는 데에 있다고 생각했지만 본인은 거기에 만족하지 못했습니다. 그러다가 나중에 기독교인이 되면서 자신의 여성성을 받아들일 수 있었고 어머니로서의 가치를 새롭게 발견하게 되었습니다.

페미니즘의 입장에서 볼 때 이러한 여성들의 반응은 반갑지 않습니다. 심지어 종교에 잘못 세뇌된 것이 아니냐고까지 말할지도 모릅니다. '명문대학까지 나왔는데 종교 한번 잘못 믿더니…' 하면서 말입니다. 다음 섹션에서는 이러한 전통적인 방향을 선택한 여성들과 선을 긋게 된 페미니즘이 종교에 대해서는 어떠한 접근을 했는지 살펴보도록 하겠습니다.

해방 페미니즘과 종교

요즘은 여성 해방이라는 말보다는 남녀평등이라는 말을 더 많이 씁니다만, 예전에는 여성 해방이라는 말을 많이 썼습니다. 아무래도 1970, 80년대와 달리 지금은 '해방'이라는 말을 쓸 만큼 여성들의 처지가 절박하다고 보지는 않는 것이겠지요. 그러나 '해방'은 페미니즘에서 여전히 중요한 개념입니다. 페미니즘 입장에서 볼 때 여성들은 너무도 오랫동안 남성에게 종속되어 있었고, 근대 사회에 들어와서도 공적 영역과 사적 영역의 분리라는 장치 때문에 참 자아를 실현하지 못한 채 주부와 어머니의 역할에 '갇혀' 살아야 했습니다. 그래서 이러한 '속박'을 깨고 나와서 참으로 '해방된' 여성이 되어야 한다고 페미니즘은 외쳤습니다.

여기에서 말하는 해방은 영어로 'liberation'으로서 한국어로 '자유의'라고 번역하는 'liberal'의 명사형입니다. 자유 민주주의liberal democracy, 자유주의 신학liberal theology 모두가 이 'liberal' 이라는 단어를 씁니다. 그러나 같은 어원을 가진 'liberation

theology'는 '해방 신학'으로 번역하고, 'women's liberation'
은 '여성 해방'으로 번역합니다. 이것은 단지 같은 단어를 서로
다르게 번역한 것은 아니고 '자유' 혹은 '자유주의'로 번역할 때
와 '해방'으로 번역할 때 실제로 의미상의 차이가 있습니다.

　'자유'는 무엇보다도 개인의 자유이며, 이 개인은 합리적
이고 주권을 가진 자율적인 개인입니다. 인권 개념은 이러한 개
인의 개념에 기반을 둡니다. '해방'도 기본적으로 이러한 개인의
개념을 수용하지만, 한 가지 중요한 차이는 '자유주의'의 초점은
개인이고 '해방주의'의 초점은 구조라는 것입니다. 그래서 자유
주의자들은 모든 사람에게 동일하게 기회를 주면 그다음 성과
는 개인의 노력에 달렸다고 봅니다. 반면에 해방주의자들은 동
일하게 기회를 주어도 이미 구조가 특정한 사람들에게 유리하
게 돌아가게 되어 있다면 개인이 아무리 노력해도 원하는 자유
를 얻을 수 없다고 봅니다. 그래서 자유주의는 사회의 속박에서
벗어나려는 개인의 의지를 강조하고, 해방주의는 구조를 바꿀
수 있는 정치적 행동을 강조합니다.

　페미니즘은 이 두 가지를 다 아우릅니다. 한편으로는 여
자들에게도 남자들과 동일한 기회를 주어야 한다고 주장하고,
또 한편으로는 기회를 주어도 이미 구조가 남자를 선호하기 때
문에 구조를 바꾸어야 한다고도 주장합니다. 이 두 페미니즘을
자유주의 페미니즘과 사회주의 페미니즘으로 나누기도 하는데,
사회주의 페미니즘은 특히 자본주의와 가부장제의 결합을 비판

하며 자본주의 문제를 해결하지 않고 가부장제를 해결하는 것은 가능하지 않다고 봅니다. 그러나 외부의 속박에서 벗어나고자 하는 해방의 욕망을 여성의 보편적 욕망으로 전제한다는 점에서는 차이가 없습니다. 그리고 페미니즘은 이미 여성이 개인적으로 경험하는 억압은 여성 개인의 문제가 아니라 여성들의 공통된 경험이고 따라서 구조적인 문제라고 지적했기 때문에, 여성이 '개인'으로서 얻고자 하는 자유를 여성의 공통된 억압이라는 '구조'적 배경과 별개로 볼 수 없습니다. 그래서 '자유'로 번역하든 '해방'으로 번역하든 적어도 페미니즘과 관련해서는 다 같은 '해방 전통' 안에 있다고 할 수 있습니다. 그리고 이러한 해방 전통에 있는 페미니즘은 앞에서 언급한 제 학생과 같은 여성을 접할 때, 아직도 해방 의식으로 깨어나지 못한 여성이라 보고 한탄하고 연민을 느끼거나 혹은 그런 여성들 때문에 여성 해방이 지연되고 있다며 분노는 할지언정, 그 행위를 의미 있게 설명할 수는 없습니다. 그나마 의미를 부여한다면, 가부장제 사회에서 택하는 어쩔 수 없는 생존 전략이다, 하는 정도입니다.

2세대 페미니즘의 흐름 속에서 탄생한 페미니스트 신학자들은 이러한 페미니즘의 인식을 그대로 신학으로 가지고 왔습니다. 페미니스트 신학의 대모인 로즈마리 래드포드 류터는 이렇게 말했습니다.

페미니스트 신학은 페미니스트 비평과 젠더 패러다임의 재구성을 신학적 영역으로 가져온다. 페미니스트 신학은 남성 지배와 여성 종속을 정당화하는 신학의 패턴을 문제시한다. 예를 들어서, 신을 남성형으로만 일컫는 것, 여자보다는 남자가 더 신의 모습에 가깝다고 보는 관점, 오직 남자만이 교회와 사회에서 지도자로서 신을 대변할 수 있다고 보는 관점, 그리고 여자는 남자에게 종속되기 위해 신으로부터 창조되었고 따라서 그 종속을 거부하는 것은 죄라고 보는 관점들을 문제시한다. (Rosemary Radford Reuther, "The emergence of Christian feminist theology," in Susan Frank Parsons ed. *Cambridge Companion to Feminist Theology*, New York: Cambridge University Press, 2002, p.3)

여기에서 류터는 페미니스트 비평을 신학의 영역으로 가져온다고 분명하게 말합니다. 다시 말해서 페미니즘의 시선으로 기독교 신학을 보겠다는 뜻입니다. 앞에서 제가 설명한 페미니즘이 이 사회를 이해하는 방식을 그대로 종교로 가지고 온다는 것이지요.

페미니즘은 남자와 여자를 각기 공적 영역과 사적 영역에 불평등하게 배치한 것을 문제 삼았다고 했습니다. 그것은 자연스러운 것이 아니라 여성을 계속해서 종속 상태에 두려고 하는 의도적인 차별이라고 페미니스트들은 보았다고 했지요. 그런데 이러한 페미니즘의 영향을 받은 기독교 여성들이 교회를 보니까 그러한 의도적인 차별이 교회 안에서 신의 이름으로 정당화될 뿐만 아니라 거기에 거역하면 정죄까지 하는 것이었습니다. 교회의 이러한 관습에 분노한 페미니스트들은 교회를 떠나기도 하고 종교를 바꾸기도 했습니다. 한편 교회를 떠나지 않은 페미니스트들은 페미니즘의 의제를 가지고 교회를 바꾸기로 했고, 그렇게 해서 탄생한 것이 페미니스트 (기독교) 신학입니다.

그런데 류터의 글에서도 보면 알겠지만, 페미니스트 신학이 기존의 기독교 신학을 공격하기 위해서 '이런 것이 공격받아 마땅한 기독교 신학이다'라고 제시한 것이 실제의 기독교 신학에 반드시 부합하는 것은 아닙니다. 제가 위에 인용한 글은 2002년에 출간된 책에 나온 글입니다. 그런데 제가 기독교 신학과 세계관을 공부하기 시작하던 1990년대 초에 이미 저는 류터가 말하는 신학을 배우지 않았습니다. 제가 속한 복음주의 그룹은 신을 남성형으로 일컫지만 그래서 신이 실제로 남자라고 믿지 않았고(그는 신이지 인간이 아닙니다), 여자나 남자나 다 신의 형상으로 만들어졌다고 믿었고, 교회에서 여자의 지도적 역할은 제한되어 있었지만 그렇다고 금지된 것은 아니었고, 사회에서 여자가 지도적 역할을 하는 데에는 제약을 두지 않았으며, 여자도 남자와 마찬가지로 하나님께 영광을 돌리기 위해 창조되었지 남자에게 종속되기 위해 창조되었다고 믿지 않았습니다. 이것은 류터가 기독교 신학이라고 비판하는 것하고는 매우 다른 내용입니다. 따라서 류터가 어떤 근본주의 그룹을 염두에 두었는지 몰라도 적어도 그 그룹이 교회의 전부라고 할 수는 없습니다.

이러한 패턴은 페미니스트 기독교 신학자들 사이에서 종종 나타나는 패턴으로서, 기독교 신학 전통 안에서 일어나는 다양한 논쟁과 발전은 무시하고 페미니즘 관점에서 비판할 수 있는 하나의 본질적인 가부장적 기독교 신학을 설정합니다.

한편 페미니스트들에게는 신학 이전에 성경도 문제였습니다. 물론 페미니스트들만 성경을 문제 삼은 것은 아니었습니다. 과학의 시대로 들어오면서 성경은 점차 황당한 기록으로 가득한 책으로 여겨졌습니다. 인간과 우주의 창조설에서 물 위를 걷는 인간에 이르기까지 무지몽매한 미신으로 사람을 사로잡기에 좋은 이야기들이라고, 소위 암흑의 종교를 벗어나 이성이 깨어난 사람들은 말하기 시작했지요. 그리고 종교는 지금 이 세상을 변화시키기 위해서 노력하는 일들을 헛되게 만들고 있다고도 했습니다. 있는지 없는지도 모를 사후 세계로 모든 것을 미룬 채 현재의 불평등과 불의를 참고 견디게 만드는 아편이라고 했습니다. 그래서 해방주의자들은 영혼과 같은 추상적인 어떤 것의 구원을 위해 죽고 부활한 예수가 아니라, 정치적 해방을 위해 제국에 저항하다 죽은 혁명의 아이콘으로서 예수가 필요하다고 보았고 실제로 예수를 그렇게 해석했습니다. 페미니스트들은 이것을 그대로 가져와서 예수를 페미니스트 아이콘으로 만들었습니다. 말하자면 예수는 우리의 구원을 위해서 죽은 게 아니라, 페미니스트 해방을 위해서 죽은 것이지요. 그리고 성경에서 남성의 지배를 정당화하는 것으로 보이는 구절은 가부장제를 존속시키기 위한 종교의 음모로 보았습니다. 그렇게 성경은 종교의 이름으로 가부장제를 뒷받침하는 아주 강력한 기제가 되었습니다.

그러나 페미니스트 기독교 신학자들은 성경을 다 버리기에는 좋은 말들도 제법 있고, 자신이 속한 종교 전통이 나쁜 일만 한 것은 아니기 때문에 취사 선택을 하기로 했습니다. 어떤 것은 하나님의 정신을 제대로 반영한 하나님의 말씀이고 어떤 것은 가부장제를 구현하는 남성 저자들이 자신들과 자기 문화의 편견을 그대로 쓴 거라고 본 것입니다. 그래서 페미니스트 기독교 신학자들에게 성경은 신자로서 신뢰의 자세로 대해야 하는 책이 아니라 의심의 자세로 대해야 하는 책이 되었습니다.

저는 아주 오랜 세월 동안 아침마다 말씀 묵상을 했습니다. 그런데 우리는 말씀 묵상을 할 때 오늘 하나님이 이 말씀을 통해서 나에게 무엇을 깨우쳐 주실까 하는 자세로 다가갑니다. 그러다가 이해할 수 없거나 부당하다고 느끼는 구절과 부딪히면 내 이해를 넘어서는 하나님이 있다고 믿고 최선을 다해 이해하려고 하되 이해할 수 없다고 해서 (화를 내는 경우는 있어도) 믿음을 포기하지는 않습니다. 이것은 성경을 기독교 전통의 정경으로 신뢰하며 다가가는 자세입니다. 그러나 페미니스트 기독교 신학은 성경에 대한 이러한 신뢰가 없습니다. 물론 정형화된 말씀 묵상에는 그것 나름의 함정이 있지만, 적어도 자기 전통의 정경에 대한 신뢰의 자세와 페미니스트 기독교 신학이 지닌 의심의 자세를 비교하기에는 좋은 예라 생각합니다. 페미니스트 기독교 신학자들이 성경을 볼 때는 신뢰의 자세가 아닌, 페미니스트 비평의 날카로운 칼날을 바짝 세우고 다가가게 됩니다.

성경의 중요성이 줄어든 것에 비례해서 페미니스트 기독교 신학에서 중요하게 여기는 것이 여성의 경험, 특히 억압의 경험인데요, 그 이유는 페미니스트 기독교 신학이 기준으로 삼는 페미니스트 비평의 인식론 때문에 그렇습니다.

인식론은 '우리가 어떻게 아는가' 하는 문제를 다룹니다. 이 앎의 문제에서 페미니즘이 근대의 정신을 중요하게 문제 삼은 것은 몸의 경험과 분리된 독립적이고 객관적인 이성이었습니다. 계시가 앎의 중요한 통로로 인정받던 전근대 사회와 달리 근대 사회는 인간 이성의 합리적 추론만을 앎의 통로로 인정했습니다. 그런데 여성들이나 육체노동자들은 이 세상은 어떤 곳이고 이 사회는 어떤 곳인가를 이해할 때 몸과 분리된 이성의 작용이 아닌 자신이 몸으로 경험한 것들을 기반으로 해서 알게 됩니다. 아이를 낳아 본 경험이 있는 산부인과 여의사는 의학적 지식과 경험적 지식을 다 가지고 있습니다. 반면에 그런 경험이 없는 남자 의사는 의학적 지식만 가지고 있습니다. 공적으로 인정받는 의학 지식에서 성별은 상관이 없겠지만, 적어도 아이를 낳아 본 여자 산부인과 의사가 더 '친밀한' 지식을 가지고 있다고 우리는 볼 수 있습니다. 경험을 통해서 아는 몸의 지식이지요. 물론 그것이 곧 의사로서의 실력과 직결되는 것은 아니지만, 몸으로 아는 지식이 머리로만 아는 지식과 차이가 나는 것은 사실입니다. 사실은 머리를 쓰는 남자들의 경우에도 몸의 경험이 지식 형성에 영향을 미칩니다만, 그것을 부인하고 오직 '객관적인' 이성으로 확인할 수 있는 것만 인정하겠다는 규칙을 세워 버린 것이지요. 그래서 모든 중요한 학문에서 '나'라고 하는 1인칭은 존재할 수 없었고 '필자' 혹은 '연구자'와 같은 3인칭만 있었습니다. 자신은 아무런 이해관계가 없는 '객관적인' 위치에서 이 지식을 탐구했다는 전문성을 보여 주기 위한 일종의 장치이지요. 페미니즘은 그러한 객관성은 존재하지 않는다고 반박했습니다.

사람은 각자 자신이 선 위치의 영향을 받을 수밖에 없다고 페미니즘은 지적합니다. 그렇기 때문에 남성 지식인들이 객관적인 위치에서 보편적인 지식을 생산했다고 하는 것은 사실은 남성의 편견이 담긴 '남성 중심적' 지식이라는 것이지요. 나아가서 여성들은 그동안 사회의 주변인으로서 약자의 위치에 있었기 때문에 여성의 시각에서 볼 때 오히려 이 사회의 진실을 더 잘 볼 수 있다고 주장합니다. 말하자면 약자이기 때문에 이 세상의 가부장적 음모를 파헤칠 수 있는 인식론적 우위를 가지고 있다는 것입니다. 그렇기 때문에 여성의 시각은 남성의 시각과 달리 편견이 없다고 보는 경향이 페미니즘에는 있습니다. 적어도 단순히 여성의 시각이 아니라 페미니즘의 시각에서 보았다면 그것은 편견이 아닙니다. 왜냐하면 페미니즘은 자신이 약자의 경험을 대변하고 있다고 생각하고, '약자 = 선'이라는 암묵적 공식을 가지고 있기 때문입니다. 페미니즘이 여자도 잘못할 수 있다는 것을 잘 인정하지 않는 데에는 이러한 배경이 있습니다.

그러나 페미니즘의 지적대로 여성의 경험에서 비롯되는 지식이 남성 중심의 관점에서 나오는 편견이나 잘못된 인식을 교정해 주는 면이 있는 것은 사실입니다. 제법 오래 전에 어느 복음주의권 남자 목사랑 대화를 하는데 그분이, "남자들도 밥 짓고 하는 거 다 문제 없이 잘할 수 있고 심지어 거기서 보람도 느낄 수 있다, 수사들을 봐라, 거기서는 남자들끼리 모여 살면서 주방일도 다 하고 그러지 않느냐"고 했습니다. 그래서 제가 대꾸했습니다. "그 사람들의 주방 노동은 수도원의 다른 모든 노동과 마찬가지로 분배되어 하는 노동이기 때문에 기도, 밭일, 사무 등과 차이가 없고, 일과가 끝나면 다같이 퇴근하는, 말하자면 군대의 취사병과 같은 보직으로서 하는 노동, 즉 공적인 노동이다. 반면에, 여자들이 하는 주방 노동은 출퇴근도 없고 그러한 보직의 의미가 아닌, 남편의 임금 노동과 확실하게 구분되는, 사적 공간에서 이루어지는 사적인 노동이다", 그랬더니 그분이, "아, 맞네…", 그러시더군요. 이 목사는 자신이 직접 주부와 같은 조건에서 가사 노동을 해본 경험이 없는 상태에서 '객관적'으로 관찰한 것에 기초해서 수사들의 주방 노동과 주부의 주방 노동을 같은 것으로 본 것입니다. 밥하는 게 다 거기서 거기지, 하면서 말입니다. 페미니즘은 그동안 이 목사와 같은 방법으로 세계를 관찰해 온 남자들이 형성한 지식은 결함이 많다고 지적하는 것입니다. 심지어 이런 목사들이 여성에 대한 편견까지 가지고 있다면 그들이 형성하는 지식은 크게 왜곡된 지식이겠지요. 그래서 페미니즘은 여성의 경험의 관점에서 모든 지식을 재구성해야 한다고 본 것이고, 페미니스트 기독교 신학은 이러한 페미니즘의 인식론을 그대로 가져와서 여성의 경험을 기반으로 하여 기독교 신학을 재구성해야 한다고 본 것입니다.

그러나 페미니즘이 모든 여성의 경험을 다 동일하게 가치 있게 본 것은 아닙니다. '페미니즘'이 페미니즘으로서 의미를 가지려면 페미니즘이 아닌 것과 구분되어야 합니다. 그리고 그것을 구분해 주는 것이 바로 억압의 경험입니다. 다시 말해서 그냥 여성의 경험이 아니라 여성 '억압'의 경험만이 페미니즘에서는 의미 있는 여성의 경험입니다. 어머니로서 느끼는 행복감, 사랑하는 남편과 나누는 만족스러운 부부 관계, 이런 경험들은 페미니즘에서 별 의미가 없습니다. 페미니즘으로서 변별력을 가지게 하는 경험들이 아닐뿐더러 가부장제를 바꾸는 동력이 되지 못하는 경험들이기 때문입니다.

페미니즘은 가부장제가 보편적 현상이라고 보기 때문에 모든 여성이 어떠한 형태로든 억압의 경험을 한다고 봅니다. 그래서 억압을 경험하지 못했다고 하는 여성은 아직 그러한 깨달음의 순간이 오지 않았거나, 아니면 억압을 당하면서도 자각하지 못한 채 거짓 의식을 안고 사는 것이라고 설명합니다.

그런데 억압을 깨닫기만 한 것만으로는 아직 페미니즘의 절반밖에 오지 않은 것입니다. 억압을 깨달았다면 가만히 있어서는 안 됩니다. 가만히 있는 것은 인간 이하의 상태에 계속 머물러 살겠다고 하는 것입니다. 진정한 인간이 되기 위해서는 이미 억압을 깨달은 다른 여성들과 연대해서 이 억압을 유발하는 가부장제 구조를 뒤집어야 합니다. 그 제도를 뒤집고자 하는 모든 행동은 정치적 행동이며 이러한 정치적 행동이 없는 페미니즘은 페미니즘이 아닙니다.

페미니스트 기독교 신학은 교회 안에서 이러한 정치적 실천을 주장합니다. 그래서 여성들이 교회 안에서 억압을 느꼈다면 교회를 뒤집어야 합니다. 가부장제의 죄를 용인해서는 안 됩니다. 구원 모델도 바꾸어야 합니다. 남성적 폭력에 의해 잔인하게 죽은 예수의 죽음은 가부장제의 폭력성을 상징하는 사건이며, 그러한 식의 구원 모델은 가부장제의 폭력성만 지속시키고 정당화할 뿐이므로 지양하는 것이 좋다고 봅니다. 예수는 제국주의적 가부장의 세력에 희생당한 페미니스트일 뿐 그 죽음에 다른 구속사적 의미는 없습니다. 따라서 그러한 폭력을 구속사의 이름으로 미화해서는 안 됩니다. 오히려 그러한 구원의 모델에 기초해 강조하는 희생은 여성들의 희생적 삶을 정당화하면서 그들의 종속을 유지하고 폭력 앞에 더 무기력하게 만드는 가부장제의 음모일 뿐입니다.

한편, 탈식민 시대로 들어오면서 페미니스트 기독교 신

학은 가부장제만 이야기할 수 없게 되었습니다. 바로 앞에서도 제국을 언급했습니다만, 남성의 통치 못지않게 서구 백인의 통치 또한 문제가 되었습니다. 기독교를 등에 업은 서구 백인들의 식민 통치는 또 다른 억압을 낳았습니다. 따라서 기독교가 가부장제와 분리될 수 있는가의 고민에 이제는 기독교가 제국주의와 분리될 수 있는가의 고민이 페미니스트 기독교 신학에 더해졌습니다. 그래서 페미니스트 기독교 신학은 기독교 중심성을 탈피하기로 했습니다. 현지의 여성들이 친근하게 여기는 신들이 무엇이든, 그것이 불교의 관음이든, 힌두교의 칼리든, 샤머니즘의 몸주신이든, 고대 그리스의 여신이든, 그들의 해방에 도움이 된다면 다 인정하기로 했습니다.

　　페미니스트 신학이 이처럼 기독교의 경계를 넘어가자 페미니스트 기독교 신학자들은 이러한 혼합에 좀 더 적극적인 사람들과 그렇지 않은 사람으로 나뉘었습니다. 두 진영 모두에게 정치적 실천은 여전히 중요했지만, 혼합적인 양상과 선을 그은 페미니스트 기독교인들에게 정치는 영성보다도 더 중요한 비중을 차지하게 되었습니다. 그 이유는 개신교라는 종교의 특징 및 역사 때문입니다.

　　기독교를 벗어나 다른 종교로 이동한 종교 페미니스트들은 기독교와는 다른, 자신들이 판단하기에 좀 더 여성 친화적인 영성을 찾아간 사람들입니다. 정말로 여성에게 힘이 된다고 생각하는 영성을 찾아간 것이지요. 반면에 예수라는 인간 남성 구원자의 모델을 가진 페미니스트 기독교 신학자들의 입장은 조금 모호합니다. 그나마 가톨릭의 경우 그 안에 성모 마리아의 모델이 있고 여자 성인들도 있고 여성 신비가들과 수도자들의 오랜 전통이 있기 때문에 여성들에게 힘을 줄 수 있는 영성의 자원을 주장하기가 좀 더 쉽습니다. 가톨릭 성인 중에는 심지어 창녀였던 여성도 있어서 좀더 다양하게 여성의 굴곡진 경험을 대변할 수 있는 모델들이 있습니다. 반면 종교성의 표현을 도덕적 실천으로 국한한 개신교는 그러한 여성 영성의 전통이 약합니다. 또한 (다음 섹션에서 더 이야기하겠지만) 서구 주류 개신교는 초월성에 의지한 종교적 자원과 힘은 약화시키고 시민 사회를 계몽하는 것을 중요한 종교적 실천으로 삼았기 때문에, 개신교 페미니스트 신학자들도 여성들이 영성의 차원에서 가지는 영향력보다는 정치체에서 권력을 가지는 것에 더 큰, 때로는 유일한 의미를 두었습니다.

좀 더 부연하면 이렇습니다. 앞에서 이야기했듯이 종교개혁은 근대 사회의 시발점이 되었고, 근대 사회는 앞에서 설명한 대로 공적 영역과 사적 영역을 분리했습니다. 그리고 종교는 사적 영역에 배치되면서 아무런 공적인 혹은 정치적인 힘을 가지지 못하고 개인의 양심의 문제가 되었다고 했지요. 게다가 개신교는 그나마 여성들에게 영적인 자원이 되고 권위의 기반이 되었던 수도원 제도를 없앴습니다. 그래서 개별 가정에서 이등시민으로 살게 된 여성들의 신앙은 그야말로 매우 사적일 수밖에 없었습니다. 기껏해야 남편 자식 잘되라고 기도하는 것 이상의 영향을 미치지 못합니다. 그리고 그러한 영향은 여성을 사적인 영역에서 벗어나게 하기는커녕 오히려 사적인 영역을 강화합니다. 그런데 이러한 사적인 영역은 힘이 없는 영역이니까 공적 영역으로 나와야 한다고 페미니즘은 주장한다고 했습니다. 하지만 종교도 여성과 마찬가지로 사적 영역에 배치되었기 때문에 종교의 힘을 빌려서는 공적인 영역으로 나올 수가 없습니다. 정치를 바꾸겠다고 광장에 모여 기도하는 사람들은 광신도 집단 아니면 시대착오적인 사람들로 보일망정 진지하게 받아들여지기가 힘듭니다. 그러면 어떻게 해야 할까요? 여성들에게 정치적, 경제적 힘을 주기 위해서 세속 페미니즘이 필요하다고 주장하는 것들을 그대로 교회로 가져와서 여성들이 힘을 가지게 하는 수밖에 없습니다.

여성이 남성과 동등한 권력을 얻기 위해서 세속 페미니즘이 주장하는 몇 가지 기본적인 의제들이 있습니다. 우선 여성들을 가정에서 나오게 하고 남자들과 같은 권력의 자리에 오를 수 있게 해야 합니다. 그래서 페미니스트 기독교인들은 여성들의 목사 혹은 사제 안수를 위해 싸웁니다. 여성들이 안수를 받는 것은 기본적으로 성경에 위배되지 않습니다. 초대교회에서 이미 많은 여성들이 지도자로 활동했습니다. 그러나 페미니즘의 의제로 목사 안수를 주장하는 것과 성경의 정신에서 주장하는 것은 그 동기와 근거가 다릅니다.

페미니즘은 권력의 문제로 접근하면서 여성 안수를 주장합니다. 물론 교회가 현실적으로 권력 투쟁의 장으로 전락하는 일은 왕왕 있습니다. 그러나 우리는 그것이 교회의 본질이라고 보지 않고 오히려 본질에서 멀어진 모습이라고 봅니다. 그렇기 때문에 페미니즘이 분석하는 남녀 관계의 본질, 즉 권력 관계의 모델을 그대로 교회로 가져와서 여성 안수를 주장하는 것은 기독교 정신과 분명 차이가 있습니다. 목사는 제가 알기로 권력의 자리가 아닙니다. 물론 많은 남자 목사들이 그렇게 착각하는 것은 사실입니다. 그러나 그 현실을 바로잡기 위해서 페미니즘의 권력 투쟁 방식을 들여오는 것이 과연 교회를 제대로 살리는 것인지는 좀 더 생각해 볼 필요가 있습니다. 흑인 레즈비언 페미니스트 오드리 로드는 주인의 도구로는 결코 주인의 집을 허물 수 없다고 했습니다. 가부장제를 가부장제의 무기로 허물면 수장의 성별은 바뀔지 몰라도 억압적인 제도는 그대로 남겠지요.

목사의 자리가 점차 영광의 빛이 바래면 권력을 탐하는 남자들은 더 이상 그 자리를 원하지 않을 것입니다. 그리고 그때는 여자들이 목사가 되겠다고 해도 아무도 말리지 않을 것입니다. 이미 서구 교회에서는 그러한 일이 일어나고 있고, 그래서 유진 피터슨도 남자들이 교회 일이 별로 영광이 안 되니까 빠져나가고 그 자리를 여자들이 채우고 있다며 남자들의 이기심을 탓했습니다. 서구 개신교에서는 더 이상 여성 안수 문제로 싸우는 곳이 없고 이제는 공개적으로 게이 선언을 한 사람들, 그러니까 동성애자이지만 독신으로 사는 사람이 아닌 동성 파트너를 둔 사람들의 안수가 이슈가 되고 있습니다. 한국은 가장 큰 교단이 여성 안수를 주지 않기 때문에 페미니스트들이 그 자리를 위해서 싸우는 게 아직 의미가 있을지 모르지만 앞으로의 방향은 알 수 없습니다. 과연 얼마나 오래 남자들에게 목사직이 공적으로도 영광스러운 자리가 될지 지켜봐야겠지요.

또 한 가지 페미니즘의 중요한 의제는 낙태의 권리입니다. 페미니즘 입장에서 여성이 남성과 평등하게 되는 데 가장 큰 장애는 임신, 출산, 육아입니다. 여성을 가정에 묶어 두는 가장 큰 요인도 바로 이것입니다. 그래서 페미니스트들은 여성이 자신이 원하는 때에 원하는 방식으로 출산할 수 있어야 한다고 주장합니다. 이것을 자기 몸에 대한 권리라고 합니다. 한국에서는 낙태를 대하는 태도가 기독교인과 비기독교인, 보수와 진보 간에 큰 차이가 없지만, 미국 사회의 경우 낙태는 그 둘을 가르는 매우 중요한 이슈입니다. 그래서 페미니스트 기독교인들은 세속 페미니스트들과 마찬가지로 자기 몸에 대한 권리를 중요하게 여기며, 여성들이 임신 중기까지는 어느 때든 조건 없이 낙태할 권리가 있어야 한다고 주장합니다. 태아가 모체와 분리되어서 살 수 없는 기간 동안 태아는 여성의 몸에 귀속된다고 보기 때문입니다. 이 두 가지 의제-안수와 낙태-가 한국 기독교에서 가지는 의미에 대해서는 4장에서 좀 더 자세히 이야기하도록 하겠습니다.

이처럼 페미니스트 기독교인들은 여성이 남성과 동등한

권력을 갖도록 하기 위해서 세속 페미니스트들이 싸우는 대표적인 정치적 의제들을 그대로 교회에 가져옵니다. 그 외에도 환경 문제나 난민 문제 등 페미니스트 기독교인들이 관여하는 다른 의제들이 있지만, 특별히 성차별과 직결되는 의제들을 다루지 않으면 '페미니스트'라는 수식어가 의미가 없기 때문에, 이 문제들이 대표적인 의제가 됩니다. 가장 또렷한 차별은 여성들이 오르지 못하는 자리가 있다는 것이고, 그 자리에 오르기 위해서 자신의 생물학적 조건이 장애가 되거나 낙인의 근거가 되지 않아야 하기 때문에 안수와 낙태가 중요한 것입니다. 이러한 이슈들을 제기하면서 변화를 추구하는 데에 있어서 페미니스트 기독교 신학은 방법 또한 페미니즘의 방법을 취해서 정치적 행동을 중요한 종교적 실천으로 삼습니다. 기도보다는 정치적 행동이 곧 영성인 것이지요. 종교가 사적인 문제가 되어 버린 상황에서 기도는 페미니스트 신학이 말하는 전방위적인 가부장제의 죄를 바꿀 힘이 없기 때문에 정치적으로 행동할 수밖에 없습니다.

　　누가복음 18:1-18에 보면 낙심하지 말고 계속해서 기도해야 할 필요에 대해서 이야기하면서 예수께서 들려주신 비유가 있습니다. 바로 하나님을 두려워하지 않는 재판관을 끈질기게 찾아간 과부의 이야기지요. 그리고 맨 마지막에 예수는 인자가 올 때에 이 땅에서 그런 믿음을 보겠느냐고 묻습니다. 페미니스트 기독교 신학의 입장에서 보면 정말로 방에 앉아 기도만 하는 것은 의미 있는 믿음의 행동이 아닙니다. 물론 페미니스트 기독교 신학이 아니어도 우리는 기도만 하는 것이 늘 옳은 방법은 아니라는 것을 압니다. 그러나 기도의 중요성과 유효성을 부인하지 않으며, 정치적 행동으로 이어지지 않는 기도도 의미를 가진다고 믿습니다. 하지만 페미니스트 신학의 관점에서는 정치적 행동이 없는 기도는 기도로서 의미가 없습니다.

아주 간략한 요약입니다만, 두 섹션에 걸쳐서 페미니스트 비평의 그리고 그것을 기독교 신학에 도입한 페미니스트 기독교 신학의 기본적인 입장과 방향을 가능한 한 있는 그대로 설명했습니다. 물론 페미니즘 안에도 견해들이 다양해서 좀 더 뉘앙스 있게 설명해야 할 부분들이 있습니다만, '페미니즘'을 다른 '이즘'과 구분해 주는 기본적인 입장은 제가 설명한 바와 같습니다. 그런데 강의를 다녀 보니 교회 안의 성차별을 시정하기 위해서는 페미니즘이 필요한데 이런 식으로 페미니즘이나 페미니스트 기독교 신학을 설명하면 오히려 페미니즘 도입에 방해가 되는 것이 아니냐는 견해를 가지신 분들이 있었습니다. 그러니까 제가 소프트한 버전의 페미니즘을 소개하거나 교회 친화적인 방식으로 페미니즘을 설명하기를 기대하는 것이지요. 하지만 그렇게 하는 것은 오히려 페미니즘을 중요하게 여기지 않는 것입니다.

이렇게 생각해 보면 될 것 같습니다. A라는 사람이 B가 마음에 들지 않아서 작정하고 B를 공격하는 말을 했는데, 중간에 있는 사람이 A와 B를 화해시켜 보겠다고 A의 말을 상당히 누그러뜨려서 B에게 전했고, 그래서 B가 그 말을 그대로 믿고 A 와 화해를 했다고 합시다. 그런데 나중에 알고 보니 사실 A는 B 가 전해 들은 것보다 훨씬 더 심한 말을 했다는 것을 B가 알게 되고, A도 자신이 한 말 그대로를 듣고 B가 받아들인 게 아니라 는 것을 알게 됩니다. 이런 상황을 우리는 드라마에서 많이 봅니 다. 그래서 오해가 오해를 낳고 꼬이고 하는 것을 보면서 답답해 서 '고구마'라는 말까지 합니다. '차라리 처음부터 그냥 까놓고 얘기하지…' 하면서 말입니다. 그러한 고구마는 가능하면 양산 하지 않는 게 좋겠지요.

상대가 진지한 만큼 우리도 진지해야 하고, 그래서 정말 그들이 말하고자 하는 바가 무엇인지를 제대로 듣고 이해할 필 요가 있습니다. 그리고 그중에서 타당한 것은 받아들이면 됩니 다. 그렇다고 상대에 흡수될 필요는 없습니다. 사람과 사람이 화 해할 때도 서로가 완전히 같거나 동화되어야 하는 것이 아니듯, 기독교와 페미니즘도 오히려 서로의 차이를 인정하고 서로가 다르다는 데에 동의함으로써agree to disagree 창의적인 관계의 가능 성을 시도해 볼 수 있습니다. 앞으로 계속 읽어 나가다 보면 그 러한 창의적 관계의 실마리를 볼 수 있으리라 생각합니다. 그러 면 이어서 근대 사회에서 일어난 기독교 쪽의 변화에 대해서 좀 더 살펴보도록 하겠습니다.

종교의
문제제기

종교가 사적 영역에 배치되었다고 여러 번 반복해서 이야기했는데요, 사적 영역이라는 말을 여성의 경험과 관련해서는 여성을 가정과 연관지어 생각하니까 쉽게 이해할 수 있을지 모르지만, 종교와 관련해서는 잘 와 닿지 않을 수도 있으리라 생각합니다. 사실 종교가 사적 영역에 배치되었다는 말은 서구 사회의 종교학적 관점에서 근대 사회의 종교 현상을 분석하면서 나온 설명 중 하나로서, 한국이나 일본과 같은 비서구 국가에 딱 맞아떨어지는 것은 아닙니다. 하지만 그렇다고 해서 전혀 맞지 않는 것도 아닙니다. 이것은 페미니즘에서 여성을 사적 영역에 배치했다고 분석하는 경우도 마찬가지입니다. 딱 맞지 않지만 그렇다고 전혀 맞지 않는 것도 아닌 것이지요.

후자의 경우부터 살펴보면, 근대 사회로의 진입은 일터와 가정을 공적 영역과 사적 영역으로 형식적으로 구분짓기는 했습니다. 그러나 한국 사회의 경우 공과 사의 관계가 훨씬 더 유기적입니다. 예를 들어, 돈은 남편이 벌어 오지만 관리는 다 아내가 알아서 하는 경우들이 있습니다. 재산의 명의는 남편 이름으로 되어 있어도 출근하는 남편 대신에 인감 들고 은행이랑 관공서를 드나드는 것은 살림하는 아내이지요. 인감은 한 개인을 대리하는 표식인데, 서명은 위조가 아닌 다음에야 늘 본인이 직접 해야 하는 것이지만, 인감은 위임장을 쓰면 (그 위임장도 인감도장을 소유한 사람이 찍으면 됩니다) 다른 사람이 대신 사용할 수 있습니다. 이것은 사람을 개인 단위가 아닌 한 가문 혹은 집단의 연장으로 보기 때문에 가능한 관행인데요, 그래서 가정의 많은 중요한 결정들이 아내에게 상당 부분 위임될 수 있습니다. 복부인, 치맛바람 등 부정적인 말들이 따라붙기는 하지만 한국 사회의 경우 그러한 관행 때문에 사적 영역에 배치된 여성들이 발휘하는 힘은 서구 여성들과는 상당한 차이가 있습니다. 저의 지도교수 두 분은 백인 여성이었는데, 두 분 모두 서구 백인 여성에게서는 볼 수 없는 아시아나 아프리카 여성들의 힘에 감탄을 표했습니다. 바로 그들의 친족 네트워크에서 오는 힘이지요. 그러나 그것은 여성 개인의 힘이 아니라 누구의 가족이 됨으로써 얻는 힘이기 때문에 여전히 여성 개인은 힘이 없다고 할 수 있습니다. 하지만 한국은 어차피 개인주의가 정착한 사회가 아니기 때문에 페미니즘이 말하는 공사 분리의 이론에 딱 맞추어서 여성의 힘을 설명하기가 힘듭니다. 요즘 미국에서 그웬 스테파니나 크리스티나 아길레라와 같은 인기 여자 가수들이 나도 엄마다 하면서 새로운 공적 정체성을 만들어 가고 있기는 하지만, 한국 엄마들의 힘에 비할 바는 못 되지요.

　　종교에 대한 분석 또한 마찬가지입니다. 원칙적으로 종교는 정치에 관여하지 않습니다. 그러나 한국 사회는 오래전부터 유교적 인간관계의 규범이 지배하고 있기 때문에 제도의 형식은 서구화되었을지라도 제도의 내용 혹은 운영 방식은 여전히 유교적인 인간관계의 질서를 그대로 반영합니다. 민주주의는 원래 제도적 절차가 중요하지만 한국은 인맥을 무시할 수 없습니다. 그리고 공적인 영역의 관계에서도 사적인 네트워크가 작용하고, 인간관계는 개인 대 개인의 관계에서 이루어지기보다는 각자의 사회적 위치에 따라서 이루어집니다. 나와 너의 일대일 관계가 아니라, 상대에 대해 나는 어떠한 위치에 있으며 그러한 위치에 있는 내가 상대를 대하는 마땅한 태도는 무엇이냐가 관계 맺기의 방식을 결정합니다. 예를 들어서, 학생은 선생을 대할 때, 선배를 대할 때, 후배를 대할 때, 다 위치가 달라지고 그에 맞게 행동할 것을 요구받습니다. 또한 그 학생은 자신이 선생이나 다른 어른에게 하는 행동으로 인해 부모에게 누가 되지 않도록 조심하기도 할 것입니다. 즉 그는 개인이 아니라 누군가의 제자이고 자식이고 선배이고 후배라고 하는 복합적인 관계망 속에서 존재합니다. 이러한 관계의 규범이 공사를 막론하고 다 적용되기 때문에 종교가 사적 영역에 배치되었다는 말이 한국 사회의 경우 딱 맞지는 않습니다. 그러나 적어도 조선 시대 때처럼 대통령이 종묘사직을 지키며 제를 올리는 것은 아니기 때문에

　　　　　1. 종교와 페미니즘의 불완전한 만남

정치와 종교는 분리되었고 종교는 사적인 영역에서 개인의 신념으로 존재한다는 말이 맞기도 합니다.

사실 서구 사회에서도 정치와 종교의 분리는 원칙으로서 제시되기는 하지만 현실적으로 지켜지는 것은 아닙니다. 미국의 경우 역대 대통령들 거의 전부가 개신교 신자였고 한 명이 가톨릭 신자였습니다. 몇 명이 기독교에 소속되어 있는지 분명하게 밝히지 않기는 했지만 그렇다고 무신론자를 표방한 사람은 없습니다. 영국의 경우 국교회의 수장은 현직 왕입니다. 물론 왕이 정치에 개입하지 않기 때문에 왕이 수장으로 있는 종교도 정치와 거리를 둔다고 할 수 있지만, 왕이 영국을 공적으로 상징하는 만큼 왕이 수장으로 있는 종교도 여전히 공적인 성질을 가집니다. 그렇다면 어떠한 의미에서 종교를 사적 영역에 배치했다는 것일까요? 이것은 실제로 종교를 특정한 영역 밖으로 나오지 못하게 했다기보다는, 종교적인 것들에 대한 폄하라고 하는 것이 더 정확할 것입니다. 그리고 그런 면에서 여성과 종교는 같은 운명에 처해 있습니다. 여자의 말이 남자의 말에 비해 무게가 없는 것처럼, 종교인의 말은 과학자의 말에 비해 무게가 없는 사회가 근대 이후 사회의 특징입니다. 차이가 있다면 여자의 말은 늘 무게가 없었던 반면, 종교인의 말은 무게가 있다가 없어졌다는 것이겠지요.

앞에서도 이야기했듯 종교성 자체를 가지고는 공적인 장에서 진지하게 받아들여지기가 힘듭니다. "성경에서 그랬다"는 말은 성경이 하나님 말씀이라고 믿는 사람들에게나 무게가 있는 말이지 그렇지 않은 사람들에게는 아무런 설득력이 없습니다. 오히려 요즘 같은 때에 교회에 미쳤다는 말이나 듣지 않으면 다행이지요. 근대 사회로 들어오면서 더 이상 종교는 당연한 것이 아니었고, 하나님, 신, 이런 말들이 이전과 같은 의미를 갖지도 못했습니다. 18, 19세기의 영미 소설에 보면 목사들은 답답하고 무력하고 시대에 뒤떨어진 도덕주의자로 묘사되기도 합니다. 성직자에 대한 희화화는 종교개혁 당시 가톨릭을 비판한 프로테스탄트 파의 전략이었지만 근대 사회로 들어오면서 개신교의 성직자도 희화화의 대상이 되었습니다. 이처럼 시민 사회가 성장하고 과학적 사고가 발전하면서 서구 사회에서 기독교는 전과 같은 영향력을 가지지 못하게 되었습니다.

그래도 식민주의가 한창이던 19세기까지는 여전히 기독교가 서구 사회의 지배 종교였고 개신교의 해외 선교도 그때에 많이 이루어졌습니다. 유럽 사회에서 개신교와 갈라지면서 전과 같은 영향력을 행사하지 못하게 된 가톨릭이 16세기 말부터 비서구 사회로 눈을 돌려 선교에 열심을 내었다면, 개신교의 선교 전성기는 미국이 독립 전쟁과 내전을 다 치르고 국가를 정비한 후인 19세기였습니다. 그러나 그때는 또한 백인들이 동양의 종교에 좀 더 적극적인 관심을 가진 시기이기도 했습니다. 미국에서는 처음으로 백인 불교 신자들이 나오면서 종교 다원사회로 들어서기 시작한 것입니다. 또한 과학에 대한 믿음은 계속 커졌고 교육과 계몽을 통해 인간은 계속 진보할 것이라는 믿음도 커졌습니다.

이처럼 달라지는 사회에 대해서 기독교, 특히 미국의 개신교는 크게 두 가지로 반응했습니다. 하나는 현대의 변화를 적극 수용하면서 종교를 거기에 적응시킨 것이었고, 또 하나는 종교적 정체성을 지키기 위해서 이러한 현대의 변화에 동조하지 않는 것이었습니다. 전자의 그룹은 미국의 주류인 자유주의 개신교를 형성했고 후자의 그룹은 오늘날 복음주의로 일컬어지는 그룹을 형성했습니다.

자유주의 개신교는 과학과 현대 철학을 적극 수용하면서 종교를 거기에 적응시켰고, 인간은 교육과 계몽을 통해 변할 수 있다고 생각합니다. 또한 성경을 신의 계시로 보기보다는 인간의 종교성이 만들어 낸 종교 텍스트의 하나로 보고, 죄의 회개와 예수를 통한 배타적 구원보다는 사회적인 계몽 운동에 더 비중을 둡니다. 반면에 복음주의는 성경의 무오성을 믿으며 죄의 회개를 통한 인간 개인의 변화 없이는 진정한 의미의 사회 변화도 없다고 봅니다. 복음주의는 그 분파에 따라서 좀 더 근본주의적인 그룹이 있고 좀 더 개방적인 그룹이 있습니다만, 구원의 교리에 충실한 만큼 타 종교에 대해 배타적입니다. 리차드 마우가 쓴 《무례한 기독교》(홍병룡 역, IVP, 2004)는 이러한 복음주의자들이 자신의 구원의 관점을 포기하지 않으면서도 다원화된 시민사회에서 예절을 지키며 살아야 한다는 것을 말하기 위해서 쓴 책입니다.

복음주의자들은 그 신앙의 특성상 자기 종교의 보편성을 공사를 구분하지 않고 드러내는 데에 거리낌이 없고, 그것이 자유주의자들이 보기에는 무식하게 여겨지는 면이 있습니다. 합리적인 이유와 과학적인 근거를 가지고 설명해야 하는 것들에 대해서도 다 하나님과 성경을 일컫기 때문입니다. 물론 복음주의자들이 다 그런 것은 아닙니다만, 1970, 80년대를 지나면서 복음주의자들이 가지는 종교성이 훨씬 더 조직적인 양상을 취하면서 진보의 가치에 반하는 종교적 방어주의의 인상을 어느 정도 풍기게 된 것은 사실입니다.

미국에서 수업 시간에 만난 어느 나이 든 복음주의자 여성은 자신이 논문을 준비하면서 복음주의 전통 안의 지성인에 대해서 쓰려고 한다고 했더니 지도 교수가 복음주의자들 중에도 지성인이 있느냐며 다소 놀라워했다고 하더군요. 복음주의에 대한 이러한 고정관념은 복음주의자가 스스로를 복음주의와 동일시하는 것을 주저하게, 심지어 부끄러워하게 만들기도 합니다. 특히 요즘처럼 트럼프를 지지하는 그룹 중에 복음주의 세력이 있으면 더욱 그렇겠지요. 여하튼 복음주의는 사회의 변화에 편승하지 않기로 했기 때문에 사회의 변화를 부정적으로 보는 경향이 있으며, 자기 종교를 지키기 위해 방어적인 태도를 취하기도 하고 종교적인 영향을 미치기 위해 적극적인 모습을 취하기도 합니다. 그러한 적극적인 모습이 트럼프를 지지하는 것과

1. 종교와 페미니즘의 불완전한 만남

같은 정치 참여로 드러나기도 하는데, 미로슬라브 볼프는 제가 번역한 《인간의 번영》(IVP 역간, 2017)이라는 책에서 복음주의자들의 그러한 정치 참여를 긍정적으로 평가합니다. (물론 이 책은 볼프가 트럼프 당선 이전에 쓴 책입니다.)

이처럼 그냥 교회만 드나들 것이 아니라 자신의 종교적인 정체성을 좀 더 포괄적으로 사회 안에서 드러내야 한다는 복음주의의 입장은 한국에도 그대로 영향을 미쳤습니다. 저는 기독교 가정에서 자랐습니다만, 제 부모님과 달리 배우자 선택, 진로 선택 등등 삶의 모든 면에서 하나님의 뜻을 구하고 늘 하나님과 교제하며 살아야 한다는 가르침을 복음주의 운동을 통해서 대학생 때 배웠습니다. 부모님은 결혼할 남자가 교회에 다니기만 하면 되지 서로 소명이 같은지, 하나님이 주신 배우자인지 하는 것들을 따져야 하는 것을 잘 이해하지 못하셨습니다. 기독교의 영향력이 사회에서 줄어드는 것을 염려한 복음주의는 이처럼 훨씬 더 철저하게 삶의 모든 영역에서 신자들이 기독교인의 정체성을 드러낼 것을 요구하게 되었고, 그 흐름 속에서 청년기를 보낸 저도 그 영향을 그대로 받았습니다. 한국 교회는 전반적으로 보수적이기 때문에 미국 사회처럼 자유주의와 복음주의가 양대 산맥을 이루지는 않습니다만, 같은 보수 안에서도 종교적 실천에 있어서 복음주의 운동의 영향을 받은 사람과 받지 않은 사람 사이에 이러한 차이들이 나타납니다.

한편 사회의 변화에 적응하고 편승하기로 한 자유주의는

방어적인 태도를 취할 필요가 없었고 오히려 사회 변화의 주류 세력으로 자리잡을 수 있었습니다. 자유주의자들은 과학과 진보에 대한 믿음 덕분에 사회의 변화를 수용하는 한편 변화를 주도하는 데에 거리낄 것이 없었습니다. 한국에서 여성의 근대 교육이 시작되는 데에도 미국의 이러한 주류 개신교의 교육과 인류의 진보에 대한 믿음이 중요한 역할을 했습니다. 미국의 건국 이념에 맞게 이들은 모든 사람에게 인권을 보장하고 법 앞에서 평등한 사회를 만들어야 한다고 주장했고, 실제로 그러한 사회를 만들기 위해 노력도 했습니다. 이러한 자유주의자들의 입장에서 보면 인종 차별, 종교 차별, 성차별, 동성애 차별 등을 없애 나가는 것은 인류의 진보이고 그것이 바로 기독교 가치의 실현입니다. 그리고 그러한 진보의 가치에 동조하지 않는 것은 구시대적인 종교적 편견에 갇힌 것입니다. 그런 면에서 복음주의는 진보의 적이 될 수밖에 없습니다. 그리고 그럴수록 복음주의 입장에서는 더욱더 자유주의를 복음을 위협하는 집단으로 보게 되지요.

그런데 미국의 자유주의 개신교의 이러한 민주적이고 합리적인 이미지 이면에 있는 우월주의의 실체를 폭로한 데에는 역설적이게도 비백인/비서구 페미니스트들이 기여한 바가 큽니다. 평등의 이념을 구현한다는 자유주의 기독교의 이미지가 사실은 허구라는 것이 그들을 통해서 드러났습니다. 이것은 참 미묘한 문제입니다. 왜냐하면 기독교의 입장에서 볼 때 타 종교와 타 문화에서 여성에 대한 폭력이나 억압이 더 많이 일어난다면 이들의 종교와 문화를 가부장적이라고 비난할 수 있어야 하는데, 그러면 종교 차별이 되고 인종 차별이 되니까 원칙적으로 자유주의 기독교 입장에서는 그렇게 할 수가 없기 때문입니다. 20세기 중반까지는 그래도 무슬림 여성의 베일을 쓰는 관습, 중국 여성의 전족 관습, 죽은 남편과 함께 산 채로 아내를 불태우는 인도의 '사티' 관습 등을 계몽되지 못하고 따라서 여성 해방을 이루지 못한 비서구 사회의 (과학적 진보성과 대비되는) 종교적 퇴행성을 보여 주는 관습이라고 말할 수 있었습니다. 서구는 곧 보편이라고 보았기 때문입니다. 그리고 그 보편의 관점에서 볼 때 서구 사회와 달리 비서구 사회는 아직도 가부장제를 벗어나지 못한 전통 사회다, 이렇게 말하는 것입니다. 심지어 '가부장제 벨트patriarchal belt'라는 말까지 쓰면서 비서구 사회를 서구 사회와 구분했습니다.

서구의 이러한 자유주의 이념은 유엔의 성 평등 정책에 그대로 반영되어 있습니다. 1979년에 유엔에서 합의된 여성 차별 철폐 협약은 세계 각국이 얼마나 진보한 국가인가를 재는 척도의 역할을 했는데, 여기에 비준하지 않은 국가들은 대개 이슬람 국가들이었습니다. 한국도 가족법과 관련해서는 유보 조항을 둔 채 부분적으로 비준했다가 1999년에 가서야 전체적으로 다 비준을 하게 됩니다.

이러한 유엔의 성 평등 정책이 비서구/비백인 페미니스트들이 자신이 속한 사회에서 여성 해방과 성 평등을 주장할 수 있도록 지렛대 역할을 한 것은 사실입니다. 그러나 또 한편으로 비서구/비백인 페미니스트들은 여성 해방을 주장하기 위해서는 자기 자신의 문화와 종교를 부정해야 하는 입장으로 내몰렸다는 것도 알게 되었습니다. 예를 들어서, 여성 해방의 중요한 표지인 성 해방은 유교 문화나 이슬람 문화의 여성들, 심지어 미국의 흑인 여성들도 쉽게 주장할 수 있는 게 아니었습니다. 백인 여성들은 훌러덩 벗은 채 다닐 수 있는 자신들의 자유를 성 해방의 표지로 자랑스럽게 여기면서 머리나 온 몸을 가리고 다니는 무슬림 여성들을 자기 종교의 가부장적 억압에 딱하게도 희생된 여성들로 보았는데, 이것은 무슬림 전통에 속한 여성들의 심기를 건드리기에 충분했습니다. 그래서 서구 여성들도 훌러덩 벗어 봤자 결국 자기 남자들 보기 좋으라고 하는 것 아니냐는 반박도 나왔습니다. 벗어도 남자를 위해 벗고, 가려도 남자를 위해 가린다면, 그게 무슨 차이가 있겠느냐는 것이지요.

점차로 서구의 페미니스트들도 서구 사회는 계몽된 사회이고 성 평등을 이룬 사회라는 인식이 서구 여성들의 페미니즘 운동에 도움이 되지 않는다는 것을 알게 되었습니다. 2017년 하반기에 일어난 미국의 '미투' 운동은 미국 여성들이 이루었다고 믿었던 남녀평등이 사실은 허구였다는 현실을 직시하게 된 사건이었습니다. 가부장제는 이제 복음주의나 이슬람의 문제로만 남은 줄 알았는데, 미국의 진보 안에도 여전히 문제로 남아 있던 것입니다. 다시 말해서 진보 정치가 곧 성 평등을 가져오는 것은 아니라는 사실을 새삼 깨닫게 된 것입니다. 그러나 여전히 미국이 민주주의를 대표하는, 여성 해방을 이룬 진보적 사회라고 하는 인식은 유지되고 있으며, 오늘날 미국에서 출간되는 페미니즘에 대한 페미니스트들의 비판서는 그러한 인식이 페미니즘의 과제를 수행하기 더 힘들게 만든다고 지적합니다.

한편 복음주의에서 비서구 여성들을 대할 때는 자유주의보다 좀 더 드러내 놓고 차이의 시선으로 보는 경향이 있습니다. 복음주의는 현지의 전통 문화가 가지는 이교적 성격을 경계하면서 자신들의 기독교 문화가 이방 문화보다 우월하다는 생각을 하고 있고, 따라서 복음을 받아들인 현지인은 서구적인 생활 양식에 적응할 것을 암암리에 기대합니다. 또 한편으로는 비서구인들 자신도 서구적인 라이프 스타일을 동경하는 면이 있습니다. 일례로, 오랜 세월 부부가 내외해 온 한국의 전통적인 가정의 뻣뻣하고 촌스러운 모습보다는 서로 '허니, 달링' 하는 서구 기독교인들의 부부 관계와 문화가 어쩐지 더 세련되어 보이고 성경에서 말하는 부부 사랑의 모습에 더 가까워 보이는 것이지요. 그리고 기독교인이 되면서 자기 문화가 가지고 있는 미신적이거나 우상숭배적인 요소들을 버려야 한다고 생각하기 때문에 별다른 저항 없이 서구의 문화에 동화되는 쪽을 택합니다. 그러나 또 한편으로는 서구의 지나친 성 개방을 개탄하며 자신들이 오히려 경건한 기독교인의 모습을 더 잘 구현한다고 생각하기도 합니다. 이혼이나 성적 순결에 대해서 더 엄격한 자신들의 모습이 더 우월하다고 보는 것이지요. 이에 대해서는 나중에 다시 이야기하게 될 것입니다.

지금까지 종교가 사적 영역에 배치되었다고 할 때의 의미를 미국 자유주의 개신교의 역사를 중심으로 간략하게 살펴보았는데요, 그것은 종교를 한 영역에 가둔다는 의미라기보다는 종교적인 것에 대한 전반적인 폄하라고 설명했습니다. 그것을 아주 간단하게 하나의 그림으로 제시한다면, 정의구현사제단이 사제복을 입고 민주주의를 위해 시위하는 모습과 두건을 쓴 수녀들이 낙태 반대를 위해 시위하는 모습입니다.

전자의 그림은 종교가 공적 공간으로 나와도 아무런 거부감을 주지 않습니다. 거부감은커녕 진보 운동을 종교의 경지까지 올려 주는 효과를 발휘합니다. (한국에서 가톨릭 신자가 늘어났던 때가 바로 정의구현사제단의 활동이 돋보이던 민주화 운동 무렵입니다.) 그러나 후자의 그림은 공적 공간에 매우 어색하게 자리잡습니다. 침실에서 이루어지는 성의 문제가 공개적인 장에 나왔고, 가능한 한 바깥과 차단되어야 하는 여성 수도자들이 밖으로 나왔고, 태아도 신의 창조물이라고 하는 과학적 근거가 없는 이슈를 들고 나왔기 때문입니다. 앞의 두 가지는 페미니즘도 환영할 일입니다. 사적인 영역에 배치된 성 문제는 마땅히 공적으로 다루어야 할 정치적인 문제이고, 여성 수도자의 이동을 제한하고 은둔시킨 역사를 가진 가톨릭 전통에서 그 수도자 여성들이 밖으로 나왔기 때문입니다. 그러나 여성의 몸에 대한 권리의 핵심인 낙태를 반대하는 것은 페미니즘과 정면으로 대치됩니다.

서구의 자유주의 개신교는 성직을 구분하는 교회의 권위 구조가 없기 때문에 종교적 권위에 매이지 않고 가장 진보적일 수 있습니다. 그래서 여성 안수도 주고, 낙태에 대해서 가톨릭처럼 교칙으로 금지하지도 않고, 이제는 동성애자 안수도 줍니다. 그러나 가톨릭은 여성 안수도 주지 않고 낙태도 허용하지 않기 때문에 온전한 진보가 될 수 없습니다. 교칙으로 낙태를 금하는 가톨릭에서는 성직자들이 민주화 운동에는 참여해도 낙태권 운동에는 참여할 수 없습니다. 성직자들이 성생활을 하지 않기 때문에 동성애자 안수가 개신교처럼 이슈가 되지 않지만, 그렇기 때문에 또한 진보의 문턱을 넘지 못합니다. 종교의 권위로 성생활을 하지 않는 사람을 성생활을 하는 사람보다 더 우위에 놓기 때문입니다. (참고로 진보는 성적 자유를 옹호합니다.) 복음주의는 그 중간에 끼어 있습니다. 성직 제도에 있어서 평등을 주장한다는 점에서 가톨릭보다는 민주적인 구조를 갖추고 있지만, 여성과 성의 이슈에 있어서는 가톨릭과 비슷하게 보수적입니다.

여기에서 우리는 질문을 던질 수 있습니다. 그렇다면 종교는 결국 여성 인권과 무관한 것인가? 요즘에는 생각보다 많은 사람들이 페미니즘은 여성 인권에 대한 것이라고 믿고 그러므로 기독교가 그것을 적극 수용해야 한다고 생각합니다. 마지막으로 다음 섹션에서는 이 문제에 대해서 생각해 보도록 하겠습니다.

종교 그리고 페미니즘, 어디에 서 있습니까?

여러분은 여성 인권을 어떻게 이해하십니까? 아마도 가장 기본적인 인권은 생명에의 권리일 것입니다. 그렇기 때문에 생명을 위협하는 폭력을 당하지 않을 권리는 중요한 인권 사안이 됩니다. 제가 최근에 번역을 마친 영국의 복음주의 사회학자 일레인 스토키의《우리가 멈추지 않는다면*Scars across Humanity: understanding and overcoming violence against women*》(IVP역간, 2020)은 여성의 음핵을 제거하는 할례의 관습에서 성매매와 가정 폭력에 이르기까지 여성의 건강과 생명을 실제로 위협하는 젠더 폭력과 그러한 폭력을 당하지 않을 여성의 권리 문제를 다루고 있습니다. 스토키는 세속 페미니즘이나 자유주의 기독교 페미니즘이 흔히 공격하는 것과 달리 기독교는 여성 폭력의 원인이 아니라는 입장에서 이 책을 썼습니다.

스토키는 복음주의자로서 이슬람 문화권에서 주로 일어나는 여성에 대한 폭력도 서슴없이 다루었습니다. 그는 비서구/비기독교의 문화나 종교가 서구나 기독교보다 더 여성 억압적이고 시대 역행적이라는 인상을 주지 않으려고 노력하지만, 그래도 별다른 변명 없이 타 문화권에서 일어나는 여성에 대한 폭력을 가감 없이 보고하고 있습니다. 이러한 스토키의 자세는 오늘날 제법 용감하게 여겨지는데요, 그 이유는 비서구/비백인 페미니즘의 반격 이후 다른 문화권에서 일어나는 여성에 대한 폭력에 대해서 자유주의 기독교 페미니스트들이 가능하면 발언을 삼가기 때문입니다. 자칫하다가는 백인 우월주의와 기독교 제국주의의 관점을 가지고 있다는 말을 들을 수 있기 때문에 그렇습니다.

이에 대해서 몇 가지를 순서대로 살펴보도록 하겠습니다. 우선, 폭력은 나쁘다는 인식은 종교의 유무를 막론하고 누구나 가지고 있습니다. 그런데 여성에 대한 폭력은 조금 다릅니다. 서구 사회에서도 가정 폭력이나 성폭력이 국가의 처벌이 가능한 폭력으로 인정되기까지 페미니스트들의 오랜 싸움이 있었습니다. 그런데 스토키가 다루는 많은 폭력이 서구 사회에서는 이제 확실한 법적 조치가 취해지는 것들인 반면에 비서구 사회에서는 문화적 혹은 종교적 관습의 이름으로 아직도 용인되고 있습니다. 이처럼 현실적으로 여성에 대한 폭력이 종교적 관습의 이름으로 옹호되는 경우들이 있기 때문에 페미니스트들은 종교가 여성 억압의 주범이라고 봅니다. 종교를 페미니즘의 적으로 보는 페미니스트들은 세속 페미니즘의 입장에서 종교의 종류를 따지지 않고 이러한 여성에 대한 폭력을 다 비판하고, 그것을 철폐하도록 세계 모든 국가에 법적 조치가 필요하다고 주장할 수 있습니다. 스토키의 책에서도 볼 수 있듯이, 유엔의 인권 위원회나 여성 지위 위원회는 그러한 요구를 할 수 있는 중요한 국제 조직들입니다.

그런데 일부러 그렇게 몰아 가려 한 것이 아니었는데도 스토키의 책에서 보듯이 이슬람과 힌두 종교/문화권에서 여성에 대한 폭력이 더 많이 일어날 경우, 종교인이 아니라면 이들을 비판해도 특정 종교를 선호한다는 인상을 주지 않을 수 있지만 기독교인이라면 조금 다릅니다. 그래서 자유주의 기독교 페미니스트들은 자신들이 기독교 제국주의의 관점을 가지고 있다는 인상을 주지 않기 위해서 다른 종교 안에서 일어나는 여성에 대한 폭력에 대해서는 말을 삼갑니다. 종교 차별과 인종 차별이라는 인상을 주고 싶지 않기 때문입니다. 반면에 스토키는 복음주의 입장에 서 있기 때문에 그런 것을 개의치 않고 자신의 종교적 신념에 기반을 두고 이야기할 수 있습니다. 오늘날 이러한 스토키의 자세는 오히려 용감하게 여겨지기도 합니다. 타 문화나 타 종교에 대한 감수성이 부족하다는 비난을 받을 위험을 감수하고라도 말할 것은 해야 한다는 자세이기 때문입니다.

그러나 자유주의 기독교 페미니스트들은 그러한 위험을 감수하기를 꺼립니다. 그래서 마음 놓고 공격할 수 있는 종교인 자기 종교, 특히 보수 기독교를 공격합니다. 예를 들어, 그들이 아직도 여성 안수를 주지 않아서 기독교 안에 성 평등의 과제가 이루어지지 않고 있다고 하거나, 아직도 여성의 소명은 가정이라고 가르치는 집단이 있어서 성 평등이 이루어지지 않는 것이라는 등의 말로 비판합니다. 여성 안수를 주는 교단이라고 해서 성차별이 없는 게 아닌데도 다른 교단이 여성 안수를 주지 않아서 문제라고 말하는 것입니다. 그리고 한국 사회의 경우 자유주의와 복음주의를 막론하고 유교는 마음 놓고 공격할 수 있습니다. 서구의 기독교 페미니스트는 유교가 다른 문화의 종교이기 때문에 조심스럽게 말을 한다 해도, 한국의 기독교 페미니스트는 자기 문화이기 때문에 기독교의 이름으로 유교를 비판해도 아무도 종교 차별이라고 항의하지 않습니다.

그런데 복음주의는 종교적 배타성에 대한 인식이 있기 때문에 기독교가 타 종교보다 낫다는 입장에서 유교를 비판할 수 있지만, 자유주의 기독교는 모든 종교를 동일하게 보기 때문에 원칙적으로는 그렇게 타 종교를 비판해서는 안 됩니다. 아예 기독교인이 아니면 상관없습니다. 앞에서도 말했듯, 세속 페미니즘은 모든 종교가 여성 억압적이라고 보고 다 똑같이 비판하기 때문입니다. 그러나 기독교인이라고 하면서 다른 종교를 비판할 때는 적어도 자기 종교가 그 종교보다 우월하다는 인식이 있다는 것인데, 이것은 모든 종교가 다 같다고 보는 자유주의의 원칙에 어긋납니다. 그렇다면 결국 속으로는 이슬람이든 유교든 다 기독교보다 못하다고 보면서 겉으로는 페미니즘이니 인권이니 하면서 평등한 척하는 것이지요. 백인들의 이러한 태도를 비서구/비백인 페미니스트들이 비판했는데, 한국 자유주의 기독교 페미니스트들은 은연중에 그러한 백인들의 태도를 그대로 받아들인 것입니다. 이러한 이중성은 차라리 복음주의처럼 내놓고 기독교가 답이라고 말하는 것보다 더 못한 태도입니다.

　　종교 간에 차이가 있는 것은 불가피한 현실입니다. 그러므로 그냥 페미니즘이 아니라 종교 페미니즘이 의미를 갖기 위해서는 자신이 믿는 종교가 여성 문제를 해결하는 데에 있어서 세속 페미니즘은 물론이고 다른 종교보다도 더 나은 자원이 있다는 인식이 있어야 가능합니다. 종교란 '따라야 할 가르침'이라는 뜻입니다. 사공이 많으면 배가 산으로 간다고, 이런저런 가르침을 다 따르면 아무 데도 도달하지 못하겠지요. 그러므로 자유주의 기독교 페미니즘처럼 모든 종교가 다 같다고 보면서 기독교 페미니즘을 하려면 기독교가 굳이 거기에 붙을 이유가 없습니다. 기독교에 아무런 희망이 없다고 보는 사람은 기독교에 머물지 않습니다. 그래도 종교를 가지고 싶은 사람은 좀 더 희망이 보이는 다른 종교를 택할 수 있습니다. 배타적 구원을 믿지 않는 입장에서는 그것이 그리 어려운 일도 아닐 것입니다. 그렇지 않고 기독교인의 정체성을 가지고 페미니즘을 하려면 기독교 안에서 여성 문제를 다룰 수 있는 자원을 찾아야 합니다. 아니면 그냥 세속 페미니즘을 하면 됩니다. 아마도 그게 훨씬 더 자유로울 것입니다. 성적 정절에 대한 제약도, 동성애에 대한 제약도, 낙태에 대한 제약도 없기 때문입니다. 그것도 아니면 그런 것들을 문제 삼지 않으면서도 어떤 영적 세계와의 연결감을 유지하게 해주는 뉴에이지 종교나 여신 종교도 있습니다.

그럼 다시 인권의 이야기로 돌아와서, 기독교가 특별히 세속 사회와 달리 여성의 인권을 더 위협하는 관습에는 무엇이 있을까요? 다시 말해서 여성에 대한 폭력을 종교의 이름으로 허용하는 관습이라면 무엇이 있을까요? 기독교에는 산 채로 아내를 불태우는 '사티' 관습도 없고, 가족의 명예를 위해 여자를 죽이는 명예 살인을 정당화하지도 않고, 여성의 성기를 훼손시키는 여성 할례의 관습도 없고, (적어도 서구 기독교에서는) 성감별 낙태도 없습니다. 그리고 꾸란과 달리 기독교의 성경에는 아내 구타를 정당화할 수 있는 근거 본문도 없습니다. 스토키가 자신의 책에서 다룬 여덟 가지 여성에 대한 폭력에서 특별히 기독교의 사례가 따로 거론되는 폭력은 가정 폭력입니다. 남편에 대한 순종을 강조하는 가르침 때문에 여성들이 가정 폭력에 제대로 저항하지 못하기 때문입니다. 그러나 스토키도 지적하듯 이는 분명히 비성경적인 가르침이라고 이야기할 수 있습니다. 저도 복음주의 안에서 자랐습니다만, 남편에 대한 순종이 내 안전을 위협하는 경우에까지 적용된다고 배운 적은 없습니다. 오히려 배우자를 위해서 죽어야 하는 사람은 아내가 아니라 아내를 (그리스도가 그랬던 것처럼) 죽도록 사랑해야 하는 남편입니다. 교회는 페미니즘이 아니라 성경에 근거해서 이것을 확실하게 가르칠 수 있습니다.

그러나 지금 복음주의 안에서 페미니즘을 원하는 이유는 이렇게 여성의 생명과 안전을 위협하는 폭력이 특별히 복음주의 안에 만연했기 때문은 아닐 것입니다. 아마도 '아버지 학교' 식의 해결을 원하지 않기 때문에 페미니즘에 눈을 돌리는 것이겠지요. '아버지 학교'는 권위적이고 가정에 소홀한 아버지를 자상하게 바꾸어 가정에 돌려보내려고 합니다. 제가 다니던 교회에서도 이 프로그램을 하는 것을 봤습니다만, 마지막에 아내의 발도 씻어 주며 정말 아내를 섬기는 헌신적인 남편과 자상한 아버지상을 강조했습니다. 자상한 남편을 마다할 아내는 없을 것으로 생각합니다만, 남편과 똑같이 근대 교육을 받은 여성으로서 시혜적인 태도로 아내를 대하는 것은 썩 달갑지 않을 수 있습니다. 여자도 똑같이 나가 일하고 싶은데 단지 여자이기 때문에 집에서 살림과 육아를 담당해야 하는 처사도 마음에 들지 않고, 똑같이 나가 일하는 경우에도 집안일은 여전히 여자의 일이 되는 처사 또한 마음에 들지 않을 것입니다. 그런데 교회 안에서는 이러한 불만을 제대로 다루어 주지 않고 계속해서 케케묵은 가정훈만 들먹인다고 생각할 것입니다.

이어지는 두 장에서는 왜 종교는 그러한 태도를 가지고 있는지, 그것을 해결할 자원을 이슬람과 유교는 어떻게 찾아가고 있는지에 대해서 이야기하게 될 텐데요, 그러한 종교의 해법과 페미니즘의 해법을 대비시키면서 이야기를 풀어 가도록 하겠습니다.

해체할 수 없는 경전을 안고

이슬람 페미니즘

성경,
문제가 되다

저는 여성학과 대학원을 다니는 중에 아이를 낳았습니다. 결혼하고 8년 만에, 두 번의 유산 끝에 낳은 아이였지요. 이 아이가 조금 더 일찍 생겼다면 저는 여성학을 공부하러 대학원에 가지 않았을 수도 있습니다. 남편이 신학교에 가고 사역을 시작하면서 얻은 사모 자리가 너무 낯설어서 내가 겪는 현실을 이해하려고 시작한 공부였는데, 그때 제가 힘들었던 건 단지 사모라는 자리만이 아니라 무자녀 상태였기 때문입니다. 저는 아이를 원했지만 내 인생의 다른 모든 것을 정지시키고 거기에 매달리고 싶지는 않았습니다. 하지만 남편이 사역자가 되고 나자 어쩐지 그래야 할 것 같은 주변의 분위기가 더 강해졌습니다. 그전에는 제가 전적으로 생계를 담당하고 있었기 때문에 출산에 전념할 수 없었다면, 이제 남편이 교회에서 일하게 되면서 약간의 수입을 얻으면서 그럴 여유가 생겼기 때문입니다. 하지만 저는 그 여유를 아이 낳는 데에 쓰지 않고 공부하는 데에 썼습니다. 그러다가 도중에 아이가 생긴 것입니다. 이 아이는 한편으로는 제가 여성학 공부에 더 매달리지 않을 이유가 되었습니다. 실제로 저랑 같이 수업을 들었던 동료 하나는 이제 아이를 (그것도 아들을) 낳았으니 여성학이 이전만큼 절실하지 않게 되지 않았느냐는 의미의 질문을 했습니다. 저를 차별하는 구조에 분노할 중요한 이유 하나가 사라졌기 때문이지요.

하지만 그럴 이유가 다 사라진 것은 아니었습니다. 물론 아이가 있을 때와 없을 때는 천지 차이였고 아이가 주는 기쁨은 그동안의 설움을 만회할 만큼 컸습니다. 그러나 남편이 사역자이기 때문에 오는 여러 가지 불만은 여전히 남아 있었습니다. 돌이 지나도록 아이에게 수유를 했기 때문에 그동안에는 아이를 두고 다니기가 힘들었지만, 일단 젖을 떼고 난 후에 저는 아이를 남편에게 잠깐 맡기고 예수원에 2박 3일간 기도하러 들어갔습니다. 그때 저는 나름대로 중요한 기로에 서 있었습니다. 내가 기독교에 대해서 어떻게 입장 정리를 할지, 말하자면 결단을 내릴 때가 왔다고 본 것이지요. 여성학 관점으로 계속 밀고 나가느냐, 아니면 이쯤에서 멈추느냐. 그러한 심정으로 저는 예수원의 소기도실에서 신약 성경을 뒤적이다 기도하다 하면서 2박 3일을 보냈습니다.

그때 제가 어떤 확실한 대안을 찾았기 때문에 기독교 안에 남아 있었던 것은 아닙니다. 그 무렵 저는 이미 거의 20년 동안 아주 깊이 이 전통 안에서 저 자신을 형성해 왔던 터였습니다. 신앙 안에서 후배들을 지도하기도 하면서 제법 지도적인 역할도 했지요. 그러므로 이 전통을 버린다는 건 그렇게 쉬운 일이 아니었습니다. 제가 앞 장에서 다소 무정하게 기독교에 희망이 없으면 그냥 떠나면 된다고 했는데, 그게 그렇게 말처럼 쉬운 일이 아니라는 것을 압니다. 요즘처럼 진영이 확실하게 갈리는 분위기이면 같이 편승하기가 좀 더 쉽지만, 그렇다 하더라도 편을 갈아타는 일은 언제나 자기 정체성에 어느 정도 위기감을 동반합니다. 그래서 가능하면 그 정체성을 크게 수정하지 않으면서 싸울 방안을 찾는 것은 지극히 인간적인 반응일 것입니다.

원래 교회는 당위를 강조하기 때문에 페미니즘을 당위로 만들면 교회를 떠나지 않고도 교회를 쉽게 비판할 수 있습니다. 그래서 교회 안에서 동조하는 무리를 형성해서, 페미니즘을 따르지 않는 것은 교회의 참모습이 아니라는 분위기를 조성하면 적절하게 기독교와 페미니즘이 통합되리라는 기대를 할 수도 있습니다. 그러나 예수원에서 보낸 그 2박 3일 동안 저는 이런 식의 대안 아닌 대안도 생각하지 못한 채 일단 지금은 내가 기독교를 떠날 이유가 없다는 선에서 생각을 정리했습니다.

사실 이런 고민이 처음은 아니었습니다. 기독교 가정에서 자라 고3 때도 교회를 빠지지 않던 제가 지방을 떠나 서울의 대학에 진학하고 나서 1년 정도 교회를 다니지 않았습니다. 그때는 학생 운동이 한창이던 때라 운동권에 투신한 학생들이 교회를 더러 떠나기도 했지요. 저는 운동권이어서 교회를 다니지 않은 것은 아니었습니다. 대학이라는 사회로 오고 보니 종교라고 하는 것이 그다지 현실성이 없어 보여서였습니다. 그리고 역시 성경은 남녀 차별적이지 않은가 하는 생각도 크게 자리하고 있었습니다. 남자에게 지는 것을 무지 기분 나빠했던 저로서는 여자의 순종 어쩌고 하는 구절이 어떻게 성경에 들어가게 되었는지 정말 의아할 뿐이었습니다. 그때만 해도 기독교는 부모님으로부터 물려받은 종교였지 제 종교는 아니었습니다. 그러나 일련의 사건을 통해 저는 기독교를 제 종교로 받아들였고, 성경의 그런 구절들은 크게 문제 삼지 않기로 했습니다.

그럴 수 있었던 큰 이유 하나는 그러한 구절들이 그 당시 제 현실 생활에 큰 영향을 미치지 않았기 때문입니다. 교회의 남자 리더들이 여자들에게 순종을 요구한 것도 아니고, 남자 친구가 순종을 요구한 것도 아니고, 게다가 저는 사역을 할 생각도 없었습니다. 심지어 사역을 생각하는 여자 선배들도 주로 해외 선교를 염두에 두었기 때문에 비교적 평등한 부부상을 보여 주었습니다. 해외 선교는 특수한 사역인 만큼 부부가 다 그 사역 자체에 대한 특별한 부름을 받아야 했고, 그래서 적어도 겉으로는 소명에 있어서 차별이 없었습니다. 그때 제가 알던 여자 선배들은 자신의 소명을 먼저 정하고 같은 소명을 받은 배우자를 구할 만큼 주도적이었습니다. 그리고 싱글로 살지언정 같은 길을 갈 수 없는 사람하고는 결혼하지 않겠다고까지 작정했습니다. 그랬기 때문에 여성의 역할에 제한을 두는 성경 구절이 그렇게 상관성 있게 와닿지 않았습니다.

여성 리더십에 제한을 두는 성경 구절이나 심각한 성차별로 해석될 여지를 주는 구절들이 좀 더 현실적으로 다가오는 것은 아무래도 결혼하고 나서입니다. 더군다나 저처럼 목회자 남편을 둔 상황에서 여성학을 공부한 사람에게는 꽤 관련이 깊을 수밖에 없는 구절이지요. 그래서 그러한 구절들을 복음주의 전통 안에서 해석하는 책들도 보았습니다. 그러나 이미 여성학을 공부한 저의 입장에서는 그 해석들이 썩 만족스럽지 않았습니다. 우리가 문제로 여기는 대부분의 구절이 번역상의 문제를 해결하거나 시대적인 배경의 맥락을 이해하고 읽으면 평등하게 해석될 여지들이 훨씬 더 많습니다. 그런데도 특히 부부 사이에 있어서 남자와 여자를 거론하는 방식의 차이 — 예를 들어, 남편의 사랑 아내의 순종 — 라든가, 아무래도 여성에게 좀 더 많은 제약이 가해지는 것 같은 인상은 여전했고, 특히 이성애 부부를 중심으로 하는 가족 중심성을 탈피하지 못했습니다.

페미니즘은 현재와 같은 가족은 기본적으로 가부장적이라고 보기 때문에 이성애 부부 가족 중심성을 유지하는 것은 성차별의 해결책이 아니라고 봅니다. 남편이 아무리 아내에게 잘해도 그것은 좀 더 부드러워진 가부장제로의 전환일 뿐 여전히 가부장제이기는 마찬가지라는 것이지요. 오히려 이러한 부드러운 가부장제는 페미니즘에 방해가 됩니다. 남편이 잘해 주니까 여자들이 거기에 길들어서 참된 해방의 의지를 상실하기 때문입니다. 그러므로 성경의 문제 구절들을 아무리 잘 해석해도 근본적으로 이러한 이성애 부부 중심의 가부장적 가족을 해체할 수 있는 게 아닌 이상 페미니즘이 추구하는 변화와는 길이 다를 수밖에 없습니다.

'성경에서 쓸 만한 것을 끄집어낸다면 짧은 팸플릿 하나 정도의 분량이 나올 뿐'이라고 메리 데일리라고 하는 탈 기독교 페미니스트는 말했지만, 실제로 페미니스트 신학자들이 즐겨 인용하는 구절은 여러분도 잘 아는 갈라디아서 3장 28절 하나입니다. "너희는 유대인이나 헬라인이나 종이나 자유인이나 남자나 여자나 다 그리스도 예수 안에서 하나이니라." 이 구절은 종교 차별, 인종 차별, 계급 차별, 성차별을 다 반박할 수 있는 일종의 '매직' 구절입니다. 예수의 행적은 페미니스트들도 감동할 만한 것들이 많지만, 나머지 신약 성경에서 건질 것은, 페미니스트 기독교 신학 입장에서는 이 한 구절 외에 별로 없습니다.

하지만 반드시 페미니스트 입장이 아니어도 복음주의 안에서도 '성경'이 점점 더 문제가 되는 것 같습니다. 특히 성경을 문자적으로 받아들이는 근본주의자들 때문에 어떻게든 성경에 좀 더 유연하게 접근할 필요가 있다는 견해들이 많이 생기는 것 같습니다. 성경이 '무오'한 하나님의 말씀이라고 주장하기에는 현대 사회에 부합하기 힘든 요소들이 갈수록 많이 보인다고도 생각합니다. 그럼에도 불구하고 개신교 신앙은 성경을 해체하면 개신교가 의지하는 신앙의 기반이 사라집니다. 다음 섹션에서는 그 이유를 살펴보도록 하겠습니다.

종교를
종교 되게 하는 것

   '신성한 덮개'가 사회 전체를 덮고 있던 시절에도 일상적
인 공간과 거룩한 공간은 서로 구분되어 있었습니다. '신성한 덮
개' 아래 있다고 해서 어디를가나 다 종교적인 공간인 것은 아니
었습니다. 기독교 신자들이 이 세상은 하나님의 것임을 당연히
여긴다 해도 예배를 드리는 장소는 밥 먹고 잠자고 일하는 장소
와는 '구분되는' 신성한 장소였습니다. 인간이 하루 24시간 내내
신적인 기운을 느끼고 산다면 그는 아마 오래 살지 못할 것입니
다. 아브라함이나 모세가 매일같이 하나님을 대면했다면 아주
빠르게 심장 마비로 죽지 않았을까 생각합니다.

   이렇게 일상적 공간과 구분되는 거룩한 공간으로 들어갈
때는 몇 가지 의례들이 필요하기도 했습니다. 손을 씻는다든가,
특별한 옷을 입는다든가, 성호를 긋는다든가, 절을 몇 차례 한다
든가, 종을 친다든가 등등이 있겠지요. 일본의 신사로 들어가는
입구에는 흐르는 물을 받아 두는 석조 통이 있고 거기에 손잡이
가 긴 작은 국자 같은 것이 여러 개 놓여 있습니다. 일단 입구에

서 사람들은 합장한 채 가볍게 절을 한 후, 물이 있는 그곳으로 가서 양손에 한 번씩 물을 뿌리고 입을 헹군 후 신당으로 올라갑니다. 신당 앞에서 치르는 의식은 또 따로 있지만, 일단 입구에서부터 자신이 지금까지 있던 공간과는 다른 신성한 공간으로 들어간다는 표시를 하는 것이지요. 같은 의미에서 가톨릭 성당에 들어서는 신자들은 성호를 긋습니다. 그리고 구약 시대에 이스라엘의 성막과 성전은 공간이 구분되어 거룩한 공간일수록 그곳에 들어갈 수 있는 자격이 엄격히 제한되어 있었습니다. 심지어 지성소와 같은 공간은 죽을 각오를 하고 들어가는 곳이었지요. 이처럼 종교마다 신성한 공간과 일상 공간을 구분하는 방식들이 있었고, 종교의식도 일상적인 행위와 구분이 되었습니다. 그래서 유교에서도 제사를 드릴 때 제주는 며칠 전부터 목욕재개를 하고 조상들 앞에 설 마음의 준비를 했습니다.

이러한 여러 종교들 중에서도 특히 책의 종교로 일컬어지는 기독교, 유대교, 이슬람은 경전에 신성한 의미를 부여합니다. (영어로 성경을 일컫는 Bible은 원래 '책'이라는 뜻입니다.) 인간을 향한 신의 뜻이 책을 통해 주어졌기 때문입니다. 역사의 어느 한 순간에 신 혹은 영적 존재가 인간에게 나타났고 인간은 그에게서 들은 것을 기록했습니다. 그 책에는 인간이 어떻게 살아야 하는지에 대한 중요한 지침들이 있었고, 그 지침에는 강제성이 있었습니다. 지키지 않으면 그에 따른 대가를 치러야 했던 것이지요. 그런데 이러한 강제성은 단지 지키지 않으면 벌을 받는다는 차원의 문제가 아니라, 그 가르침을 따르는 집단과 개인의 정체성과도 깊은 연관이 있었습니다. 어떤 종교적 행위와 관습들은 그 종교의 특징만 말해 주는 것이 아니라 그 행위와 관습을 통해서 구성되는 자기 이해에도 깊이 관여합니다. 세상을, 나를, 그리고 세상과 나의 관계를 이해하는 중요한 틀의 역할을 하는 것이지요. 그래서 종교적 경계를 넘어가는 것은 단지 그 종교의 틀을 넘어가는 것의 문제가 아니라, 자신과 세상에 대한 이해를 바꾸는 문제입니다.

기독교인들은 자기 인생의 의미와 목적을 하나님께 둡니다. 하나님이 내 인생을 위한 어떤 의도와 뜻을 가지고 있다고 믿으면서 삽니다. 그래서 그 하나님이 어떤 존재인지, 인간과는 어떤 식으로 소통하는지, 가족 / 이웃 / 문화 / 나라와는 어떻게 관계를 맺어야 하는지, 인생의 여러 가지 일들이 어떻게 서로 연결되어 목적에 부합하는 삶으로 나아가는지, 그러한 삶에 도움이 되는 것은 무엇이고 도움이 되지 않는 것은 무엇인지, 하는 것들을 이해하고 분별하고 받아들이는 법을 배우고, 내가 그 목적에 얼마만큼 들어맞게 살았는지를 반성해 보기도 합니다. 이러한 모든 과정은 단지 종교인이 되어 가는 과정이 아니라 그 종교가 가르치는 인생의 중요한 가치들로 자신을 만들어 가는 과정, 즉 내가 되어 가는 과정입니다. 그러한 틀에서 자기를 형성하다가 그 틀을 바꾼다는 것은 그동안 내가 알던 '나'가 아닌 다른 사람이 된다는 것이지요. 자기 이해의 틀은 청소년에서 성년이 될 때, 결혼할 때, 유학을 갈 때, 직업을 바꿀 때, 부모가 될 때, 이민을 갈 때 등등 인생의 중요한 전환기를 맞이할 때마다 조금씩 달라집니다. 특히 변화가 잦은 현대 사회에서는 크고 작게 이러한 자기 이해의 틀을 계속 바꾸면서 살게 되는데요, 이러한 모든 변화들이 어떤 커다란 틀 안에서 연결되고 해석되어야 의미라고 하는 것이 비로소 가능해지고, 실질적인 자기 이해도 가능해집니다. 현대 사회에서 내가 누구인지 알 수 없어 고민하는 일이 잦은 이유는 이러한 큰 틀, 그 신성한 덮개가 갈수록 의미가 없어지기 때문입니다. 종교적인 것을 전반적으로 폄하는 분위기 때문에 그렇게 될 수밖에 없는데요, 또한 그렇기 때문에 그 반동으로 오히려 더 근본주의적인 반응이 나오는 것이기도 합니다.

이 책의 종교들이 자신에게 주어진 경전에 대한 연구를 부지런히 하면서 계속해서 자기 종교가 가지는 고유성의 경계를 정비하고 세상과 관계 맺는 방식을 새롭게 정리해 가는 이유는 기본적으로 배교자를 벌하거나 종교의 아집을 지키기 위해서가 아니라, 인간이 자기 이해를 구성해 가기 위해서 필요한 그 큰 틀을 지키기 위해서입니다. 물론 종교가 아집을 부리고 사람을 감시하는 일에 주력한 적이 없었던 것은 아닙니다. 그러나 만일 그런 일에만 집중했다면 세계 종교로 지금까지 살아남지 못했을 것입니다.

그런데 이 책들이 경전으로 구성되던 때에 살아 있던 사람은 지금 아무도 없습니다. 십 년이면 강산이 변한다고 하는데,

짧아도 천 몇 백년이 되고 길게는 몇 천 년이 된 경전의 기록을 21세기를 사는 우리가 바로 읽고 이해한다는 것은 따져 보면 불가능하다고 봐야지요. 심지어 그것이 기록된 언어마저 우리 언어가 아닙니다. 경전의 언어를 모국어로 삼고 사는 민족이라 해도 경전의 언어는 이미 고어가 되어 버렸기 때문에 상당한 번역과 해석을 거쳐야 이해할 수 있고, 경전의 언어를 모국어로 쓰지 않는 민족은 말 그대로 외국어 번역서를 읽는 것입니다. 번역을 오랫동안 해온 저로서는 원어와 번역어의 채워질 수 없는 간극을 종종 느낍니다. 번역을 하기는 하지만 딱 맞는 느낌을 전달할 수 없을 때의 갑갑함이 있습니다. 바울이 '청동 거울로 희미하게 본다'고 했던 말은 어쩌면 번역어로 경전을 접하는 우리의 처지를 드러내는 말인지도 모르겠습니다.

신의 뜻이 나와 있는, 인간 이해에 너무도 필요한 내용을 이처럼 쉽게 접할 수 없다는 것은 문제입니다. 그래서 이 책의 종교들에서는 전문적으로 그 책을 해석하고 설명하는 집단이 생겼고 시간이 지나면서 이러한 해석들이 그 종교의 전통을 구성했습니다. 개신교인들은 자신이 직접 성경을 맨눈으로 보고 거기 쓰인 말 그대로 투명하게 이해할 수 있다고 생각하는 경향이 있는데, 사실은 그렇지 않습니다. 개신교인들은 개신교 안에서 형성된 해석의 전통에 따라서 성경을 읽고 이해합니다. 다시 말해서 개신교 신학의 틀 안에서 성경을 보는 것이지요. 예를 들어서, 성경의 19금 책으로 알려진 아가서를 그게 성경에 있다는 사실을 모르는 채 읽었다고 해봅시다. 어떨까요? 제가 어릴 때 처음 아가서를 읽었을 때는 이게 무슨 이야기인가 했습니다. 나중에 아가서를 그리스도와 교회의 관계라는 관점에서 읽어야 한다는 것을 배우고 나서야 비로소 그게 성경 안에서 가지는 위치를 이해할 수 있었습니다. 그런데 그렇게 아가서를 읽어야 한다는 해석의 전통은 오리게네스(약 184년~약 253년)로부터 시작되었습니다. 오리게네스의 아가서 주석을 읽으면서 저는 기독교인들이 이렇게 오랜 세월 동안 이 책을 이러한 틀로 읽었다는 데에 새삼 감탄했습니다. 오래됐다고 다 진리라고 말하기는 힘들겠습니다만, 시간의 시험은 인간에게 이것이 보편적 지식으로 자리잡을 것인가를 판단하는 중요한 척도입니다. 그렇지 않다면 역사의 심판이라는 것도 의미가 없는 말이겠지요. 시간이 말해 줄 것이라는 신념이 없다면 역사의 심판 또한 허구일 수밖에 없습니다.

경전을 접할 때 해석의 틀이 중요한 또 한 가지 예를 들어 보면, 구약 성경—요즘은 히브리 성경이라는 말을 더 많이 씁니다—을 볼 때 유대인과 기독교인이 보는 방식이 매우 다릅니다. 유대인에게 구약 성경은 자신의 역사입니다. 그래서 예를 들어 다윗의 경우 그들에게는 우리가 조선이나 고려의 왕들 이름을 대는 것과 같은 효과가 있습니다. 실제로 자기 민족의 왕의 역사이기 때문입니다. 이것은 다윗에 대한 해석에 있어서 상당한 차이를 가져옵니다. 기독교인들은 다윗을 해석할 때 그리스도이신 예수의 선조로서 이해하고 해석하는 반면에, 유대인들은 그러한 해석의 틀이 매우 생경합니다. 유대인 교수에게서 히브리 성경 수업을 들을 때 이러한 관점의 차이를 보고 매우 신선하게 느꼈던 기억이 있습니다. 같이 수업을 듣던 유대인들은 다윗을 단지 예수의 선조라는 이유로 미화할 필요를 전혀 느끼지 못했고, 그래서 그의 행적에 대한 평가도 우리가 구속사적 혹은 기독론적 관점에서 하는 평가와 매우 달랐습니다.

이처럼 어떠한 전통의 틀에서 경전을 보느냐에 따라 같은 내용도 매우 다르게 읽힙니다. 그렇기 때문에 페미니즘의 틀에 맞춰 경전을 보는 방식을 바꾸어 버리고 그 틀에서 자기 이해를 구성하기 시작했다면 그것은 페미니즘 전통의 경전이지 기독교 전통의 경전이라고 보기 힘듭니다. 페미니즘 전통의 경전이 기독교 전통의 경전이라고 주장하려면 '기독교'의 규범을 재구성해야 하는데, 과연 어디까지 재구성할 수 있는가 하는 것도 종교의 고민이 될 것입니다. 그리고 그 '어디까지'에 합의하지 못하면 기독교와 페미니즘은 각자의 길을 갈 수밖에 없습니다.

그런데 책의 종교라고 해서 이러한 정체성이 구성될 수 있는 틀로서 책만 하나 던져 주는 것은 아닙니다. 종교 전통 안에는 경전 해석의 전통만이 아니라 귀감이 되는 선조와 성인들의 전통도 있고, 예배, 기도, 성례, 절기 축제 등 신자들의 정체성과 삶을 구성하는 다른 전통들 혹은 관습들도 있습니다. 이러한 전례와 의식들은 앞에서 이야기한 신성한 공간들과 더불어 평범한 일상에 부여되는 특별한 의미를 경험하는 방식입니다. 그래서 우리는 일하고 사랑하고 놀며 열심히 살다가도 잠시 멈추고 정기적으로 드리는 예배를 통해서 그러한 일상의 시간을 돌아보고 일상의 의미를 되새기며 인생의 궁극적 의미를 다시 한번 깨닫는 시간을 가집니다. 명상과 성찰의 시간은 종교와 무관하게 이루어질 수 있습니다만, 기독교의 구심점은 모든 의미의 근원이신 하나님이기 때문에 그 하나님을 경험하는 방식을 이렇게 전례를 통해서 가르쳐 주는 것입니다.

개신교의 장점이자 단점은 이렇게 하나님을 경험하는 방식에 형식적 구분을 (어쩌면 지나치게) 하지 않는다는 것입니다. 성경도 문자를 해독할 수만 있으면 누구나 다 읽고 알 수 있는 것처럼 모든 사람의 손에 쥐어져 있고, 건물도 아무 데나 그냥 쓰면 되고, 성찬도 성도의 교제이지 거기에 어떤 물리적인 하나님의 임재가 있다고 생각하지 않고, 강단에도 아무나 올라갈 수 있습니다(물론 주로 목사가 올라가지만 평신도들이 설교를 하는 경우도 더러 있지요). 개신교가 그렇게 하는 것은 개신교 운동을 시작한 종교 개혁가들이 세운 전통 때문에 그렇고, 거기에 장점이 없는 것은 아닙니다. 정말로 모든 주권을 각 개인을 부르시는 하나님께 두고 그 하나님 앞에서 모든 인간을 상대화시키기 위해서 취한 방법이었기 때문에 원론적으로는 종교 권력의 왜곡과 비대화를 막을 수 있습니다. 누구나 하나님 앞에 성경 하나 들고 직접 나아갈 수 있다면 종교 권력이 왜 생기겠습니까. 그리고 하나님을 대리하는 기관이 없어졌으니 그 대리의 절차도 다 생략되고, 성물도 필요 없고, 성물에 축성할 필요도 없고, 고해소도 필요 없고, 심지어 예배할 별도의 공간도 가질 필요가 없습니다. 성경 하나만 있으면 어디서나 하나님을 만날 수 있으니까요. 그래서 아무나 쉽게 어디에서나 교회를 시작할 수 있습니다.

　　그런데 현실적으로는 여전히 개신교도 목사 제도를 유지하고 있습니다. 목사가 종교 전문직이 아니라고 설명하고 그래서 평신도 운동도 하고는 하지만, 여전히 세례, 성찬, 축도와 같은 몇 개 남지 않은 성례는 안수받은 목사들의 몫입니다. 성례란 거룩한 의식이라는 뜻이고 거룩하다는 것은 구별되었다는 것이지요. 따라서 성과 속을 구별하지 않는다고 아무리 말해도 개신교도 사실은 구별을 할 수밖에 없습니다. 성경을 일반 사람들도 쉽게 이해할 수 있게 일상어로 번역해야 한다고 주장하고 실제로 그렇게 번역을 한 유진 피터슨도 예배를 드리는 공간은 아무 상가 건물이나 탁구를 치고 노는 공간과는 구분될 필요가 있다고 했습니다. 그 건물에서 무엇을 행하느냐가 그 건물의 분위기와 성격에 영향을 미치기 때문입니다. 과거에 교도소로 쓰이던 건물을 리모델링 하고 예배할 수도 있습니다만, 그 안에 스며 있는 기운이 묘하게 남아 있는 것은 어쩔 수 없지요. 그 기운을 지우기 위해서는 그곳을 기억하는 사람들이 다 죽고 새로운 기억이 덧입혀져야 합니다. 그러므로 예배를 위한 물리적 공간의 구분을 단지 실용적으로만 접근할 것은 아닙니다. 그런데 개신교에서는 이러한 외형적인 구분들과 성례를 최소화하는 대신에 자기 종교의 모든 비중을 성경으로 옮겨 놓았습니다. 그래서 가톨릭교회와 달리 말씀 강론 시간이 아주 깁니다. 개신교의 정신에 따라 다른 종교의식은 다 필요 없다고 보기 때문입니다. 이것을 뒤집어 말하면 개신교의 정체성에서 가장 중요한 것은 성경이라는 뜻입니다. 그래서 이 성경을 해체하면 종교로서 개신교 정체성의 기반을 상실하게 된다고 말하는 것입니다.

이 말은 성경에 해석학적 접근을 하지 않는다는 말도 아니고, 성경을 신줏단지 모시듯이 해야 한다는 말도 아닙니다. 이 말은 페미니스트들처럼 어떤 것은 하나님 말씀이고 어떤 것은 가부장 남자들의 말이라고 하면, 개신교의 종교성과 개신교가 개신교로서 가지는 의미의 기반이 사라진다는 것입니다. 성경 하나 있으면 어디서나 하나님을 만날 수 있다고 말하는 게 개신교인데, 그 성경이 가부장제 때문에 오염됐으니 거기서 선별적으로 몇몇 구절만 빼 들고 하나님을 만나야 할 판인 셈이지요. 그렇게 되면 그 몇 구절을 가지고 하나님에 대한 이해를 다시 구성해야 하고, 따라서 신론, 구원론이 다 달라질 수밖에 없습니다. 그렇게 다 바꾸고 나면 이제 거기에는 기독교라기보다는 새로운 어떤 종교의 모습이 나타나겠지요. 그렇기 때문에 기독교라는 범주가 의미를 갖기 위해서는 성경은 그냥 성경으로 그대로 받을 수밖에 없습니다.

제가 번역한 유진 피터슨의 《이 책을 먹으라》(IVP 역간,

2006)에 보면 우리가 성경을 대하는 자세를 설명하기 위해서 자기 집에서 키우는 개가 뼈다귀를 물고 빨고 뜯는 모습을 묘사합니다. 모름지기 우리가 성경을 대하는 자세는 그렇게 한참을 붙들고 씨름하고, 묻어 두었다가 다시 파내서 또 물고 뜯고 해야 하는 것이라고 그는 말합니다. 이 말은 성경을 내 마음대로 요리할 수 있을 때까지 물고 늘어지라는 뜻이 아닙니다. 내 뜻대로 굽힐 수 없는, 내 의지대로 따라오지 않는 성경을 끌어안고 씨름하라는 말입니다. 내 속에 쓴 그것이 달게 느껴질 날도 있을 것이고 여전히 쓸 수도 있지만, 내 뜻대로 굽힐 수 없는 그것을 그것대로 인정해야 내가 다 헤아릴 수 없고 알 수 없는 신비의 영역, 하나님의 영역을 인정할 수 있습니다. 그렇지 않으면 하나님이 왜 필요하겠습니까. 내가 다 알고, 다 알아서 할 수 있는데.

페미니스트 기독교인들은 성경을 해체함으로써 기독교가 이해하는 그러한 신비의 영역을 인정하지 않기로 했고 따라서 앞 장에서도 이야기했듯이 '기독교'라는 수식어를 붙일 특별한 이유가 없습니다. 그런데 페미니스트로서 이렇게 해체할 수 없는 경전을 안고 씨름하는 예를 기독교보다는 오히려 이슬람에서 더 잘 볼 수 있습니다. 이슬람 페미니스트들이 경전에 접근하는 방식은 복음주의 페미니스트들이 하는 방식과 비슷합니다. 그렇다면 왜 복음주의 페미니즘을 바로 소개하지 않느냐고 생각하실지도 모르겠습니다. 같은 기독교인데 말이지요. 하지만 같은 기독교라 하더라도 우리는 서구인이 아닙니다. 따라서 백인 복음주의 페미니스트들이 고민하지 않아도 되는 문제들을 우리는 안고 있습니다. 그래서 약간 우회해서 가려고 합니다. 이어지는 두 섹션에서는 이슬람 페미니스트들이 경전을 대하는 방식과 그들이 비서구에 위치함으로써 안게 되는 문제들을 살펴보려고 합니다. 하지만 그 전에 먼저 페미니스트 신학자들 중에 가톨릭 배경의 신학자들도 제법 있는 만큼 가톨릭의 종교성에 대해 간략하게 설명하도록 하겠습니다.

가톨릭은 개신교와 달리 성경 하나 달랑 들고 하나님을 만날 수 있다고 생각하지 않습니다. 가톨릭은 인쇄 기술이 발달하기 한참 전에 자리잡은 종교인 만큼 '책'에 대한 강조가 개신교와는 다를 수밖에 없습니다. 가톨릭 전통에서 성경을 읽는 일에 평신도들이 더 적극적으로 동참할 수 있게 된 것은 1962-1965년에 개최되었던 제2차 바티칸 공의회 이후입니다. 그전에는 미사 전례문도 한국어가 아닌 라틴어로 읽었습니다. 대학생 때 가톨릭 신자였던 제 친구가 성서 읽기 모임에 나가면서 제법 감동하는 것을 본 적이 있는데, 이미 몇 년 동안 날마다 아침 묵상을 하면서 성경에 쉽게 접근하던 저로서는 약간 낯선 반응이었습니다.

개신교가 신과 인간 사이에 성경 하나만 있다고 생각한다면, 가톨릭은 신과 인간 사이에 교회와 성경이 있다고 생각합니다. 그래서 성경 이외의 매개로도 신을 경험할 수 있습니다. 이 말은 성경을 배제한다는 말이 아니라 성경을 둘러싼 다른 많은 전통들이 다 같이 신을 경험하게 해준다는 뜻입니다. 그 전통에는 무엇보다 성례의 전통이 있고, 그 외에 성녀/성자들의 전통 그리고 수도원 전통도 있습니다. 가톨릭은 또한 이러한 제도들을 통해서 성과 속의 구분을 어느 정도 유지하고 있습니다. 따라서 가톨릭 안에도 보수주의자에서 자유주의자까지 다양하게 존재하지만, 제도적으로 종교성의 경계를 지키는 방식들이 오랜 역사를 통해서 제법 두텁게 자리잡고 있기 때문에 쉽게 그 정체성을 잃지 않습니다. 다시 말해서 가시적인 하나의 교회 체제를 유지함으로써 교회 안에 있는 것과 밖에 있는 것의 차이를 비교적 직접적으로 느낄 수 있게 해주고, 그만큼 종교성의 무게를 개신교보다 좀 더 구체적으로 느낄 수 있습니다. 쉽게 말해서, 개신교는 개인에게 많은 것이 달린 만큼 내가 분위기를 조성해야 한다면, 가톨릭은 전통이 오랜 만큼 이미 조성된 분위기 안으로 들어가면 됩니다. 그래서 가톨릭은 가톨릭 교인이 '된다'기보다는 가톨릭 교인으로 '태어난다'는 인상이 강합니다. 집안의 전통으로 물려받는 것이지요.

앞에서 인용한 로즈마리 래드포드 류터를 비롯해서 페미니스트 신학자들 중에는 가톨릭을 배경으로 둔 사람들이 제법 있고, 개신교 페미니스트들은 같은 페미니스트라고 하여 이들이 교회를 비판하는 방식을 별 여과 없이 받아들이는 경향이 있는데, 가톨릭과 개신교는 서로 종교적 전통과 자원이 다르기 때문에 같은 방법을 취할 경우 개신교 페미니스트들이 상대적으로 종교적 정체성 면에서는 잃는 게 더 많습니다. 적절한 비유인지 모르겠습니다만, 부잣집 친구가 쓰는 것처럼 돈을 쓰다가는 내 지갑의 돈이 순식간에 동나는 것과 같다고나 할까요.

그럼 이제 이슬람 페미니즘에 대해서 알아 보도록 하겠습니다.

이슬람 페미니즘과
경전

이슬람에는 기독교와 달리 권위 있는 경전이 많습니다. 하지만 그 어떤 경전도 꾸란과 비교할 수는 없습니다. 이슬람 학자 아스마 발라스에 의하면 무슬림에게 꾸란은 "모방할 수 없고, 침범할 수 없으며, 무오하고, 논쟁의 여지 없는" 신의 말씀입니다[Asma Barlas, *Believing Women in Islam: Unreading Patriarchal Interpretations of the Qur'an* (Texas: Texas University Press, 2002), p. 33]. 보수 기독교인들이 성경을 생각하는 것과 비슷하지요. 이슬람 페미니즘은 이 꾸란을 벗어나서는 존재할 수 없습니다. 다시 말해서 꾸란을 기반으로 하지 않고서는 페미니즘은 될 수 있을지 몰라도 이슬람 페미니즘은 될 수 없습니다. 복음주의 페미니즘도 한때 성경적 페미니즘이라고 불리기도 했는데요, 마찬가지로 성경적 근거가 없이는 복음주의 페미니즘이라고 할 수 없기 때문입니다. 물론 자유주의 기독교 페미니즘도 성경을 기반으로 한다고는 하지만, 그때의 성경은 자신들이 편집한 성경을 일컫는 것이지 성경을 그대로 받아들이지는 않습니다.

이슬람 페미니스트들이 꾸란을 기반으로 삼는 것은 꾸란이 성경과 달리 여성 해방적인 구절이 많기 때문이 아니라, 책의 종교로서 이슬람의 중요한 정체성이 이 꾸란에 있기 때문입니다. 그러나 이슬람 페미니스트들은 복음주의 페미니스트들과 달리 최고 경전인 꾸란을 상대하기 전에 먼저 넘어야 할 산이 있습니다. 이슬람에서는 꾸란에 버금가는 경전들이 있는데 그중 하나가 선지자 무함마드가 했던 말이 수록된 '하디스Hadith'입니다. 꾸란이 신의 계시로 여겨진다면 '하디스'는 그렇지 않고, 어떤 '하디스'는 진짜 선지자가 한 말이냐의 진위 여부를 놓고 학자들 사이에 견해가 갈리기도 합니다. 그러나 평범한 신자들의 삶에서 그 권위는 상당합니다. 그 이유 중 하나는 꾸란이 누구나 쉽게 접할 수 있는 텍스트가 아니기 때문입니다. 무슬림들은 번역된 꾸란은 사실상 꾸란으로 인정하지 않습니다. 꾸란의 의미는 단지 그 내용에서만 비롯되는 것이 아니라 소리와 리듬에서도 비롯되는데 그런 것들은 번역하여 옮길 수 없기 때문입니다. 그래서 실제로 읽는다 해도 그것을 해석하는 것은 상당히 까다롭다고 합니다. 또한 그렇기 때문에 평범한 무슬림 중에서는 꾸란의 내용을 잘 모르고 그냥 하디스의 내용이 곧 이슬람인 줄 아는 경우도 많다고 합니다. 그만큼 전통에 대한 신뢰가 큰 셈이지요. 선지자가 한 말로, 유명한 이슬람의 스승들이 모아 놓은 글을 그대로 받아들이기 때문입니다. 그런데 문제는 꾸란보다 이 하디스에 여성을 차별하는 내용이 더 많고 더 구체적으로 나온다는 것입니다. 그래서 이슬람 페미니스트들 중에는 이 하디스의 권위를 깎아내리고 오직 꾸란에만 집중하려는 사람도 있습니다.

꾸란에는 없는데 하디스에 있는 내용의 예를 하나 들어보면, 여자는 남자의 갈비뼈로 만들어졌는데 그게 하필 갈비뼈 중에서도 제일 굽은 갈비뼈이므로 여자들의 비뚦을 고치려 하지 말고 잘 대해 주라는 내용입니다. 꾸란에서는 남자와 여자의 창조에 대해서 성경과 달리 서로 다른 재질로 만들어졌다고 하지 않고, '하나의 영혼single soul'에서 나왔다고 합니다. 즉 성경에서는 창세기 1장과 달리 2장에서 남자는 흙으로 먼저 만들어 하나님이 직접 생기를 불어 넣고 여자는 남자의 갈비뼈로 만들었다고 해서 창조 때부터 여자를 남자의 파생적 존재이자 남자를 위해 존재하는 것처럼 이해할 여지를 주었다면, 꾸란은 그렇지 않다는 것입니다. 그러나 그렇게 단순하게 보기 힘들다고 주장하는 학자도 있습니다. 꾸란이 계시될 때는 이미 유대교와 기독교의 창조 이야기가 그 지역에서 널리 알려진 만큼 굳이 따로 말하지 않아도 다 암묵적으로 알고 있는 내용이라 꾸란에서도 따로 언급하지 않은 것이라고 볼 수 있기 때문입니다.

그런데 하디스를 무시하고 꾸란에만 집중한다고 해도 난제가 없는 것은 아닙니다. 그 대표적인 구절이 남편이 아내를 때릴 수 있는 근거를 제시한 다음과 같은 구절입니다.

남자는 여자를 담당하는데 그 이유는 신이 그[남자]에게 더 많은 것을 주었기 때문이고 재산으로 그들[여자]을 유지해 주기 때문이다. 그러므로 좋은 여자는 순종적이고, 그가 없을 때 신께서 지킨 것을 지킨다. 그리고 만약 그녀의 온당하지 못한 행실이 걱정된다면 그들을 꾸짖고, 침대에서 무시하고, 때려라. 그들이 순종하거든 그들에게 맞설 방도를 찾지 마라. 참으로 신은 높고 위대하시다(Sura 4:34). [Sura는 꾸란의 장chapter을 의미합니다.] [Karen Bauer의 영어 번역을 한글로 번역함. Karen Bauer, *Gender Hierarchy in the Qur'an: Medieval Interpretations, Modern Responses*(Cambridge: Cambridge University Press, 2015), p.169]

여기에 보면 성별 분업의 구조가 성경에서보다 좀 더 분명하지요. 성경에서는 성별 구분이 주로 가르침이라고 하는 지식의 영역과 사랑과 순종이라고 하는 태도의 영역에 국한되어 있다면, 꾸란에서는 남자들이 돈을 벌어 부양하고 여자는 무엇보다 성적 서비스를 제공하는 것을 신의 명령으로 규정하고 있습니다. 위의 본문에서 '온당하지 못한 행실'이란 주로 여성의 불순종 특히 성관계를 거절하는 것으로 해석된다고 합니다. 성별 분업의 또 한 가지 요소인 가사 노동의 경우 이슬람에서는 원래 남편이 가사를 책임질 사람을 아내에게 따로 구해 주어야 했다고 합니다.

이 본문에 대한 페미니스트 해석은 잠시 후에 소개하기

로 하고요, 우선 성차별 심지어 여성에 대한 폭력이 정당화되는 듯한 이러한 구절을 두고도 어떻게 이슬람 페미니스트들이 꾸란에 근거해서 페미니즘을 하려고 하는 것인지 잘 이해하지 못할 수도 있습니다. 이슬람 페미니스트들이 그렇게 할 수 있는 가장 큰 이유, 그리고 심지어 꾸란이 성경보다 더 남녀평등을 지지한다고 보는 경우까지 있는 이유는 신이 직접 남자와 여자를 호명하면서 같은 윤리 덕목을 주었기 때문입니다. 기독교에서 남녀평등의 근거 본문으로 삼는 갈라디아서 3장 28절은 예수가 한 말이 아니라 우리와 같은 사람인 바울이 한 말이고, 그 외에 신약 성경의 다른 구절들을 보면 여자에게 순종의 덕목을 더 강조하면서 남자와 여자의 윤리 덕목이 어느 정도 성별성, 즉 성에 기반을 둔 차이를 보이는 반면에 꾸란에 나오는 아래의 구절은 그렇지 않습니다.

> 무슬림 남자와 여자를 위해,
>
> 믿는 남자와 여자를 위해,
>
> 경건한 남자와 여자를 위해,
>
> 진실한 남자와 여자를 위해,
>
> 인내하고 한결같은 남자와 여자를 위해,
>
> 자신을 낮추는 남자와 여자를 위해,
>
> 자선을 베푸는 남자와 여자를 위해,
>
> 금욕하고 (자기를 부인하는)

남자와 여자를 위해,

정절을 지키는 남자와 여자를 위해, 그리고

신을 찬양하는 일에 몰두하는

남자와 여자를 위해,

그들을 위해 신께서

용서와 큰 보상을 준비하셨다(Sura 33:35).

(A. Yusuf Ali의 영어 번역을 한글로 번역함)

여기에서 보면 흔히 여자의 덕목으로 여겨지는 인내와 한결같음, 자기를 낮춤, 금욕, 정절과 같은 것들이 남자와 여자에게 공통으로 주어졌습니다. 물론 성경도 성령의 열매를 여자와 남자 모두에게 제시하고, 기독교가 최고로 여기는 사랑의 덕목도 성별에 따른 차이가 없습니다. 그리고 성경의 내용을 전체적으로 볼 때 여자에게 강조되는 순종은 우리 모두가 하나님께 순종해야 한다는 절대명령 앞에서 오히려 그 빛이 바랩니다. 그러나 이렇게 직접 신으로부터 받은 계시가 남자와 여자를 구체적이고 동일하게 명시한다는 것은 그 무게가 다릅니다. 그냥 '들으라 이스라엘아' 하는 것과 '들으라 이스라엘의 남자와 여자들아' 하는 것은 특히 오늘날처럼 젠더에 민감한 시대에는 어감상의 차이가 분명하고 그에 따른 해석학적 의미도 부여할 수 있습니다. 그렇기 때문에 이슬람 페미니스트들은 꾸란에서 남녀에게 동등하게 주어진 윤리적 비전을 보고 그 비전에 근거해 꾸란은 기본적으로 남녀평등을 지지한다고 주장하는 것입니다.

이와 관련해서 여담을 곁들이자면, 제가 읽은 수많은 영어책 중에서 특별히 여성 관련 주제가 아닌 남녀를 모두 대상으로 하는 책에서 사람을 일컫는 대명사를 'he'가 아니라 'she'로 쓴 책은 니콜라스 월터스토프의 *Journey Toward Justice* [Baker Academics, 2013. 한국어 번역본은 《월터스토프, 하나님의 정의》(배덕만 역, 복있는사람, 2017)]가 처음이었습니다. 평소에 책을 읽을 때 'he'는 으레 남녀 모두를 일컫는 것이라고 생각하며 읽었고 그래서 딱히 내가 소외된다는 생각을 (특히 기독교 서적을 읽을 때) 한 적이 없었는데, 막상 'he'대신에 'she'가 사람을 일컫는 대표 대명사로 쓰인 책을 읽으니 매우 신선했습니다. 정말로 이 논의에 내가 포함되어 있다는 인상을 확실히 받을 수 있었고 그때의 느낌은 제법 감동적이었습니다. 그러나 또 한편으로는, 대표 대명사로 쓰인 만큼 이 논의에 따른 책임 또한 져야 한다는 인상도 더 분명했습니다. 남성형 대명사로 쓰일 때는 어느 정도 문제를 그들의 책임으로 돌릴 수 있었다면, 이제는 같은 대표성을 가진 만큼 책임도 같이 따라오는 것이지요.

다시 꾸란의 그 구절로 돌아가서, 게다가 그 구절은 무슬림 공동체의 여자 신도들의 요구에 의해서 선지자가 받은 계시라고 합니다. 선지자 무함마드는 무슬림 공동체에게 꾸란을 가르쳤는데 여자들이 집안일 때문에 남자들과 배움에 있어서 차이가 나자 항의를 했고, 그래서 여자들을 위해 따로 시간을 내어 주었습니다. 그때 여자들이 꾸란에 대해서 물었던 가장 중요한 질문은 여자들도 신과 그의 선지자를 받아들였는데 왜 꾸란은 남자들만 지칭하느냐는 것이었습니다. 그 결과 꾸란의 이 구절이 계시되었고, 그 후로 몇 차례 여성을 지칭하는 꾸란이 주어졌다고 합니다. 꾸란을 둘러싼 이러한 역사적 배경은 여성들이 무슬림 공동체 안에서 자기 의사를 표현할 수 있고 그러한 여성들의 목소리에 신이 응답했다는 선례로 남습니다. 그래서 이슬람 페미니스트 중에서는 이처럼 이슬람의 역사 초기에는 여성들의 참여가 훨씬 더 적극적이고 좀 더 평등한 양상을 보였는데, 주변의 유대교와 기독교의 영향으로 보수화되었다고 말하는 사람들도 있습니다.

그러나 아무리 이러한 구절이 꾸란에 있어도 평등사상의 실천에 있어서 꾸란이 전반적으로 그것을 지지하고 있느냐 하는 것은 또 다른 문제이고, 그래서 앞에서 인용한 꾸란의 sura 4:34과 같은 구절은 난제가 됩니다. 그렇다면 이 구절에 대해서 가장 페미니스트적인 해석이라 할 수 있는 사례 하나를 소개하도록 하겠습니다.

성경에서 '머리_kephale_'라는 용어를 둘러싸고 학자들 간에 이견이 많듯, 경전의 용어를 해석하는 일은 쉽지 않습니다. 그래서 이슬람 페미니스트 리팟 하산의 해석은 이슬람의 해석 전통에서 보자면 다소 이례적인 견해이지만 그렇다고 해서 틀렸다고 볼 수도 없는 해석입니다. (참고로 리팟 하산은 파키스탄 기반의 페미니스트로서 꾸란을 '인권의 마그나 카르타'로까지 볼 수 있다고 주장했습니다.) 여기에 다시 한 번 sura 4:34을 적어 보겠습니다. [하산의 해석은 Riffat Hassan, "Muslim Women and Post-Patriarchal Islam," in Paula M. Cooey, William R. Eakin, and Jay B. McDaniel eds. *After Patriarchy: Feminist Transformation of the World Religions* (Maryknoll: Orbis Books, 1991), pp. 39-69에서 확인할 수 있습니다.]

남자는 여자를 담당하는데 그 이유는 신이 그[남자]에게 더 많은 것을 주었기 때문이고 재산으로 그들[여자]을 유지해 주기 때문이다. 그러므로 좋은 여자는 순종적이고, 그가 없을 때 신께서 지킨 것을 지킨다. 그리고 만약 그녀의 온당하지 못한 행실이 걱정된다면 그들을 꾸짖고, 침대에서 무시하고, 때려라. 그들이 순종하거든 그들에게 맞설 방도를 찾지 마라. 참으로 신은 높고 위대하시다.

하산은 이 본문을 세 개의 부분으로 나누어서 해석하는데요, 우선 여기서 지칭하는 남자와 여자는 남편과 아내가 아니라 이슬람 공동체의 일반적 남자와 여자를 일컫는 것이라고 그는 해석합니다. 만일 이것이 남편과 아내에 대한 구절이라면 부부 사이의 성별 분업을 정당화해 주지만, 공동체의 일반 남자와 여자를 일컫는 것으로 볼 경우 공동체 전체의 유익이 무엇인가 하는 관점에서 볼 수 있게 된다는 게 하산의 논지입니다. 나중에 보겠지만, 이러한 하산의 논지는 마지막에 '때려라'라고 하는 부분의 해석에서 분명하게 나타납니다.

그럼 먼저 이 내용이 공동체 안의 남자와 여자를 향한 구절이라고 할 때, 하산은 남자들 전체가 기본적으로 부양 능력을 갖춰야 하는 것은 당연하다고 봅니다. 이 말은 여자들이 돈을 벌어 스스로를 부양할 수 없다거나 해서는 안 된다는 말이 아니라, 이미 출산과 양육으로 수고하는 여성에게 부양의 의무까지 지게 해서는 안 된다는 것이지요. 사실 가부장제 사회의 현실로 볼 때 이 정도만 해도 상당히 진일보한 것입니다. 돈도 못 벌면서 자신을 대신 부양해 주는 아내를 패고 자식도 패는 남자들이 한국 사회에도 있으니까요.

그다음 나오는 여자의 '순종'에 대해서 하산은, 많은 번역들이 남자가 부양의 의무를 지는 것에 상응하는 여자의 '순종'의 의무라고 이 부분을 해석하지만, '순종'으로 번역된 부분을 구성하는 두 단어는 원래 '능력'과 '물 주머니'라는 뜻을 가지고 있다고 합니다. 따라서 그것을 '순종'으로 해석하기보다는 여자들의 출산 능력, 그리고 물을 운반할 때 그것이 흐르지 않게 주머니에 담아 운반하는 것처럼 여자들이 출산 때까지 자궁의 양수 안에 태아를 안전하게 지니고 다니는 모양새로 해석해야 한다고 주장합니다. 다시 말해서 남자의 부양 기능에 상응하는 여자의 기능은 '순종'이 아닌 출산이라고 본 것이지요.

앞의 두 파트를 이렇게 해석하고 나면 이어지는 세 번째 파트에서 말하는 내용을 여자들의 출산 기능과 연결하여 해석할 수 있습니다. 이 세 번째 파트에 대해서 하산은 이슬람 공동체의 여자들이 집단으로 신께서 그들에게 주신 기능과 역할인 출산을 거부하는 경우로 상정합니다. 이러한 상황은 공동체의 존속과 관련된 심각한 상황이기 때문에 우선은 그들에게 충고하고('꾸짖고'), 그것이 효과가 없으면 두 번째는 그들을 배우자로부터 따로 격리하고('침대에서 무시하고'), 그것도 효과가 없으면 마지막으로 이슬람 공동체나 그 대표자들이 좀 더 장기간 그들을 가두는 방법을 택할 수 있다는 뜻이라고 하산은 해석합니다.

하산은 모든 여성이 출산을 해야 한다거나 여성의 역할이 출산으로 축소되어야 한다고 보아서가 아니라, 생물학적으로 출산은 여자만 할 수 있는 일인 만큼 공동체의 존속에 중요한 이 임무를 수행하는 그 기간만큼이라도 여성은 부양의 의무에서 벗어날 권리가 있다는 관점에서 설명합니다. 따라서 꾸란의 이 구절은 공동체 안에서 정의가 제대로 시행되게 하려고 주어진 것이라고 하산은 말합니다. 하산 자신을 비롯해서, 공동체의 별다른 지원 없이 홀로 힘들게 아이를 키워야 하는, 전 세계적으로 수많은 한부모들의 상황은 결코 정의롭다고 할 수 없으며, 그렇기 때문에 꾸란의 이 구절은 공동체의 미래인 아이를 위해서도 제대로 정의가 시행될 수 있게 해준다는 것입니다.

하산의 이러한 입장은 페미니즘의 입장과는 상당한 차이가 있습니다. 우선 페미니즘은 앞에서도 보았듯 남자의 부양 기능과 여자의 출산 기능이라는 성별 분업 자체가 이미 성차별의 기반이라고 봅니다. 하산은 여자들이 스스로를 부양할 수도 있고 출산이 의무는 아니라고 말하지만, 남자들은 마땅히 여자와 자녀를 부양해야 한다고 하고 여자들은 공동체를 위해서 지는 일종의 책임으로서 출산을 해야 하는 것으로 제시함으로써 성별 분업의 기반을 여전히 유지합니다. 하산의 지적대로 한부모 가정의 취약성과 빈곤 문제는 세계 어디에나 있는 문제입니다. 이에 대한 페미니즘의 해결책은 남자들의 부양 의무를 국가가 대신 지는 것입니다. 여자들도 투표권을 가진 시민인 만큼 남편이나 아버지를 통하지 않고 직접 국가와 계약을 맺을 수 있습니다. 그런데 여자들이 투표하고 세금 내는 시민으로서 국가에 하는 중요한 기여가 차세대 국민들을 출산하는 것이라면 그 차세대를 부양할 책임도 국가가 져야 한다는 것입니다. 반면에 하산은 국가를 거론하기보다는 이슬람 공동체 안에서 남자들이 져야 할 의무라고 이야기함으로써 페미니즘과 기본적으로 다른 접근을 합니다. 즉 국가와 계약을 맺는 개인 단위의 접근이 아닌, 가족 혹은 공동체 단위의 접근을 하고 있습니다.

한편 페미니스트들은 남편/아버지에게 부양의 의무를 지우는 것보다 국가에 그 의무를 지우는 것이 더 평등한 해결책이라고 보지만, 그렇다 해도 국가가 과연 성 중립적인가 하는 문제는 여전히 남아 있습니다. 부양과 출산의 성별 분업 구도를 아무리 없애려 해도 남성은 기본적으로 출산을 하지 못하는 만큼 출산은 여성의 몫이고 부양은 남성의 몫일 수밖에 없습니다. 하산의 지적대로 출산도 못하는 남자가 그나마 부양도 안 한다면 그것은 정말 불의한 일입니다. 그렇다면 그 부양을 남자가 하건 국가가 하건 그것은 남성성의 영역이지 여성성의 영역은 아닙니다. 다시 말해서 국가가 대신한다고 해서 그것이 딱히 성 평등이라고 볼 근거는 사실 없습니다. 출산을 하는 것은 여전히 여자이기 때문입니다. 그래서 페미니스트들 중에는 출산의 가치를 가능한 한 축소하려 하고 출산을 아예 하지 않으려는 경우도 많습니다. 요즘 대중적인 페미니스트 저자로 잘 알려진 리베카 솔닛의 경우가 대표적인 예입니다. 그는 《여자들은 자꾸 같은 질문을 받는다》(김명남 역, 창비, 2017)에서 자신이 아이 낳는 것을 특별히 반대할 이유는 없다고 하면서도 아이를 낳지 않는 쪽을 훨씬 더 변호합니다. 물론 그는 여성과 모성을 본질적으로 결부시키는 문화에 대한 저항으로써 그렇게 하고 있습니다만, 이미 많은 여성이 아이 낳는 것에 그렇게 큰 의미를 부여하지 않는 사회가 된 만큼 그의 주장은 정치적인 페미니스트 선언을 하기 위해서라면 몰라도 현실적인 저항의 의미는 별로 없습니다.

다시 sura 4:34로 돌아와서, 하산은 꾸란을 인권 선언문으로 보았고, 그러한 전제에서 그 구절을 해석했습니다. 즉 꾸란은 성 평등을 지지하기 때문에 자칫 매우 불평등한 처사로 보일 수 있는 이 구절도 성 평등의 관점에서 충분히 해석할 수 있다고 본 것입니다. 그러나 꾸란 전체를 놓고 볼 때 그가 과연 어디까지 이러한 평등의 관점을 적용해서 해석할 수 있을지, 그리고 과연 꾸란이 그가 생각하는 것과 같은 근대적인 의미의 평등, 즉 인권 선언을 염두에 두고 기록된 경전인지 하는 문제는 여전히 남아 있고, 그래서 하산과 같은 관점에 반대하는 이슬람 페미니스트들도 있습니다.

하산의 작업은 꾸란을 해체할 수 없는 이슬람의 특성상 가능한 한 꾸란을 성 평등의 과제에 부합하게 만들려고 한 것인데, 그렇게 할 경우 종교적 지식의 풍부한 결들과 역사와 전통 등 모든 것이 성 평등 하나로 축소될 수 있습니다. 그리고 처음부터 성 평등의 의제를 위해 기록된 책이 아닌 만큼 성 평등 관점의 해석은 어딘지 모르게 억지스러울 수 있습니다. 모든 구절이 그렇게 성 평등 의제에 들어맞지도 않을뿐더러 그 의제에 끼워 맞추려 하다 보면 오히려 해석의 기본 규칙에서 벗어날 수도 있습니다. '순종'으로 주로 해석되는 단어를 하산처럼 출산의 능력과 임신 상태로 해석할 때 과연 어느 정도까지 설득력이 있을지는, 이 전통에 속하지 않은 저로서는 잘 모르겠습니다. 말하자면 모든 해석자가 가부장제의 안경을 벗고 꾸란을 보는 것이 가능하다고 할 때, 과연 그때도 하산과 같은 용어 풀이에 도달할 수 있을까요? 즉 현재 하산의 해석에 동의하지 않는 사람은 전부 가부장제의 안경을 썼기 때문이라고 말할 수 있을까요? 그리고 보다시피 하산처럼 해석해도 어차피 페미니즘의 기대에 부합하는 해석은 나오지 않습니다. 개인의 문제로 접근하는 페미니즘과 가족과 공동체의 문제로 접근하는 하산은 입장이 제법 다릅니다. 따라서 꾸란을 그런 식으로 페미니즘의 의제에 맞추려 할 게 아니라, 일단 꾸란을 중심으로 그 시대에 통용되는 종교적 지식이 형성되는 방식을 이해하는 게 중요하다고 주장하는 이슬람 페미니스트도 있습니다.

꾸란이 불변한다고는 하지만 사실 꾸란에 기반해서 생성되는 종교적 지식은 시대에 따라 조금씩 다릅니다. 성경의 경우도 마찬가지지요. 우리는 성경이 변한다고 생각하지 않지만 현대 사회를 사는 교인들의 필요에 따라 해석은 조금씩 달라지고, 여자의 순종에 대한 구절처럼 이전에는 굳이 따로 해석이 필요하지 않고 자명하던 구절들이 새삼스레 집중 조명을 받기도 합니다. 꾸란도 마찬가지입니다. 꾸란의 해석에는 선지자의 '하디스'와 '수나'('수나' sunna 또는 sunnah는 이슬람의 길로 일컬어지는 경전으로서 선지자의 행적에 기반해서 이슬람의 사회적 법적 관습의 규범을 구성합니다), 이슬람 초기의 권위자들과 학파들, 합리적 증거와 과학, 장르적 특성, 상식/관습/윤리, 개인적 추론 등이 개입하는데, 이러한 요소들의 비중은 시대에 따라 차이가 있습니다. 특히 현대 사회로 올수록 합리적 증거와 과학의 비중은 커지고 초기의 권위자들과 학파의 비중은 줄어듭니다. 그러므로 오늘날에는 비록 보수적 전통파라 하더라도 성 역할의 차이에 대해서는 말할지언정 대놓고 여자가 남자보다 열등하다고 말하지는 않는다고 합니다. 그렇기 때문에 sura 4:34에 대해서도 하산이 해석하는 정도까지는 아니어도, 진짜 때리라는 게 아니라 가볍게 팔을 툭 치는 정도다, 하는 식으로 완화하여 해석한다고 합니다. 이러한 사실은 비록 페미니즘의 방식과는 다르다 해도 결국 꾸란의 해석에도 전반적인 여성의 지위 변화 등이 반영되고 있다는 뜻입니다. 다시 말해서, 굳이 페미니즘을 들이밀지 않아도 현대 사회에서 여성의 삶이 달라지는 만큼 그들이 종교에 대해서 기대하는 것도 달라집니다. 그러므로 종교는 자신의 가르침을 따르는 사람들의 필요를 돌아볼 수밖에 없습니다. 즉 종교는 자신의 정체성을 잃지 않으면서도 여성들의 생활이 변함으로써 달라지는 고민과 요구와 기대에 부응하는 가르침을 제공할 필요가 있습니다.

다시 경전 해석의 문제로 돌아가서 좀 더 설명하면, 우리는 누구나 경전을 해석을 통해서만 접근할 수 있고, 개신교인의 경우 그 해석을 대부분 주일 설교를 통해서 듣습니다. 예전에는 그러한 설교의 권위가 상당했다면, 요즘은 평신도들이 설교집이나 주석서나 별도의 강좌를 통해서 성경 해석을 접하고, 자신의 구미에 맞는 설교를 하는 교회를 찾아다니기도 합니다. 그런데 이슬람에는 이러한 해석이 아예 '타프시르tafsir'라고 하는 하나의 장르로 자리잡고 있어서 '하디스'와 '수나' 그리고 이슬람 법전인 '샤리아'와 더불어 꾸란의 해석에 직접 작용합니다. 개신교는 개인이 직접 성경을 대한다는 인식이 강해서 자신이 어떤 해석의 전통을 따른다는 생각을 거의 하지 않습니다만, 이슬람의 경우 꾸란은 '타프시르'를 통해서 이해한다고 볼 수 있습니다. 말하자면, 설교집을 통해서 성경을 이해하는 것과 비슷합니다. 개신교는 전통의 권위가 약하기 때문에 설교집이 어떤 전통의 연장선상에 있는 게 아니라 설교자 개인의 인기에 따라 떴다가 사라지고는 하지요. 해석의 전통에 대한 인식 없이 원하는 대로 골라 읽고 싫증나면 휙 집어던질 수 있는 개별 설교집만 남은 개신교의 관습은 피터슨이 말한 대로 소비자 중심주의가 교회에 미친 나쁜 영향 중 하나입니다.

가톨릭의 경우 전통의 무게가 개신교보다 강합니다만, 이러한 전통의 무게가 페미니즘에는 불리하게 작용하는 게 사실입니다. 하산을 비롯한 이슬람 페미니스트들이 꾸란의 페미니스트적 재해석을 시도할 때에도 이 전통과 상당한 씨름을 해야합니다. 이슬람 페미니스트들이 꾸란을 재해석하기 위해서 강조하는 것은 이슬람 전통 안에 있는 '이즈티하드ijtihad'입니다. '이즈티하드'란 자격을 갖춘 이슬람 법학자가 전통보다는 독립적 이성에 의지해서 꾸란을 해석할 수 있는 일종의 권한입니다. 이슬람 페미니스트들은 이러한 '이즈티하드'의 실천을 통해서 이슬람 안에 있는 꾸란 해석의 전통에 페미니스트 해석의 계보를 확립하려고 합니다.

그런데 하산과 같은 이슬람 페미니스트들은 기존의 남성 중심적 해석에서 벗어나기 위해서 여성들의 이러한 독립적 해석을 어떤 면에서는 조금 과도하게 강조하는 면이 있지 않나 하는 생각이 듭니다. '이즈티하드'란 무조건 전통에서 벗어날 수 있는 해석의 권한은 아니기 때문입니다. '이즈티하드'를 실천한다 해도 인간의 이성이 선지자의 모범과 전승된 텍스트를 넘어설 수 있다고 보는 사람은 많지 않습니다. 기독교에서도 합리성을 인정할 때 우리의 합리성이 하나님의 법을 넘어간다고 생각하기보다는, 하나님이 합리적이시므로 우리도 합리적일 수 있다고 믿으며, 또한 그렇기 때문에 우리의 합리성은 여전히 하나님의 합리성 즉 하나님의 법칙 아래에 있다고 보는 것과 비슷한 이치입니다. 그러므로 꾸란에 대한 페미니스트적 해석은 선지자의 모범과 텍스트 해석의 전통에 상대적으로 덜 매이면서 독자적 합리성을 주장할 수 있는 서구 기반의 이슬람 페미니스트들이 주로 사용하는 방법이며, 이슬람 국가들 현지에서는, 심지어 개혁적 관점에 서 있는 이슬람 여성 지도자라 할지라도, 별로 따르는 사람이 없다고 합니다. 현지의 이슬람 여성 지도자들이 자신의 종교적 권위를 인정받는 방법은 꾸란의 페미니스트적 재해석에 의해서가 아니라 오히려 자신이 이슬람의 전통을 제대로 따르고 있다는 것을 보여 줌으로써 인정을 받습니다. 이것은 남성 지도자들도 동일하게 쓰는 방법으로서 전통 안에서 권위를 획득하는 방법입니다. 그리고 그럼으로써 자신도 그 전통의 일부가 됩니다.

이러한 전통에 대한 저항이나 거부는 그 전통을 벗어나서 살아갈 수 있는 개인의 자원이 얼마나 되느냐와도 깊은 연관이 있습니다. 조금 다른 맥락이기는 하지만, 매 맞는 아내도 집을 박차고 나와서 살아갈 수 있는 재정적 기반, 친정의 후원과 지지 등이 있어야 용기를 내서 그 관계를 빠져나올 수 있습니다. 물론 그러한 기반이 있어도 용기를 내지 못하는 여성들이 있고, 그러한 기반이 없어도 용기를 내는 여성들이 있습니다만, 내 몸뚱이 하나든 친정이든, 믿는 구석이 있어야 저항이 가능합니다. 그래서 이슬람 국가들 현지에서 사는 여성들을 보고 그들이 자신의 종교와 문화에 억압당하는 피해자이며 가부장제 종교에 사로잡혀 그 억압을 깨치고 나오지 못한다는 식으로 생각하는 서구 여성들 혹은 서구 페미니스트들의 시선은 매우 문제가 많다고 이슬람 배경의 여성들은 말합니다. 그들의 조건 아래서 살지 않으면서 그들의 삶에 대해 감 놔라 배 놔라 하지 말라는 것이지요. 자기 삶의 조건 아래서 최선을 다해 살아가는 여성들에 대한 기본적인 존중이 필요한데, 페미니즘은 종종 그것을 잊고 오직 해방에만 초점을 맞춘다고 지적하는 사람도 있습니다.

서구 기반의 이슬람 페미니스트들이 꾸란의 페미니스트적 재해석에 더 적극적일 수 있는 이유는 서구 사회에 이미 자리잡은 페미니스트 그룹, 그리고 이슬람 국가들에 비해 자신들은 진보적이라고 생각하는 서구 사회의 전반적인 인식 덕분입니다. 또한 이슬람 현지에서도 페미니즘의 의제에 더 적극적일 수 있는 사람들은 서구 학제의 혜택을 받은 사람입니다. 그러한 혜택에서 상대적으로 배제된 중하층의 여성들은 오히려 이슬람 운동에 적극적으로 가담함으로써 자신의 주체성을 드러내는 것이 오늘날 이슬람 사회의 특징입니다. 이슬람 페미니즘을 이해하는 데에는 이러한 서구와의 관계 또한 중요하게 작용합니다. 다음 섹션에서는 그것에 대해서 살펴보게 될 터인데요, 그 전에 먼저 경전 해석과 전통에 대해서 이번에는 복음주의와 관련해서 한 가지만 더 설명하도록 하겠습니다.

앞에서 살펴본 하산의 해석이 여전히 성별 분업의 구도를 벗어나지 못한다고 했고, 그래서 페미니즘의 방법과는 길이 다르다고 했는데요, 복음주의도 비슷한 이유에서 페미니즘의 방법과는 길이 다릅니다. 복음주의 페미니즘도 성경 해석에 적극적인데, 페미니스트가 아닌 남성 신학자들도 좀 더 평등주의적인 관점을 가지고 있는 경우 우리가 문제가 있다고 생각하는 성경 구절들을 성경의 당위적 명령으로 해석하기보다는 문화적, 역사적 배경에서 주어진 맥락적이고 한시적인 조처로 해석합니다.

예를 들어서, 여자들의 순종과 자제에 대한 요청은 복음 전파에 걸림돌이 되지 않도록 그 당시 로마 사회의 지배적인 가정 문화의 규범을 따른 것이라는 해석이 있습니다. 즉, 로마 사회의 지배적 규범에 너무 큰 이질감을 주지 않음으로써 문란을 조장하는 분파sect로 찍히지 않으려 했던 전략이라는 것이지요. 그러나 또 한편으로는, 그 당시 로마 사회에서 일고 있던 신여성 운동이 일으키는 문제들과 자신들을 구분하기 위해서 기독교 집단의 정체성을 드러내는 표지로서 택한 규범이라는 해석도 있습니다. 그러니까 이번에는 역으로 로마 사회는 문란하니까 그 사회와 구분되기 위해서 택한 전략이라는 것입니다. 즉 세속 문화와 기독교를 구분하는 경계를 세우기 위해서 택한 전략인 셈이지요. 두 가지 해석 모두 성경에서 말하는 여성의 순종을 기독교인이 소수이던 초기에 한 사회에서 살아남기 위한 전략으로 채택했다고 해석하는 것입니다. 그리고 그렇게 해석할 경우 순종의 규범은 상대화되어 모든 시대에 절대적으로 적용하지 않아도 되는 규범이 됩니다. 다시 말해서, 기독교가 제도 종교로 자리잡기 전에 택한 전략이 기독교가 제도화되고 난 후에도 그대로 적용될 수 있는가 하는 의문을 제기할 수 있습니다. 따라서 여성의 순종이 기독교의 표지로서 하는 역할을 재점검할 때가 되었다는 인식은 충분히 가질 만합니다.

같은 맥락에서 지금과 같은 시대에 교회가 성차별적인 것은 복음 전파에 도움이 되지 않으니 더 평등한 모델을 모색해야 한다고 주장할 수 있습니다. 그러나 반대로 지금과 같은 시대에 교회는 자신의 정체성을 지키기 위해서 페미니즘의 의제에서 멀어질 필요가 있다고 주장할 수도 있습니다. 이 두 가지 입장 중에서 전자의 입장을 취한다 해도 페미니즘의 입장과는 다릅니다. 페미니스트 기독교인들은 복음 전파를 위해서가 아니라 교회가 퇴행적 종교 집단이 되지 않으려면 진보의 과제를 따라잡아야 한다는 입장에서 성 평등을 주장하기 때문입니다. 그래서 페미니스트 기독교인들에게 후자는 선택지가 될 수 없는 반면에, 교회와 복음을 생각하는 기독교인은 후자에 대해서도 충분히 생각해 볼 수 있습니다.

그런데 복음 전파에 도움이 되기 위해서 교회가 성 평등의 입장을 취한다 해도 그 한계는 이슬람과 마찬가지로 평등한 이성애 부부 모델까지이고, 따라서 페미니즘이 보기에는 충분히 해방적이지 않습니다. 앞에서 설명한 대로 페미니즘이 볼 때 지금의 결혼 제도는 불평등한 성적 계약이고 그래서 결혼 제도 자체를 바꾸어야 한다고 말하기 때문입니다. 결혼 계약이 평등해지기 위해서는 어떻게 해야 할까요? 우선 투표할 수 있는 시민의 연령에 도달한 사람은 인종, 성별, 성적 지향, 종교적 신념 등을 막론하고 누구나 자유롭게 결혼 계약을 맺거나 해소할 권리가 있어야 합니다. 결혼만큼 이혼도 자유로워야 하고, 인종과 계급을 넘어선 결혼은 물론이고 동성애자들 사이에서도 결혼이 가능해야 비로소 결혼 계약은 평등한 계약이 됩니다.

나아가서 섹스를 결혼한 사람들만의 특권으로 묶어 두어서도 안 됩니다. 섹스와 결혼을 묶어 두는 것은 결국 자녀 출산을 위한 것인데, 그럼으로써 섹스는 자녀 출산을 위한 도구로 전락할 뿐만 아니라, 사실상 남자의 특권이 됩니다. 왜냐하면, 부계 가족의 특성상 아내가 임신한 아이가 남편의 아이라는 것을 보장하기 위해서 여자의 성적 순결은 중요하게 여기되 남자들에게는 그럴 이유가 없기 때문입니다. 남자들은 정식으로 결혼한 아내와는 후손을 생산하기 위해 의무적인 섹스를 하고 그 외에

첩, 애인, 창녀 등 다양한 여성들과 섹스를 즐길 수 있습니다. 이처럼 섹스를 결혼 제도와 묶어 둠으로써 여자들은 정숙한 여자와 헤픈 여자의 이중 모델 속에서 헤픈 여자가 되지 않기 위해 정조를 목숨같이 여기게 됩니다. 그래서 성녀와 창녀는 동전의 양면과 같다고도 하지요. 이러한 성적 대상화를 탈피하기 위해서는 여성이 자신의 의사에 따라 결혼 여부와 상관없이 그리고 출산과 상관없이 섹스하거나 하지 않을 수 있는 성 해방이 이루어져야 한다고 페미니즘은 주장합니다. 이것이 바로 성적 자기 결정권인데요, 그동안 남자의 소유로 여겨졌던 여자의 성을 여성 자신의 소유로 되찾는다는 뜻입니다.

　　종교의 입장은 이와 다릅니다. 가톨릭은 낙태는 물론 인공적 피임도 금지하면서 섹스는 출산을 위한 것이라고 분명하게 못 박습니다. 반면에 개신교에서는 섹스는 부부의 친밀감을 위해서도 필요한 것이라고 하면서 섹스와 출산의 필연 고리를 끊고 피임을 허용합니다. 섹스가 부부간에 중요한 것은 이슬람에서도 마찬가지입니다. 앞에서도 보았듯 여성의 '순종'은 남편의 섹스 요구에 응하는 것을 의미한다고 하지요. 그러나 아무리 섹스를 출산과 분리하고 그것 자체의 즐거움을 허용한다고 해도 모두 결혼이라는 테두리 안에서의 일입니다. 그리고 가장 진보적인 해석이라고 할 수 있는 하산의 꾸란 해석에서도 보았듯 남녀의 성별 분업은 그대로 유지되고, 기독교에서도 남녀의 차이를 근본적으로 해소하지 않습니다. 즉, 남녀가 평등하다는 입장을 취한다 해도 어느 정도의 성별 분업 혹은 성 역할은 유지할 수밖에 없다고 봅니다. 적어도 우리가 이 땅에서 육신을 가지고 있는 한은 그렇습니다. 따라서 이 종교들은 아무리 진보적으로 경전을 해석한다 해도 페미니즘이 요구하는 것과 같은 평등한 결혼 계약과 더불어 성 해방을 지지하기 힘듭니다.

그러나 한 가지, 이슬람과 달리 기독교 전통에 있는 가장 급진적인 성 해방은 섹스에서 아예 벗어나는 것, 즉 노 섹스(금욕)입니다. 프로이트 이후 섹스를 하지 않는 것은 억압이지 해방이 아니라고 보는 인식이 지배적입니다만, 사실 피임법이 제대로 보급되기 전까지 여성에게 섹스는 해방이 아니라 짐인 경우가 많았습니다. 그래서 섹스할 권리가 아니라 하지 않을 권리가 여성에게는 말하자면 인권이었습니다. 기독교는 서구에서 이러한 섹스에서 여성들을 해방시킨 최초의 종교가 되었습니다. 기독교는 독신 생활을 평생의 삶의 방식으로 처음 서구에 소개했고, 이러한 삶의 방식은 초기 기독교의 여자와 남자 모두에게 매우 매력적으로 다가왔습니다. 그것이 얼마나 매력적이었던지 바울이 기도할 때 말고는 다른 방을 쓰지 말라고 할 정도였습니다. 특히 여자들은 섹스를 거부함으로써 어느 정도의 자율성을 얻을 수 있었고, 몸의 욕망을 부인한 여자와 남자는 같은 수도자로서 동지애도 느낄 수 있었습니다. 나중에 성직 제도가 체계적으로 자리잡으면서 여자와 남자 사이에 좀 더 분명한 위계가 생겼지만, 적어도 결혼 생활과 세속의 염려에 매이지 않을 수 있는 급진적인 전통을 기독교가 서구 사회에 소개한 것만큼은 확실합니다.

　　성차별이라는 것이 서로 다른 몸을 가진 성적 차이에서 비롯되는 것인 만큼 몸을 부인하면 영적으로는 얼마든지 평등할 수 있습니다. 그래서 기독교도 영적인 평등은 쉽게 인정합니다. 그러나 육신을 입은 한은 성별의 차이가 있다고 말합니다. 하나님나라에서는 시집가고 장가드는 것이 없다고 했는데, 과연 그것이 우리가 여자와 남자의 몸을 입은 상태에서도 그렇다고 하는 것이라면 그것은 정말로 궁극의 성 평등이 되겠지요. 그러나 이 땅에서는 그럴 수 없기 때문에 몸의 욕망을 부인함으로써 성 평등에 가까워질 수 있습니다. 하지만 개신교는 독신의 전통을 폐지했기 때문에 개신교가 이야기할 수 있는 평등은 현재의 결혼 계약에 기초한 이성애 부부간의 평등입니다. 페미니스트 기독교 신학과 복음주의 페미니즘은 바로 이 지점에서 갈린다고 해도 과언이 아닌데, 이에 대해서는 마지막 장에서 좀 더 이야기하도록 하겠습니다. 이제 이번 장의 마지막 섹션에서는 이슬람 페미니즘과 서구의 관계에 대해서 살펴보려고 합니다. 이 관계를 살펴볼 필요가 있는 이유는 한국의 개신교도 서구의 선교사들을 통해서 들어왔고 민족주의 의식이 강해지면서 기독교는 서구 것이라는 인식이 생겼기 때문입니다.

서구 사회의
시선에 맞서기

앞에서 이야기한 류터 교수의 수업 시간에 터키 여성들에 관한 이야기가 나왔습니다. 그런데 마침 그곳에 다녀온 지 얼마 되지 않은 어떤 백인 여성이, 그곳 여성들은 아직도 머리에 베일을 쓰고 다닌다며 그들을 매우 불쌍하게 여기는 표정을 지었습니다.

서구 여성들은 복장 규제를 자신의 자유를 억압하는 케케묵은 관습이라고 봅니다. 물론 드레스 코드라든가 TPOtime, place, occasion에 따른 복장의 규칙이 없는 것은 아니지만, 그것은 사회생활을 매끄럽게 하는 데 필요한 규범이고, 망신을 당해도 상관없다는 입장이면 그런 규범을 꼭 지켜야 하는 것도 아닙니다. 때로는 그런 규범을 비웃기 위해서 일부러 사회적 상식에 어긋나는 옷차림을 하기도 합니다. 페미니스트들이 브래지어를 벗어 던지는 것도 그러한 제스처 중 하나입니다. 무엇을 입든 벗든 그것은 자신의 자유임을 선언하기 위해서지요. 그런데 무슬림 여성들의 베일은 그것보다 좀 더 문제가 복잡합니다. (이슬람권에서 베일의 종류는 얼굴을 가리는 것, 머리를 가리는 것, 머리와 몸을 가리는 것 등 그 형태와 명칭 또한 다양합니다만, 여기에서는 어떠한 형태로든 여성의 신체 일부를 가리는 것을 '베일'로 통칭하도록 하겠습니다.)

시대의 변화는 복장과 외모의 변화를 동반하고 지나간 시대의 것들은 말 그대로 '올드 패션드old fashioned', 즉 구닥다리가 됩니다. 1930년대에 작가 박완서를 공부시키기 위해서 시골에서 서울로 데려갈 때 그의 어머니는 그 당시 유행하던 보브컷 스타일로 박완서의 머리를 싹둑 잘랐습니다. 손녀딸까지 서울로 데려가서 공부시키려 하는 며느리가 못마땅해서 시종일관 반대하던 박완서의 친할아버지와 할머니는 목덜미 위까지 시원하게 쳐진 그 망측한 머리 스타일을 보고는 아연해져서 그냥 허락하고 말았다고 합니다. 그 당시 한국에서 보브컷은 신여성의 상징이었고, 길게 땋은 머리는 촌스러운 구시대의 상징이었지요. 딸을 신여성으로 키우겠다는 의지가 대단했던 박완서의 어머니는 딸의 머리를 자르면서 개화의 대열에 합류했습니다.

이 '개화'의 바람은 19세기 말부터 전 세계적으로 불던 바람이었습니다. 특히 비서구권 국가들은 뒤늦게나마 서둘러 근대화를 이루려고 교육과 계몽을 강조했습니다. 많은 나라가 이미 서구의 식민지가 된 상황에서 개화 혹은 계몽은 빠른 독립을 위해서도 필요한 것으로 인식했습니다. 그러나 이러한 근대화는 또 한편으로 지나친 서구화로 인해 자칫 자기 민족의 정체성을 잃지 않을까 하는 긴장도 유발합니다. 일본은 이러한 서구화에 매우 예민하게 반응한 나라이고 그래서 메이지 유신 때 서구의 기술은 빌려와도 서구의 정신(즉 기독교)은 빌려오지 않겠다는 의지에서 천황제를 체계적으로 정비했습니다. 그렇게 해서 서구 국가들의 종교가 기독교인 것처럼 신토神道를 일본의 국교로 삼아 일본의 정신을 지키려 했습니다. 제가 아는 은퇴하신 80대의 어느 일본인 노교수님은 가톨릭 신자입니다. 그런데도, 지금 일본에 기독교 신자가 적기는 하지만 그래도 완전히 기독교화되어서 일본이 먹히는 것보다는 나았다는 말씀을 하시는 것을 보면서, 그 당시 일본인이 서구로부터 느끼는 위협이 상당히 컸다는 것을 어렴풋이 감지할 수 있었습니다.

이처럼 개화 혹은 근대화가 유발한, 자기 것을 잃을 것에 대한 두려움은 한편으로는 근대화를 위해 여성들의 교육이 시급하다는 인식과 또 한편으로는 그렇게 무분별하게 따라가는 것은 서구화로 가는 길이라고 하는 인식 간의 갈등을 불러일으켰습니다. 이것은 여성들이 근대화의 척도인 동시에 자기 민족의 정체성의 상징이 되면서 일어나는 문제입니다. 한 존재가 두 가지를 다 상징해야 한다면 사안은 복잡할 수밖에 없습니다. 무슬림 여성들이 머리에 쓰는 베일은 오늘날 바로 그러한 근대화와 전통, 서구와 이슬람 사이의 긴장을 보여 주는 대표적인 예입니다.

한국에서 개화의 상징이 머리를 자르는 것으로 나타났다면 이집트와 같은 이슬람권 나라에서는 베일을 벗는 것으로 나

2. 해체할 수 없는 경전을 안고 / 이슬람 페미니즘

타났습니다. 19세기 말부터 이집트 사회에서는 상류층 여성들을 중심으로 페미니스트 의식이 싹트기 시작했고, 이들은 과연 여성들에게 베일을 씌우고 그들을 하렘에 가두는 것이 이슬람에 의해 정당화될 수 있는 관습인지 물었습니다. 그러나 이때만 해도 베일은 정체성의 표지로서 중요하게 작용하지는 않았습니다. 그 당시 세속 성향의 상류층 남성 민족주의자들은 진보와 근대화의 상징으로서 여성들이 베일을 벗을 것을 주장했고, 이슬람 성향의 중산층 남성 민족주의자들은 여성 해방은 서구화되는 것이라며 반대했지만, 페미니스트로 자리를 잡아가던 여성들 자신은 베일을 쓰느냐 벗느냐보다는 실제로 여성들이 교육과 고용의 권리를 가지느냐를 더 중요하게 보았습니다. 그러나 이러한 입장들의 차이에도 불구하고 독립운동 시기에는 어느 정도 연합 전선이 형성되었고 페미니스트 여성들의 의제는 대체로 지지를 받았습니다. 세속 성향의 민족주의자들은 이슬람 성향의 민족주의자들과 맞서기 위해서라도 페미니즘을 지지할 필요가 있었고, 이 당시 페미니스트들은 금주를 주장하고 관이 허용하는 성매매를 폐지할 것을 주장했기 때문에 이슬람주의자들과도 이해관계를 공유할 수 있었습니다. 그러나 1922년에 이집트가 일단 영국으로부터 독립하고 나자 페미니즘은 문화적 진정성을 의심받기 시작했습니다. 주로 상류층 여성들로 구성되어 있었던 만큼 그들은 서구적인 태도를 보였고 그에 따라 옷도 서구식으로 입었으며 언어도 상류층의 언어인 프랑스어를 사용했기 때문입니다. 이 여성들과 같은 배경을 가진 세속 성향의 상류층 남자들은 그러한 의심을 받지 않았지만, 여성들은 문화적 정체성의 표지였으므로 서구화된 이 여성들이 실천하는 페미니즘은 서구의 것이라는 인식이 자리잡았습니다. 그러나 이러한 반응은 비단 남자들만의 반응은 아니었습니다. 여성의 권리 운동에 함께했던 여성들 가운데서도 페미니즘과 거리를 두는 사람들이 있었고, 결국 좀 더 근본주의적인 이슬람 성향의 여성들은 1930년대에 이르러서 별도의 여성 단체를 세우게 되었습니다.

이러한 여성들의 분리는 상당 부분 계급과도 연관된 것으로서, 서구 문화를 빨리 접하고 그만큼 근대화할 수 있는 자원이 많았던 상류층 여성들은 여성의 권리를 주장하는 페미니즘 성향을 쉽게 띨 수 있었던 반면, 그러한 서구화의 기회가 상대적으로 부족했던 중하류층 여성들은 이슬람 안에서 자신의 존재감을 더 확인할 수 있었습니다. 여성들 사이의 이러한 분리는 제가 이슬람 페미니즘 수업을 들었던 이집트인 교수를 통해서도 확인할 수 있었습니다. 이집트 대사 출신이신 이분은 엘리트로서 이슬람 페미니즘을 가르치면서도 이슬람 경건주의 운동에 참여하는 여성들에 대해서 '무슬림 형제들Muslim Brotherhood'이라고 하는 이슬람 근본주의 단체에 속아 넘어간 여성들이라는 식으로 이야기를 했습니다.

자신의 문화와 종교에 대해 자부심을 가진 무슬림 여성이라 하더라도, 지식인의 입장에서 볼 때 일부러 베일을 쓰고 순

종적인 자세를 강조하는 이슬람 경건주의 운동에 자발적으로
참여할 뿐만 아니라 그것을 다른 여성에게도 가르치는 여성들
의 모습은 당혹스러울 수 있습니다. 그것은 어쩌면 남편과 함께
기독교 세계관도 공부하고 자신의 신앙을 최대한 합리화해서
상식적으로 살아갈 수 있는 소양을 갖춘 기독교인 여성이, 매사
에 하나님을 들먹이고 공공연하게 성경을 거론하면서 아내들은
마땅히 순종적인 자세를 취해야 한다고 주장하고 가르치는 여
전도회 집사님을 대할 때의 기분과 비슷할지도 모르겠습니다.
그래서 이런 여성들하고는 가능한 한 거리를 두고 싶을 것이고
나아가서 이런 여성들 때문에 기독교가 발전하지 못한다고 생
각할 수도 있습니다. 기독교만 현대 사회 속에서 종교가 살아갈
방안을 고민한 것이 아니라, 이슬람도 같은 고민을 하면서 민주
적 가치와 이슬람이라고 하는 종교가 공존하지 못할 이유가 없
다는 것을 보여 주려 꾸준히 노력했기 때문에, 그 이집트 교수와
같은 지식인은 좀 더 진보적인 이슬람의 모습을 보여 주는 데에
있어서 그러한 여성들의 전통적인 모습은 방해가 된다고 생각
했을 수 있습니다. 안 그래도 이슬람은 반여성적anti-woman인 종
교라고 서구 사회 대중에 알려져 있는데, 그러한 편견에 또 하나
의 근거를 던져 줄 뿐이라고 생각할지도 모릅니다.

　　이슬람이 서구로부터 왜 그러한 이름을 얻게 되었는지를
이해하기 위해서는 오리엔탈리즘이라고 하는 이론을 살펴볼 필
요가 있습니다. 1978년에 나온 에드워드 사이드(1935-2003)의

《오리엔탈리즘*Orientalism*》은 한 마디로 서구 사회가 지금과 같은 진보의 이미지를 가진 사회로 자리잡기 위해서 어떻게 이슬람 사회를 필요로 했는가를 보여 주는 연구서입니다. 이 이론의 요지는 이슬람 사회가 서구 사회의 거울과 같은 역할을 했다는 것인데, 말하자면 내가 뛰어난 자가 되기 위해서는 나의 우월함을 비춰 주는 상대가 필요한 것과 같은 원리입니다. 너를 보고 있으면 내가 우월하다는 것을 알 수 있다는 확신은 상대의 열등함을 계속해서 강조할 때 가능합니다. 그러나 단지 열등함만 강조하면 안 됩니다. 딱 보기에도 우월함과 열등함이 두드러지게 차이나면 우월함의 가치는 떨어집니다. 비교 대상도 되지 않는 상대와 비교하면 오히려 격만 떨어지지요. 따라서 상대에게 무언가 내가 다 이해할 수 없는 신비로움이 있어야 합니다. 그래서 사이드는 서양 사람들이 동양의 오랜 역사와 문화에는 감탄과 존경을 드러내면서도 현실의 동양 사람들은 미개하게 보는 것이라고 설명합니다. 그리고 미개한 동양 사람들은 귀한 문화유산의 가치를 제대로 알아보고 지킬 만한 지식과 소양을 갖추지 못했기 때문에 자신들이 나서서 지켜 줘야 한다고, 동양 것들을 수집하는 취미가 생긴 18, 19세기에 그렇게 생각했다는 것이지요. 또한 자신들이 합리적인 지식으로 근대화를 이루면서 잃어버린 과거의 순수한 무엇을 동양인들은 변함없이 간직하면서 자신들의 향수를 계속 자극해 주기를 바랍니다. 그러기 위해서 그들은 철저하게 낯설고 신비로워야 하고, 서구와는 본질적으로 다른 존재여야 합니다. 그래서 그들이 서구화되고 '전통적' 색채를 잃어버리면 서양 사람들은 실망합니다. 제가 같이 수업을 들었던 백인 페미니스트는 힌두교에 심취한 여성이었는데, 서구 문명을 접한 인도인 말고 인도 현지에서 진짜 인도인을 만나고 싶다고 했습니다. 그 '진짜' 인도인이 현지에서 유튜브로 미국의 팝송을 즐겨 듣는다면 그 여성은 얼마나 실망할까요. 그 어느 때보다 지역 간 이동이 활발하고 대중문화는 이미 국경 개념을 상실한 시대인 만큼 서로가 영향을 주고받으면서 변하는 것은 당연합니다. 그럼에도 불구하고 이처럼 동양인들을 여전히 서구인들과 본질이 다른 사람들로 보는 차별적 시선을 오리엔탈리즘이라고 합니다.

이러한 서구의 자세는 비단 이슬람권이나 힌두권을 향한 것만은 아닙니다. 예를 들어, 서양 사람들은 현실의 일본인들은 은근히 비하하면서도 그들의 오래된 절이나 신사에 대해서는 연신 감탄합니다. 정작 일본인들에게는 별 의미 없는 일상적인 것들도 서양인의 눈에는 뭔가 달라 보이고 신비로워 보입니다. 오늘날 이러한 오리엔탈리즘적 시선은 오히려 관광 산업에 도움이 되면서 딱히 차별로 여겨지지도 않습니다만, 사이드의 이론은 서구의 시선을 이해하는 데에 상당한 도움을 주었고, 이제 이슬람을 비롯한 동양 사회는 오리엔탈리즘 이론 이전으로 돌아갈 수 없게 되었습니다.

이러한 오리엔탈리즘적 시선이 여성의 문제와 결합하면

좀 더 복잡해집니다. 앞에서도 설명했듯 근대화 과정에서 여성들은 문화적 정체성을 확인해 주는 역할을 하는데, 그 문화적 정체성은 대개 전통으로써 구성되는 어떤 것과 연결됩니다. 그런데 그렇게 전통으로 구성되는 것이 여성에 대한 억압으로 보이거나 그렇게 경험될 때, 서구 입장에서는 동양과 자신의 차이를 한 번 더 부각할 기회를 얻습니다. 그래서 진보적이고 여성 해방적인 서구에 비해 종교적이고 여성 억압적인 이슬람이라고 하는 구도가 생성됩니다. 서구의 시선에 아마도 가장 눈에 띄는 무슬림 여성의 차이는 상류층 무슬림 여성들이 기거하던 하렘과 그들이 쓰던 베일이었을 것입니다. 이미 자유주의 개신교가 가톨릭의 미사 포를 집어던진 지도 오래되었고, 18세기 말부터 이어 오던 여성 해방 운동으로 서구는 진보 가치의 선두를 달리고 있었기에, 이러한 관습은 낯설기도 하거니와 퇴행적으로 보였겠지요. 한편 자신들의 관습이 서구와는 다르다는 것은 무슬림 여성들 자신도 느꼈고 그래서 그것이 이슬람에 의해 정당화될 수 있는 관습인지 물었던 것입니다. 이처럼 전통적인 남성 이슬람주의자들을 제외하고 서구의 시선에서나 이슬람 사회에서나 여성들을 외부 사회로부터 차단하는 전통은 문제가 되었습니다. 그러나 서구에서 그것을 억압이라고 할 때의 효과는 서구에는 그런 여성 억압이 없고 여성 억압은 다 이슬람의 것이며, 그러한 관습은 억압 한 가지로밖에 해석될 수 없다는 시각입니다. 이 관습을 오랫동안 이어 온 사람들은 그 관습의 장단점과 그것을 폐지함으로써 사회 전반에 미칠 여파 등 다양한 지점들을 다 헤아릴 수 있는 반면에, 서구의 시각에는 그러한 섬세함이 없습니다. 다만 그러한 시각을 통해서 진보적 서구와 퇴보적 이슬람의 차이만 다시 한 번 확인할 뿐입니다.

이러한 서구의 시각에도 물론 남성과 여성의 차이가 있습니다. 서구 여성은 베일과 감금을 억압 하나로밖에 볼 수 없지만, 서구 남성은 그것에 대해서 성적 판타지를 가질 수 있습니다. 하렘에 가득한 여성들에다가 은근슬쩍 가린 베일은 오히려 자신들의 문화와 다르기 때문에 더욱 환상을 자극할 수 있습니다. 일본의 게이샤들에 열광하는 서양 남성들도 마찬가지입니다. 바로 오리엔탈리즘과 성적 대상화가 결합하는 순간이지요. 그러나 페미니즘 운동이 전 세계적으로 퍼지면서 아시아 여성을 향한 이러한 성적 대상화의 시선은 대대적인 비판을 받았기 때문에 지금은 훨씬 더 신중해졌습니다.

한편 사이드가 동양과 서양의 오리엔탈리즘적 관계에 대한 책을 쓰기 약 30년 전인 1949년에 시몬느 드 보부아르는《제2의 성Le Deuxième Sexe》에서 사이드가 동양과 서양에 대해서 한 것과 비슷한 분석을 여자와 남자에 대해서 했습니다. 물론 그보다 더 이른 1929년에 버지니아 울프는《자기만의 방A Room of One's Own》에서 남자들은 딱히 여자를 열등하게 보아야 해서가 아니라 자신이 우월해 보이기 위해서 여자들을 무시한다고 했는데, 보부아르는 그것을 좀 더 체계적으로 분석합니다. 보부아르에

의하면 남자들은 자신의 존재를 확립하기 위해서 그 존재감을 확인해 줄 대상이 필요했고, 그 대상으로 자연도 같은 남성도 아닌 여성을 택했다고 합니다. 그 이유는 적당하게 비슷하면서 적당하게 굴복시킬 수 있기 때문입니다. 너무 똑같은 상대는 버겁고, 너무 쉽게 굴복시킬 수 있으면 자기 의지를 행사하는 느낌이 들지 않습니다. 그래서 자신과 같은 의식이 있는 존재이되 자신이 소유할 수 있을 것 같은 여성을 대상으로 택해서 남성 자신의 욕망과 두려움, 사랑과 증오를 투사해서 진정한 여성이란 이런 것이라는 하나의 상像을 만들었고, 그 상 안에다 현실의 여성을 가두었습니다. 여성들이 그 상을 깨고 나오기 힘든 이유는 그 여성상이 하나의 영원불변한 신화로 자리잡았기 때문입니다. 그래서 여성들은 자신의 여성 됨을 부인하지 않고서는 거기에서 벗어날 수 없게 되었습니다. '그것은 여성적이지 않잖아'라고 하는 말 한마디가 여성들이 주어진 여성상에서 벗어나기 힘들게 만든 것입니다. 자기 자신을 잃을 각오를 하지 않고는 할 수 없는 일이기 때문입니다.

보부아르의 이러한 분석은 사이드가 말한 오리엔탈리즘의 시선과 비슷합니다. 여자들이 남자들이 만들어 놓은 '여성상'에 갇혀 있듯, 동양은 서양이 만들어 놓은 '동양상'에 갇혀 있습니다. 그래서 이슬람 여성을 비롯한 비서구 여성들은 '여성'과 '비서구'(혹은 '동양')라고 하는 이중의 틀 안에서 인식됩니다. 그 결과 자기 문화 안에서는 여성에 대한 고정관념을 양산하는 가부장제와 맞서고, 서구와의 관계에서는 오리엔탈리즘과 맞서야 하는 이중 과제를 안게 됩니다. 무슬림 여성들의 베일은 바로 이러한 복잡한 관계의 양상을 상징합니다. 서구의 시선에 맞서서 베일을 쓰면 자신의 문화적 정체성은 지킬지 몰라도 과연 그것이 자기 문화의 가부장제에 맞서는 데에도 도움이 되는가 하는 문제는 여전히 남으며, 그렇다고 해서 자기 문화에 저항하면 정체성에도 균열이 생기고 서구의 오리엔탈리즘에 포섭되기가 더 쉬워집니다. '그래, 역시 너희 문화는 여성 억압적이야'라는 확신을 강화할 수 있기 때문입니다. 이슬람 페미니즘은 이러한 오리엔탈리즘에 포섭되지 않으면서 자신의 문화 안에서 여성들의 이해관계를 추구할 방안을 모색하려는 시도입니다. 나아가서 국제 정세의 변화 또한 이슬람 페미니즘의 탄생에 이바지했습니다. 서구 사회에 맞서 이슬람 정체성이 더 적극적인 대항의 도구가 되면서 무슬림 여성들이 자기 종교의 언어로 페미니즘을 표현할 필요가 더 커졌기 때문입니다.

부연하자면, 일본이 천황제와 신토를 통해 일본의 정신을 지키려 한 것처럼 이슬람 사회에서도 서구의 제국주의와 세속주의에 맞서는 이슬람 사회 혹은 이슬람 국가를 세우려는 집단들이 생겼습니다. 1979년의 이란 혁명은 바로 그러한 갈등 가운데 아예 이슬람의 원칙을 정치 원리로 삼는 나라를 세운 것입니다. 반면에 이집트와 같은 나라는 세속주의 국가를 표방하지만 민간 차원에서 이슬람화된 사회를 지향하는 그룹들의 운동은 활발합니다. 그런데 문제는 국가와 종교가 어떠한 식으로 결합하건 거기에서 여성들은 주로 동원의 대상이지 운영의 주체가 되기는 힘들다는 것입니다. 오랫동안 이 두 체제의 운영을 남자들이 주도해 온 만큼 여성의 이해를 개입시키는 것은 쉽지 않습니다. 게다가 그 여성들 자신도 출신 배경과 계급에 따라서 이해관계가 갈립니다.

　　서구 사회에서도 그랬지만, 상류층 여성들은 하층 여성들보다 여성의 권리를 주장할 수 있는 자원이 더 많습니다. 공식적인 교육은 허락되지 않았어도 상류층 여성들은 하다못해 아버지의 서재에 꽂힌 책을 통해서라도 지식을 접할 수 있습니다. 그리고 좋은 집에 시집 보내기 위해서라도 가정 교사를 붙여 기본적인 교육을 합니다. 물론 아버지의 집에서 받는 교육은 여성들 개인의 이해관계를 위해 하는 교육이 아니라 가부장제를 유지하려고 시키는 것입니다. 그러나 교육은 그 결과를 예측할 수 없는 투자입니다. 일단 생각의 문이 열리면 주어진 여건과 개인의 성향에 따라서 체제에 순응하기보다는 저항하는 쪽으로 사용될 수 있기 때문입니다. 그런데 근대화 시기에 여성들이 주로 접하는 교육은 서구식 교육이었습니다. 이미 근대적 학제를 설립하고 지식 생산의 체계를 확립하여 표준을 정한 쪽이 서구이기 때문입니다. 게다가 기회가 생겨 서구의 어느 나라에서 대학 교육까지 받게 되면 자신의 문화나 종교는 상대적으로 여성 억압적으로 보일 수밖에 없습니다.

다른 배경이기는 합니다만, 1993년도에 나온 영화 〈조이 럭 클럽Joy Luck Club〉을 보면 중국인 이민자의 딸이 엄마 앞에서 콘돔을 한 다발 꺼내는 장면이 나옵니다. 엄마는 딸이 성생활을 하리라는 것을 은연중에 알고 있었을지 모르지만 적어도 표면적으로는 자기 딸이 결혼 전까지 성적 순결을 지키고 좋은 중국계 남자를 만나 문화적 유산을 이어 가기를 기대했을 것입니다. 참한 중국인 여성으로서 자기 문화를 배반하지 않기를 바란 것이지요. 그러나 딸은 백인 남자를 사귀고 있었고 섹스를 한 지는 이미 오래되었습니다. 이런 사실을 엄마는 굳이 알고 싶지 않았을 것입니다. 그냥 모르고 있다가 딸이 결혼만 제대로 해주면 굳이 들출 필요 없는 과거가 되니까요. 그러나 딸은 그렇게 자기를 외면하고 현실을 받아들이려 하지 않는 엄마가 불만스러웠고, 그래서 엄마 앞에서 콘돔 다발을 흔듭니다. 이래도 부인하겠느냐, 하는 심정으로요.

　　서구 사회와 같은 성 혁명을 겪지 않은 동양 사회에서 성적 개방성은 서구화의 대표적인 특징입니다. 그래서 이민자의 어머니들은 자기 딸이 백인 남자를 만나 신세를 망칠까 봐 걱정합니다. 이때 딸들이 성 해방과 여성의 권리를 주장하는 서구의 페미니즘을 접했다면 이러한 어머니들의 걱정에 더 강하게 반발하면서 자기 문화를 여성 억압적이라고 생각할 수 있습니다.

　　한편 교육의 기회가 훨씬 제한적이어서 개인의 뜻을 실현하기보다 가족의 요구를 따라야 하는 중하류층 여성들은 서구 페미니즘의 기준을 들이미는 여성들의 주장이 자신의 현실을 더 초라하게 만든다고 생각할 수 있습니다. 여성들이 사회에서 당하는 부당한 대우에 맞서 페미니즘 운동을 해보려 해도 페미니스트들이 외국어를 쓰면서 어려운 이론을 들먹인다면 같은 여성으로서 동질감을 느끼기도 힘들고, 도대체 그들은 무엇이 억압적이라고 주장하는 것인지 이해하지 못할 수도 있습니다. 이러한 여성들이 중상류층 여성들과 별개로 페미니즘 운동을 하려면 자신들의 억압은 단지 성적 억압만이 아니라 계급적 억압 또한 동반한다는 인식을 가지고 마르크스주의나 사회주의와 결탁할 수 있습니다. 아니면 이슬람 사회에서 여성들이 보여 준 것처럼 이슬람 운동과 같은 종교 운동과 결탁하고 거기에서 자신의 존재감을 확인받을 수도 있습니다.

그리고 역설적이게도 서구 사회를 깊이 경험한 무슬림 여성 중에 오히려 이슬람 지지자로 돌아서는 경우도 있었습니다. 사실 서구를 제대로 경험하지 못한 사람보다 그들과 살면서 제대로 경험한 사람들이 오히려 서구 사회에 환멸을 느끼기가 더 쉽습니다. 이미 오랜 세월 오리엔탈리즘의 시선으로 동양을 바라본 서양의 시선이 무엇인지 제대로 경험하기 때문입니다. 그리고 페미니스트라고 해서 그 시선에 큰 차이가 있는 것도 아닙니다. 터키 여성들이 머리에 쓴 베일을 측은하게 바라보았던 그 백인 여성처럼 서구 페미니스트들은 기본적으로 서양 문화는 여성 해방적이고 동양 문화는 여성 억압적이라고 생각합니다. 그런 면에서 서구 남자들의 인식과 차이가 없습니다. 그렇다고 그들이 무조건 동양 문화를 추켜세우는 것도 어쭙잖아 보입니다. 그것은 마치 '갑'이 '을'을 향해, 너희는 돈(권력/과학/합리성/세련된 매너 등)은 없지만 문화유산과 전통이 있잖아, 하는 것처럼 들리기 때문입니다. 탈식민 페미니즘의 등장 이후 이러한 서구 페미니스트들의 태도는 상당한 비판을 받았고 그래서 요즘은 매우 신중해졌지만, 그래도 기본적인 시선은 어쩔 수 없이 남아 있습니다.

이러한 와중에 9/11 사건이 터지면서 서구 사회의 무차별적 이슬람 때리기는 노골적으로 변했고, 그래서 열렬한 이슬람 신자가 아니라 하더라도 이슬람권 출신의 사람들은 자신의 종교/문화적 배경에 대해서 어느 정도 방어적인 태도를 보일 수밖에 없게 되었습니다. 이러한 일련의 흐름 속에서 무슬림 여성들은 자발적으로 다시 베일을 머리에 쓰기 시작했습니다. 이것은 그들에게 자신의 문화적 진정성과 정체성 모두를 표방하는 행동으로서 자신의 소속을 밝히는, 매우 중요한 표지가 되었습니다.

이슬람 페미니즘은 이러한 복잡한 지형 속에서 서구 페미니즘과는 다른 페미니즘을 시도합니다. 무슬림 여성들은 이슬람 페미니즘이라고 하는 담론을 시작함으로써 우선 페미니즘은 서구의 전유물이 아니라는 선언을 할 수 있었습니다. 이것은 지금까지 페미니즘의 기준 역할을 해온 서구의 세속 페미니즘 그리고 세속 페미니즘의 비평을 그대로 수용한 자유주의 기독교 페미니즘 모두에 대한 저항입니다. 앞에서 논의한 류터의 페미니스트 신학에서 류터는 유대교, 불교, 여신 종교까지 페미니스트 신학의 우산 아래 다 포함시켰지만 이슬람과 유교는 배제했습니다. 다른 종교들과 달리 국민 국가 정치체의 기반을 구성하고 있는 이슬람과 유교는 해방 전통의 서구 자유주의 기독교 신학에서 마음대로 요리하기 힘든 종교 전통들입니다. 그래서 이들 전통이 페미니즘과 결합하는 것을 모순어법적이라는 시선으로 바라보면서 여전히 서구 기반에서 탄생한 페미니즘들에만 정통성을 부여해 온 것이지요. 이슬람 페미니즘은 그러한 서구 중심성에 대해 분명하게 반기를 듭니다.

특히 여성 해방만이 유일하게 의미 있는 여성의 행위라는 것에 반대합니다. 앞에서도 보았듯 서구의 자유주의 전통에서 의미 있는 개인은 구조의 억압에서 탈피해서 참 해방/자유를 얻은 개인이고, 그러므로 이러한 해방의 욕망은 인간 누구나가 마땅히 가지고 있는 보편적 욕망이라는 인식이 있습니다. 그러한 욕망이 없는 인간은 종살이 상태에 굴복하는, 참으로 깨어나지 못한 인간입니다. 페미니즘도 이러한 인간 이해를 그대로 받아들였고, 그래서 가부장적 억압을 깨고 나오는 행위만이 여성이 인간으로서 할 수 있는 유일하게 유의미한 행위라고 보았습니다. 그러나 이러한 시각에서는 자발적으로 베일을 걸치고 전통적인 가르침을 따르는 여성들은 가부장적 가르침에 세뇌되었거나 이슬람 근본주의에 매수당한 것으로밖에는 설명할 수 없습니다.

그것은 마치 나는 A라고 하는 관점으로 살고 있는데 누가 나를 B라는 관점에서 이해하려는 것과 같습니다. A의 관점으로 사는 사람이 잘하고 있는지 못하고 있는지를 평가하려면 A의 관점에서 평가해야지 B의 관점에서 평가하면 평가 범주의 오류가 발생합니다. 대학생일 때 문과생과 공대생은 서로 말이 잘 안 통한다는 우스갯소리를 하곤 했습니다. 서로 생각하는 방식이 너무 다르기 때문이지요. 문과생과 공대생의 사고 과정은 각 분과의 사고 과정의 맥락에서 이해해야지 상대방의 기준으로는 이해도 되지 않고, 따라서 그가 제대로 사고하고 있는 것인지 평가도 할 수 없습니다. 마찬가지로 이슬람 운동에 열심히 참여하는 여성들을 이해하려면 그들이 이슬람이라는 종교 안에서 추구하는 것이 무엇인가의 관점에서 해석해야지 서구 해방 페미니즘의 관점으로 보면서 그들은 자기 종교로부터 억압받고 있다, 그들의 종교는 반여성적이다 하는 식으로 해석하거나 평가하는 것은 오류라고 말하는 것입니다.

그러나 여기에 대해서는 이슬람 페미니스트들 안에서도 의견이 갈립니다. 이슬람 페미니즘을 그래도 페미니즘에 가깝게 만들려 하는 그 이집트 교수와 같은 분이나 앞에서 논한 리팟 하산과 같은 페미니스트는 여성들이 전통적인 선택을 하기보다는 그래도 이슬람 안에서 진보적인 선택을 하는 것이 더 이슬람 페미니즘에 부합한다고 봅니다. 그러나 이미 보았듯이 이것은 어느 정도 계급의 문제이자 여성 개인의 문제이기도 합니다. 어떤 여성은 진보적인 선택을 하는 데서 더 큰 인생의 의미를 찾고, 어떤 여성은 보수적인 선택이 자기 삶에 더 부합한다고 봅니다. 이슬람 페미니즘은 이러한 다양한 여성들을 이슬람이라고 하는 공통된 종교 유산을 기반으로 다 아우르기를 희망하는, 다소 야심 찬 기획이기도 합니다. 이들의 목표는 세속 페미니즘과 남성 중심적 이슬람주의 사이에서 독립적 공간을 점유하는 것입니다. 다시 말해서 서구식 페미니즘도 아니고 남성 지배적 이슬람도 아닌, 그러니까 서구의 오리엔탈리즘에 포섭되지도 않고 자기 문화의 가부장제에 종속되지도 않을 수 있는 독립적 공간을 이슬람 페미니즘 담론을 통해서 만들어 내려는 것입니다.

저는 외부인으로서 이러한 기획이 과연 어느 정도의 성공을 거둘지 지켜보는 입장에 설 수밖에 없습니다만, 이들의 작업을 접하면서 비서구 여성으로서 나의 기독교 전통에 충실한 것이 어떤 것인가에 대해서 깊이 생각하게 되었습니다. 제가 유교 페미니즘을 공부하게 된 것도 바로 이슬람 페미니즘 수업을 통해서였습니다. 자신의 종교 문화 전통에 대한 자부심이 컸던 그 이집트 교수는 제게 너희 나라의 종교를 기반으로 하는 페미니즘은 무엇이 있느냐고 물었고, 한국의 종교를 하나로 말하기 힘든 만큼 그나마 한국에서 논쟁이 있었던 유교 페미니즘을 언급했기 때문입니다. 그분은 아주 간단하게 던진 질문이었지만,

사실 그 질문은 제가 지금까지 설명한 모든 역사적 배경을 안고 있는 질문이었습니다.

제가 한국인이라고 해서 자동으로 동양적인 종교를 가질 것이라는 생각은 사실 고정관념입니다. 그런데 이슬람 페미니즘이 결국은 서구 사회를 상대하면서 생기게 된 페미니즘인 만큼 서구에 '맞선다'는 의식이 강할 수밖에 없습니다. 그리고 그 서구의 중요한 부분이 바로 기독교입니다. 그래서 이슬람이 가부장적 종교가 된 이유를 주변의 유대교나 기독교의 영향으로 돌리기도 하는 것입니다. 따라서 서구 출신이 아닌 제가 그것도 종교여성학을 공부하면서 자기 문화의 전통 종교가 아닌 서구 종교인 기독교를 따른다는 게 그분의 입장에서는 주체성이 없어 보였을지도 모릅니다. 그런데 비단 그 교수만이 아니라, 제가 영국이나 미국에서 만난 다른 사람들도 제 종교가 기독교라 하면 조금 의외라는 반응을 하는 사람들이 많았습니다. 아시아인은 아시아의 종교인 불교나 힌두교나 도교 등을 믿을 거라고 생각하는 고정관념 때문입니다. 미국에서 종교학을 가르치는 어느 한국인 친구는 전공이 가톨릭 신비주의인데도 자신이 아시아인이라는 것 때문에 불교나 다른 아시아 종교를 가르쳐 달라는 요청을 받은 적이 있다고 합니다. 이래저래 아시아 기독교인은 백인들의 기독교에서 진골은 아닌 셈입니다.

그런데 내가 한국인이라고 해서 반드시 한국의 전통 종교를 믿지는 않는다면, 내가 한국인이라고 해서 반드시 한국 페미니즘을 해야 하는 것은 아니라고 볼 수도 있습니다. 페미니즘이면 페미니즘이지 이슬람 페미니즘은 또 뭐야, 하는 반응처럼, 페미니즘이면 페미니즘이지 한국 페미니즘은 또 뭐야, 하는 반응도 충분히 가능합니다. 그리고 실제로 한국에서는 서양 선교사를 통해서 들어온 기독교를 따르지 않는 사람들도 굳이 한국 페미니즘을 할 필요가 없다고 봅니다. 다시 말해서, 페미니즘을 한국이라는 토양을 기반으로 구성해야 할 필요를 별로 느끼지 않습니다. 그 이야기는 다음 장에서 이어 가도록 하겠습니다.

제 3 강

부정할 수 없는 전통

유교 페미니즘

우리에게
유교는 무엇일까?

　벌써 '유교'라는 말부터 아주 예스럽게 들릴지 모르겠습니다. 지인과의 대화 중에 '그건 공자님 말씀이고'라는 표현을 쓰시는 것을 들은 적이 있습니다. 그건 일종의 '죽은 말'이라는 뜻이었습니다. '듣기 좋은 소리도 한두 번'이라는 말이 있듯, 아무리 바르고 좋은 말도 반복해서 듣다 보면 지루해지고, 특히 현실과 동떨어진 말은 더더욱 소 귀에 경 읽기처럼 아무런 반응을 불러일으키지 못합니다. 최근 들어 제가 만난 사람들 중에는 성경 혹은 기독교에 대해서도 그렇게 생각하는 분들이 있었습니다. 다 알고 뻔한, 아무런 변화도 가져오지 못하고 변화에 적응하지도 못하는 '공자님 말씀'과 같은 거라고 말이지요. 제가 앞에서 개신교는 성경에 종교성의 핵심이 있다고 했는데, 성경이 이렇게 '공자님 말씀'이 되면 그 종교의 정체성에 문제가 생긴 것이라고 볼 수밖에 없습니다.

　이 '아무런 변화도 가져오지 못하고 변화에 적응하지도 못하는, 나아가서 발전에 저해가 된다'는 것이 우리가 유교 혹은 전통에 대해서 가지는 일반적인 생각입니다. 그리고 유교에 그런 면이 있는 것은 사실입니다. 호주제 폐지 운동이 한창일 때 종교 단체 중에서는 오직 유림만이 적극적으로 호주제 폐지에 반대했고, 그들은 두루마기에 때로는 정자관까지 쓰고 나와서 반대 시위를 했습니다. 오늘날 일상에서는 완전히 사라진 이러한 복장에서는 아무런 권위도 느껴지지 않고 지나간 시대의 아집만이 느껴질 뿐입니다. 그리고 그러한 구시대의 아집이 자기 집안에 그대로 남아 있는 것을 결혼한 여성들은 심심찮게 경험합니다. 그래서 한국에서 유교는 전혀 구원할 필요가 없는, 가부장제의 대표적 대변자로 보고 페미니스트들 사이에서는 일종의 알레르기 반응까지 일으키던 때가 있었습니다. 유교라는 말만 나오면 질색을 한 것이지요.

호주제 폐지 운동 때 있었던 가장 큰 논쟁은 유교 가족이 과연 한국 가족인가 하는 것이었습니다. 호주제 폐지를 반대한 사람들은 한국 사회의 기초단위를 이루는 한국 가족이 무너지는 것을 우려했습니다. 그러나 호주제 폐지를 찬성한 사람들은 호주제를 한국 가족을 대변하는 가족으로 보는 것에 반대했습니다. 한국적 정체성을 가부장제를 지지하는 가족 제도에서 찾을 필요가 없다고 본 것입니다. 특히 페미니스트들은 호주제 자체가 일본 강점기의 가족 제도에서 비롯된 것이라면서 민족주의 정서에 호소하며 반대했습니다. 하지만 호주제가 유교 전통과 전혀 무관한 제도는 아니었기 때문에, 한쪽에서는 가부장제라고 보는 것을 한쪽에서는 한 나라의 중요한 정체성이라고 보는 이중적 관점이 가능했습니다. 유엔의 여성 차별 철폐 협약에서 이슬람 국가들은 자신의 전통과 문화에 대한 간섭이라며 비준을 대부분 거부했다고 했는데, 그것과 비슷한 이야기입니다. 한쪽에서는 전통과 문화로 여기는 것이 다른 한쪽에서는 가부장제를 대변합니다. 앞 장에서 논의한 이슬람 페미니즘은 이러한 대립을 넘어서 한 나라의 전통 안에서 가능한 페미니즘의 방법을 모색하려는 체계적인 노력입니다. 유교 페미니즘도 마찬가지입니다. 유교 문화의 영향을 깊이 받은 나라들, 특히 중국계 학자들이 자신의 전통과 페미니즘의 가치가 반드시 대립할 필요가 없다는 것을 보여 주기 위해서 시작한 담론이 유교 페미니즘 담론입니다.

유교 페미니즘에 대한 구체적인 이야기는 조금 뒤에서 하기로 하고 먼저 우리와 유교의 관계에 대해 살펴보도록 하겠습니다.

'우리'와 '유교'의 관계라는 표현에서도 느끼시겠지만, 우리는 자신이 유교 전통 바깥에 있다고 흔히 생각합니다. 즉 '우리'라고 하는 영역이 있고, '유교'라고 하는 영역이 있어서 마치 내가 그것과 관계를 맺을 수도 있고 무시할 수도 있다고 생각하는 것이지요. 이것은 교회에 대해서 생각할 때도 마찬가지입니다. 교회를 비판하는 사람들은 자신이 교회 바깥에 있다고 생각합니다. 그래서 교회가 잘못하여 생긴 오염이 자기에게 묻지 않도록 자신과 교회 사이에 선을 그으면서 교회를 비판합니다. 그러나 자신도 교회 안에서 자랐다면 그렇게 교회와 자신을 분리해서 볼 수는 없습니다. 20세기 중반부터 학자들은 한 개인이 태어나서 자란 구조는 그 개인과 따로 분리해서 볼 수 없다는 이론을 발전시켰는데, 이미 성경에서 예수는 자기 눈에 있는 들보는 남의 눈에 있는 먼지를 보는 데에 상당한 장애물이 된다고 말했습니다. 여기에서 '들보'는 흔히 편견 혹은 자기 자신의 잘못은 보지 못하고 남만 비판하는 위선으로 해석하지만, 특정한 방식으로 사물을 보고 이해하도록 형성된 자신의 문화적 구조라고 볼 수도 있을 것입니다. 그 문화적 구조의 들보는 사실 잘 빠지지 않습니다. 최대한 편견에서 벗어나려고 노력하지만, 우리는 이미 특정한 방식으로 사물을 이해하도록 양육받으며 형성되었기 때문에 어느 정도 한계가 있을 수밖에 없습니다. 그래서 성화의 과정은 끝이 없다고 하는지도 모르겠습니다. 그런데 우리에게 예수에 대해서 가르쳐 준 교회와 선교사보다 더 오랫동안 우리의 형성에 영향을 미친 것이 유교입니다.

유교는 아주 오랜 전통을 가진 종교이고 그 안에도 매우 다양한 견해와 이론과 가르침들이 있지만, 저와 같은 일반인에게 피부로 와닿는 유교의 특성은 크게 두 가지로 볼 수 있습니다. 하나는 부모 공경 혹은 효이고, 또 하나는 보수적 성 윤리입니다. 부모 공경 외에 상하 관계의 위계도 유교의 중요한 특징이고 사회 전반에서 우리가 경험하는 것이지만, 부모에게 효도한다는 것 이상의 상위 규범은 없습니다. 윗사람 혹은 노인 공경 또한 효의 연장선상에서 이해할 수 있습니다. 상사에게 화가 치밀어도 '집에 계신 아버지를 생각하면…' 혹은 '이 사람도 누군가에게는 아버지인데…' 이러면서 감정을 삭이는 경우들이 있지요. 노약자 우대석을 따로 설치해도 시민적 저항이 없다는 것은 효의 가치가 시민의 가치로 수용된다는 뜻입니다. 그만큼 효의 가치는 우리 사회가 전반적으로 공유하는 가치입니다. 그리고 이 가치에 대해서는 페미니스트들은 물론이고 젊은 세대도 공감합니다. 적어도 자기 부모에게 감사하는 마음을 가지고 잘 섬겨야 한다는 것은 양식을 가진 사람이라면 누구나 받아들입니다. 문제는 내 부모가 아닌 남편 부모에게 잘하는 것이 결혼한 여자들의 몫으로 떨어지는 것입니다. 그래서 요즘에는 각자 자기 부모에게 알아서 효도하자는 의미로 '셀프 효도'라는 말도 씁니다.

박완서의 소설 《살아 있는 날의 시작》(1980)은 그 시대에 결혼한 중년 여성의 삶을 잘 보여줍니다. 제가 열 살 때에 나온 책이니 말하자면 저희 어머니 세대의 삶인 셈이지요. 가정 형편이 어려웠던 저희 어머니도 대학을 마치지는 못했어도 대학 문턱은 넘어 보셨고, 그만큼 대학 교육이 여성에게 그렇게 낯선 시대는 아니었습니다. 가정 형편이 괜찮은 집들은 딸들도 외국 유학까지 보내고는 했지요. 하지만 그 소설의 여주인공은 대학 강사까지 하다가 결혼 후 같은 학교에서 일하던 남편에게 전임 자리를 양보하고 자신은 미용실을 운영하면서 시어머니까지 모시고 살림도 도맡아 합니다. 물론 가사 일을 도와주는 '식모'가 있었지만, 안주인으로서 직접 손이 가야 하는 일은 많았습니다. 결말에 가서 이 여주인공은 남편과 이혼을 결심하는데, 가장 직접적인 이유는 남편이 자기 미용실에서 일하는 어린 여자 직원을 겁탈하고도 그에 대해 전혀 뉘우치는 기미를 보이지 않았기 때문입니다. 오히려 남편은 아내에게, 당신이 친정엄마 병구완한다고 자신에게 너무 소홀했기 때문에 일어난 일이라는 핑계를 댑니다. 이 여주인공은 노망난 시어머니가 돌아가실 때까지 성심껏 모셨습니다. 그리고 그 직후에 친정어머니가 폐암 말기인 것을 알고 집으로 모셔와 병구완을 했습니다. 친정 오빠가 일찌 감치 미국에 이민 가서 어머니를 모실 사람이 없었기 때문입니다. 그리고 그렇게 병구완에 정신이 없을 때 남편이라는 사람은 집안일을 거들 겸 들어와 살던 아내 미용실 여직원을 겁탈한 것입니다.

요즘 같으면 이 여주인공처럼 헌신적이고 가정적인 여성도 드물거니와, 그런 일이 일어나면 두말하지 않고 이혼을 할 것입니다. 하지만, 그때만 해도 이혼은 상당히 많은 것을 감수해야 하는 일이었기 때문에 여주인공은 이혼으로 가기까지 상당히 심한 외부의 간섭과 내적인 갈등을 겪습니다. 그런데 이 소설에서 여주인공이 문제 삼은 것 두 가지도 앞에서 지적한 대로 효와 성윤리에 관련된 것입니다. 우선 효의 문제는, 자신이 시어머니를 그렇게 잘 모셨으면, 남편도 자신의 친정어머니에게 잘해야 하는데 그렇게 하지 않았다는 것입니다. 자신이 시어머니에게 한 것처럼 남편이 장모를 모실 수는 없어도, 적어도 자신이 마음 편하게 친정어머니를 모시도록 해줘야 하고 친정어머니 병구완을 자기가 외도한 데 대한 핑계로 대어서는 안 된다는 것이지요. 두 번째는 자기 딸뻘밖에 안 되는 여자아이의 인생을 망쳐 놓고도 남자들은 한 번씩 다 하는 일이라는 식으로 이야기하는 성적 이중 잣대의 문제입니다. 남편들의 그러한 태도와 행실을 아내들이 눈감아 주었기 때문에 남자들이 자신들의 성적 방종에 대해 관대한 태도를 보이게 되었다고 여주인공은 보았고, 그래서 친정어머니가 돌아가시고 자신에게 남은 친정집을 그 여자아이에게 남편 대신 속죄하는 뜻으로 양도합니다. 그러한 아내를 보면서 남편이 자신의 잘못을 제대로 인식하고 뉘우쳤다면 여주인공은 이혼하지 않았을 것입니다. 그러나 끝까지 자신이 무엇을 잘못했는지를 모르고 계속해서 아내가 잘난 척한다고 우기자 여주인공은 이혼을 결심하게 됩니다.

이것이 바로 1990년대에 호주제 폐지를 위해서 싸우게 했던, 우리가 아는 우리 현실의 유교입니다. 하나씩 짚어 보면 이렇습니다. 우선 남편과 아내는 같은 대학 강사였지만, 결혼하면서 아내는 직장을 포기하고 남편이 전임으로 자리잡는 일을 돕습니다. 그러나 대학 전임 강사 수입만으로는 넉넉하지가 않아서 본인이 부업을 시작합니다. 하지만 언제나 자신의 일은 부업이라고 인식하고 남편도 그렇게 알고 있도록 합니다. 여기에서 부업이란 수입의 많고 적음을 의미하는 것이 아니라, 자신의 본업은 밖에 나가 돈을 버는 것이 아니고 살림하고 애들 챙기는 것이라는 부부간의 합의를 의미합니다. 그래서 수입이 남편보다 많아도 자신의 본분을 잊은 것이 아님을 한 번씩 확인시켜 주어야 합니다. 이 질서가 무너지면 가정이라는 하나의 작은 사회가 무너진다고 보기 때문에 각 구성원의 역할은 중요합니다. 그런데 이 질서에서 핵심은 남편도 시아버지도 아닌 시어머니입니다. 특히 이 소설에서는 시아버지가 부재함으로써 시어머니의 위치는 더욱 분명하게 두드러지는데, 가정의 질서에서 시어머니가 핵심인 이유는 유교의 규범에서 가정은 '내'의 영역, 즉 여성들의 영역이기 때문입니다.

옛말이기는 하지만 남녀가 내외한다는 표현을 들어 보셨을 것입니다. 이것은 단지 남녀 간의 성적 접촉에 대한 금기를 지킨다는 말이 아니라, 서로에게 허용된 공간이 다르다는 뜻입니다. 물론 물리적으로 여성들이 다니지 못할 곳은 없습니다. 그러나 내가 어떠한 신분으로서 그 공간을 드나든다는 것에 대한 서로 간의 암묵적인 규칙은 있습니다. 그래서 이 소설에서 아내는 밖에서 미용실을 차리고 미용 학원까지 운영하면서도 그것은 어디까지나 남편을 보조하는 일이지 그것으로 자기 이름을 날리겠다는 생각을 하지 않습니다. 이름을 날리는 것은 남편이 그 가문을 대표해서 할 일이지 아내가 하는 일이 아니기 때문입니다. 그리고 아내가 그러한 생각을 하지 못하도록 기강을 잡는 것이 '내'의 영역의 우두머리인 시어머니의 역할입니다. 내외의 규범이 무너지지 않도록 하는 것이지요. 유교 사회에서는 그렇게 '내', 곧 가정에서 기강이 잘 잡혀야 남편으로 대변되는 '외'의 영역 또한 질서가 유지되고 번창한다고 봅니다. 가족의 질서가 사회의 질서, 나아가서 국가의 질서와 서로 연결되어 있는 셈입니다. 그래서 시어머니는 자기 아들이 부엌이라는 여자들의 공간에 드나들지 못하게 했습니다. 이것은 단지 자기 아들이 여자들이 하는 하찮은 일을 하지 못하게 하겠다는 의미가 아니라—물론 그런 의도도 있습니다만—더 깊은 의미는 그것이 세상의 질서를 깨는 일이라고 보았기 때문입니다. 그런데 안채와 사랑채 등이 구분되어 있었던 과거나 심지어 근대의 양옥집만 하더라도 남자와 여자의 공간과 역할이 구분되는 것이 좀 더 용이했지만, 아파트 생활이 정착되면서 사실상 공간의 구분은 다 무너졌습니다. 지금은 오히려 아파트가 최고의 주거지가 되었지만, 아파트가 생기기 시작할 무렵 윗세대 어른들은 한 공간에 먹는 자리와 뒤를 보는 자리가 함께 있는 것을 매우 이상하고 (심지어 망측하고) 불편하게 여기셨습니다.

이 소설에서 또 한 가지 짚어 볼 것은 미국이라는 나라의 역할입니다. 여주인공의 세 오빠는 일찌감치 미국으로 이민갔고 막내며느리가 잠시 혼자 모시고 있던 시어머니(여주인공의 친정어머니이기도 한)는 결국 여주인공의 몫으로 돌아왔습니다. 시어머니가 폐암 말기인 것을 알고도 여주인공의 막내 올케는 함구한 채 남편과 합류하기 위해 미국으로 가면서 여주인공에게 편지 한 장 남겨 그 사실을 알립니다. 이처럼 박완서의 소설에서 미국은 아들로서 지고 있던 짐을 덜고 싶은 남자들과 시댁에 대한 의무에서 벗어나고 싶은 여자들의 도피처로 종종 등장합니다. 그 당시만 해도 국제 전화도 마음대로 걸 수 없었고 이동은 더더군다나 자유롭지 않았기 때문에 눈에서 멀어지면 마음에서도 멀어질 수 있는 외적 조건이 잘 구성되어 있었습니다.

이 소설이 출간되었던 1980년에 제 가족은 주재원으로 가는 아버지를 따라 영국에서 살게 되었는데, 1년에 한 번씩 한국으로 출장을 다녀오시는 아버지 편에 서울 사시는 이모가 카세트테이프로 몇 시간을 녹음해서 엄마에게 보냈던 것을 기억합니다. 아이 셋 키우는 주부가 마음잡고 앉아 편지 쓰는 게 쉽지 않았던 만큼, 생각날 때마다 카세트테이프에 하고 싶은 말을 녹음해서 보냈던 것이지요. 그러한 카세트테이프마저 사라진 지금은 참 옛날이야기 같습니다. 그러나 시댁에 대한 의무는 아직 흘러간 이야기가 아닙니다. 저도 미국으로 공부하러 갈 때 1년에 세 번 있는 시댁의 제사에서 해방되는 것이 얼마나 좋았는지 모릅니다. 1년에 세 번 있는 제사에서 벗어나는 게 그렇게 큰 해방이었다면, 1970, 80년대에 시어머니를 두고 미국으로 이민을 간 며느리는 얼마나 홀가분했을까요. 그런 면에서 미국은 페미니즘의 여부를 떠나 한국 여성에게 해방과 밀접한 연관을 가질 수밖에 없습니다.

이처럼 효라고 하는 것이 부계 가족을 중심으로 행해지던 일이었기 때문에 자신의 미래를 보장받기 위해서라도 여자들은 기를 쓰고 아들을 낳으려 할 수밖에 없었고, 딸 가진 죄인이라는 말까지 생겼습니다. 우리가 유교에 대해서 가장 분노하는 것은 바로 이러한 소위 '남아선호사상'이라고 하는 문화일 것입니다. 소설에서도 자신의 마지막을 아들 며느리가 아닌, 하나뿐인 딸의 손에 맡겨야 하는 자신의 처지를 여주인공의 어머니는 매우 비참하게 여깁니다. 한국 여성들의 한국 문화(혹은 '한남')에 대한 혐오와 서구 것에 대한 막연한 동경은 이러한 역사적인 경험들에서 비롯되었다고 보아도 좋을 것입니다.

마지막으로 이 소설에서 짚어 볼 것은 성도덕입니다. 유교 문화는 여성들의 정조는 목숨같이 여긴 반면 남성들의 성에 대해서는 매우 관대했습니다. 이것은 가부장제의 전형적인 특징으로서 여자의 뱃속에 있는 아이가 자신의 아이인지 남자들은 확신할 길이 없기 때문에 여자가 자기하고만 성관계를 하도록 하는 수밖에 없습니다. 반면에 남자들은 그러한 제약에서 자유롭습니다. 더군다나 여자가 아들을 생산하지 못할 경우 아들을 낳아 줄 다른 여자를 취하는 것은 1960년대까지만 해도 대체로 동의하는 관습이었습니다. 이 소설에서 남편은 자기 딸뻘의 미성년 여자아이를 범하고도 양심의 가책은커녕 오히려 회춘의 경험에 몸이 들뜹니다. 그리고 그러한 남편과 이혼하겠다고 하는 아내는 남편의 친척들로부터 어떤 정신 나간 여자가 남편의 외도 한 번으로 이혼을 하느냐며 오히려 질책을 받습니다. 여주인공의 시누이와 동서들은 자기 남편들도 다들 그렇게 한 번씩은 외도를 했다며 "남자들은 그러면서 철이 난다"고 말합니다. 그래도 끝까지 여주인공이 이혼을 고집하자 남편은 "여성해방운동이나 하면 알맞겠다"며 "날치고 싶어서" 안달이 난 여자 취급을 합니다. 또한 이 소설에서 여주인공은, 여자에게 운명처럼 지워진 "부덕"의 멍에를 벗고 "팔자를 고치겠다"는 표현을 쓰는데, 여주인공의 아들은 그 표현을 엄마가 이혼하고 다른 데로 시집을 가겠다는 말로 잘못 알아듣고 불쾌해합니다. 아버지와 같이 살지 않겠다는 엄마의 입장까지는 이해할 수 있다 해도, 그게 엄마가 다른 남자를 만날 가능성으로 이어진다면 말이 달라지는 것이지요. 여기에서 우리는 여자의 미덕인 '부덕'은 일부종사, 즉 남편이 죽든 살든 남편은 하나밖에 두지 않는다는 여자의 성도덕과 밀접하게 연결되어 있음을 알 수 있습니다. 즉 여자는 평생 한 남자하고만 섹스한다는 암묵적 규칙이 있는 것입니다. 그리고 이 규칙을 깬 여자에 대해서는 모든 남자의 공유물로서 함부로 대해도 된다는 암묵적 용인 또한 있습니다. 그래서 여자들은 결혼 관계에서 부당한 대우를 받아도 웬만해서는 이혼할 생각을 하지 못했던 것입니다.

성폭력 반대 운동이 한국에서 시작될 때 페미니스트들은 이러한 이중 규범을 깨는 데에 많은 노력을 기울였습니다. 일단 성폭력이 여자의 탓이 아니라 남자의 문제라는 것을 인식시키는 것도 진일보한 것이지만, 거기에서 보호받아야 할 성과 보호 받지 않아도 되는 성으로 나누는 이중 규범을 없애는 것은 한 단계 더 나아가는 일입니다. 다시 말해서, 처녀의 성과 남의 아내 의 성이 침범당하면 정당한 보호를 받을 수 있지만, 이혼한 여성 이라든가 '문란한' 여성의 성은 보호할 필요가 없다는 인식이 깨지는 데에는 시간이 더 걸립니다. 그러한 인식은 여성의 '정조' 가 기준이 되기 때문에 생기는 인식인데, 평소에 정조를 지키던 여성이야 마땅히 보호한다 쳐도 '정조 관념'이 없는 여성은 보호 할 필요가 없다고 생각하는 것입니다. 한국 사회에서는 아직도 이러한 인식이 남아 있기 때문에 여성들은 성적 자기결정권과 여성으로서 지키고 싶은 품위 사이에서 위태로운 줄타기를 해야 할 때가 많습니다.

지금까지 박완서의 소설을 사례로 우리가 현실에서 느끼는 유교 가부장제의 문제들을 하나씩 짚어 보았습니다. 그 문제는 크게 부계 중심의 효 문제와 성도덕의 문제로 요약할 수 있고, 그에 따라서 남아선호 문화와 여성의 성적 정절에 대한 강제가 나타난다는 것을 살펴보았습니다. 우리가 이렇게 경험한 유교는 옹호할 것이 하나도 없어 보입니다. 그렇다면 유교 페미니 즘은 어떠한 관점과 이유에서 유교를 옹호하려는 것일까요? 그것을 논하기 전에 먼저 '미풍양속'으로 포장된 유교가 2020년에 이른 오늘날까지도 여전히 지니는 영향력을 이해하기 위해서 유교의 종교적 속성을 살펴보도록 하겠습니다.

성과

종교

앞 장에서 기독교, 유대교, 이슬람을 책의 종교라고 했는데요, 유교의 종교성은 책에 있는 것이 아니라 남녀를 구분하는 관계에 있다고 할 수 있습니다. 물론 모든 종교는 남녀를 기본적으로 구분하고 그러한 구분과 남녀의 차이를 신의 뜻 혹은 자연의 이치로 설명합니다. 이것은 앞에서 설명한 피터 버거의 '신성한 덮개'로서 종교의 기능이기도 합니다. '왜 남자와 여자는 이러한가'라고 물었을 때, '그것은 신이 그렇게 정했기 때문이다' 혹은 '그것은 거역할 수 없는 자연의 이치다'라고 설명함으로써 이 세상의 젠더 질서를 신의, 혹은 신이 관장하는 이 우주의 질서에 부합하는 것으로 만들어서 사회가 안정적으로 돌아가게 하는 것입니다. 요즘에는 사회의 안정 유지를 위한 질서라는 말을 일단 부정적으로 인식하고 그러한 질서를 개인의 자유를 억압하는 나쁜 것으로 여기지만, 제가 이 글을 쓰고 있는 현재 전 세계가 경험하는 전염병의 상황에서 보듯, 인류의 생존이 걸린 문제에 대해서는 때로 개인의 자유는 뒤로 밀어 두고 질서를 더 중요하게 여길 수도 있습니다. 인류가 유례없이 경험하는 지금과 같은 고령 사회 이전에 출산은 인류의 생존, 즉 존속이 걸린 중요한 문제였습니다. 사회의 젠더 질서는 단지 누가 설거지를 하고 누가 돈을 버느냐의 문제가 아니라, 더 중요하게는 임신과 출산 그리고 차세대 양육으로 이어지는 모든 의식과 규범에 대한 것입니다. 인류는 한 세대가 다음 세대를 낳고 그들이 인류의 삶을 이어 가도록 양육하지 않으면 소멸합니다. 물론 소멸은 큰 문제가 아닐 수 있습니다. 특히 종말을 믿는 기독교인은 언젠가 그날이 오리라 예상할 수도 있습니다. 오늘날 전반적으로 출산율이 줄어드는 것은 수명이 늘어났기 때문이기도 한데, 수명이 짧았을 때는 다음 세대를 부지런히 남기지만 수명이 늘어난 지금은 자기 삶을 돌보는 게 더 중요해졌습니다. 창창하게 남은 내 미래도 불안정한데 '아이들은 인류의 미래'라는 말이 마음에 다가올 리 만무합니다. 그래서 이 시대에 맞는 새로운 젠더 질서를 찾고 있는 것이기도 합니다. 그런데 한국의 경우 유교에서 비롯된 젠더 질서가 새로운 질서를 위한 변화를 모색하는 데에 큰 장애가 된다고 생각하는 것입니다.

기독교는 성경에서 남녀 차이를 없애지는 않지만, 그 차이가 본질적이 아닐 수도 있는 통로를 열어 놓았습니다. 우선 남녀 모두가 하나님이라고 하는 동일한 기원에서 비롯되었고, 여자와 남자 모두 하나님의 형상을 지니고 있다고 말합니다. 그리고 지금도 여자와 남자는 같은 통로로 구원을 받을 수 있습니다.

물론 디모데전서 2:15에서 여자의 구원과 출산의 기능을 연결해 놓았기 때문에 여자들이 구원을 받기 위해서는 특별히 해야 하는 일이 있는 것 같은 인상을 주지만, 그래서 여자들이 예수를 통하지 않고도 아이만 낳으면 구원받는다거나 예수를 믿어도 아이를 낳지 않으면 구원을 못 받는다는 뜻이 아니라는 것을 기독교인들은 다 압니다.

또한 기독교에서 구원의 핵심인 예수는 독신으로 살았고, 그럼으로써 일체의 성관계를 부인하는 수도원 전통을 시작할 수 있는 근거가 되었습니다. 성생활을 하지 않거나 성관계의 가능성을 열어 놓고 사는 게 아니라면 기본적으로 성차는 별 의미가 없습니다. 몸이 다르고 생리적 기능이 다르지만, 그것이 성애적으로 사용되지 않을 것이기 때문에 성차가 별 의미가 없어지는 것이지요. 물론 가톨릭의 독신 전통에서는 성직의 위계를 둠으로써 여전히 성차에 의미를 두지만, 그것은 그들이 성경 외에 지키는 종교성의 한 형태로 볼 수 있습니다. 예를 들어서, 직장에서 같이 일하는 남녀는 서로 동료 의식을 가지고 일하지 남자와 여자라는 의식을 가지고 일하지는 않습니다. 적어도 원칙적으로는 그래야 한다는 것을 압니다. 내 동료나 상사가 같이 일하는 사람이 아니라 성애의 대상이라고 생각하는 것은 일터의 기본적인 룰을 깨는 것입니다. 물론 연애로 발전하는 관계들이 있지만, 그러한 사적 관계가 직장 사회의 룰을 깨는 것에 대한 금기가 있습니다. 마찬가지로 가톨릭교회는 그 교회가 상징하는 의미에 따

3. 부정할 수 없는 전통 / 유교 페미니즘

라 규칙을 정한 것이고, 심지어 이들은 연애 관계로 발전할 가능성 자체를 원천적으로 차단해 두었기 때문에 '내가 남자라서' 혹은 '내가 여자라서'로 서로 맞설 일이 없고, 맞서게 되어도 일반적인 남녀 관계의 패턴과는 다른 종교적인 의미를 가지게 되는 것입니다. 그러한 위계적인 독신 전통의 방식이 기독교의 종교적 경계를 지키는 데에 가장 타당한 방식인지에 대해서는 가톨릭교회가 계속해서 논의하고 발전시켜야 할 문제입니다.

　　마지막으로 예수는 이러한 독신 전통의 근거가 되었을 뿐만 아니라, 기독교인들이 가장 이상적인 사회라고 보는 '하나님나라'에서는 시집가고 장가 드는 것이 없다고 했습니다(마 22:30; 막 12:25; 눅 20:35). 이것이 결혼 제도가 없어질 것이라는 말인지 아니면 섹스가 없어질 것이라는 말인지는 잘 모르겠지만(하늘의 천사 같을 것이라는 말은 몸이 없어지고 영적 존재가 된다는 말처럼 들리지만, 기독교인은 육체의 부활을 믿기 때문에 그럴 것 같지는 않습니다), 적어도 지금 우리가 아는 젠더 질서에 어떤 변혁이 일어날 것은 분명해 보입니다. 그리고 그 하나님나라가 벌써 시작되었다고 기독교인들은 믿기 때문에 기존의 젠더 질서에 변화를 일으키는 것에 대해서 가장 적극적일 수 있습니다. 그리고 실제로 그렇게 적극적이었기 때문에 아예 시집도 안 가고 장가도 안 드는 독신 전통이 시작된 것이지요. 사실 시집가고 장가 드는 것만큼 성차가 두드러지게 나타나는 일도 없습니다. 아주 정교하게 의식화되고 또 요즘에는 로맨틱하게까지 만들어서 잘 인식하지 못할지 모르지만, 신랑 측은 뭘 해야 하고 신부 측은 뭘 해야 한다는 둥, 평소에 아무렇지 않게 연애하던 커플이 결혼하면서 이러한 성차에 따른 절차의 복잡함 때문에 갈등을 빚는 일이 많습니다. 그러니 시집가고 장가 드는 것만 없으면 성차와 그에 따른 성차별은 상당 부분 해소될 것으로 기대할 수 있고, 그래서 결혼보다는 동거를 선호하는 젊은 커플이 늘고 있다고 볼 수도 있습니다. 여하튼, 기독교는 이처럼 성경과 전통에 근거해서 남녀의 성차를 본질로 보지 않을 수 있는 통로를 열어 놓았습니다.

하지만 유교는 다릅니다. 유교의 종교성은 성차 자체에 있습니다. 물론 무엇이 그 성차를 구성하느냐 하는 것은 유동적입니다만, 성차 자체는 계속 유지되어야 합니다. 유교 안에도 여러 유파가 있고 다양한 해석들이 있어서 성차가 유교의 본질은 아니라고 보기도 합니다만, 유교 문화권 안에서 독특하게 발전된 젠더 규범과 현상학의 관점에서 볼 때 유교에서 성차가 가지는 중요성을 무시할 수 없습니다.

유교에서 성차는 우리가 알고 있는 유교의 다섯 가지 기본적 윤리 규범인 오륜 가운데서 부부유별이라고 하는 덕목으로 유지됩니다. 유교 사회는 이와 같은 남자와 여자의 구별을 문명과 야만을 나누는 경계로 삼았습니다. 유교에서 말하는 짐승과 인간의 차이는 이렇습니다. 짐승은 생물학적 성이 있지만 남녀의 구별됨을 모르기 때문에 말 그대로 짐승이라면, 인간은 생물학적 성이 있되 남녀의 구별됨을 알고 그 구별됨을 표하는 예

禮적 질서를 지킬 줄 알기 때문에 짐승과는 구분되는 문명적 존재가 될 수 있습니다. 그래서 같은 인간이라 하더라도 남녀의 구별된 도리를 모르는 사람들은 '야만인' 혹은 '오랑캐'입니다. 유교 문화에서 나타나는 성에 대한 표면적 금기는 바로 여기에서 비롯됩니다. 박완서의 소설에도 보면 남녀의 성관계를 짐승스러운 짓이라는 식으로 묘사하는 경우가 있는데, 보이지 않는 곳에서 남녀가 어떻게 하건 일단 남녀 구별 없이 엉켜 있는 모습을 공적 공간에서 언급하거나 드러내는 것은 유교에서는 점잖지 못한 모습을 넘어 자칫 문명에서 야만으로 넘어갈 수 있는 행위입니다. 즉 인간 됨의 기본을 상실할 수 있는 행위입니다. 그래서 처음에 서양 문물이 들어오고 서양 사람들이 들어왔을 때, 남녀가 자연스럽게 어울릴 뿐 아니라 손도 잡고 춤도 추고 하는 모습이 매우 망측해 보였던 것이지요. 예배당이 연애당이라는 오명을 쓴 것도 바로 거기에서 비롯됩니다. 그래서 기독교 정착 초기에는 예배를 드릴 때 남자가 앉는 공간과 여자가 앉는 공간을 구별했습니다. 제가 고등학교에 다닐 때까지만 해도 남녀 공학이 드물었고, 그래서 남녀가 자유롭게 어울리는 교회의 주일학교는 그때까지도 연애의 온상이라는 말을 종종 듣고는 했습니다.

유교에서 이렇게 남녀 구별이 문명의 표지가 된 것은 기원전 2세기경 한나라 때부터라고 합니다. 한나라 초기에 주변의 야만족들과 자신을 구분하기 위해서 물리적인 벽의 경계를 세워 문명과 질서를 상징하는 '내'와 야만과 혼란을 상징하는 '외'

를 공간적으로 구분하고, 그러한 내와 외의 구분을 부부유별의
덕목과 결합하여 남녀의 유별함을 아는 것을 문명의 표지로 삼
은 것입니다.

　　원래 유교의 덕목 자체가 구별을 기본으로 합니다. 그러
한 구분됨 없이는 사회에 혼란이 오고 그로 인해 사회가 빈곤해
질 것이라고 보았기 때문입니다. 따라서 아버지와 아들, 왕과 신
하, 남편과 아내, 윗사람과 아랫사람, 친구와 친구에게 각자 자기
위치에 따라 주어지는 도리가 있고 그 도리를 잘 따르는 것이 곧
인간이 되는 길입니다. 초월적인 구원론이 없는 유교에서는 그
러한 인간의 도리를 잘 이행하는 것 자체가 구원이고 종교입니
다. 그리고 이 모든 구분된 도리 가운데서 가장 기본이 되는 도
리가 남편과 아내의 구분된 도리입니다. 유교에서 중요하게 여
기는 아버지와 아들의 관계도 일단 부부의 합궁을 통해 생산된
아들이 있어야 가능하기 때문에 모든 것의 시작은 부부가 될 수
밖에 없습니다. 이러한 구분된 도리가 우리가 알고 있는 근대 사
회의 기능적 성별 분업과 가지는 차이는 그것이 '예禮'를 통해서
종교화되어 있다는 것입니다.

　　'예'란 '예식'이라는 말에서 쓰는 '예'인데, 유교에서 '예'
는 단순한 의식이 아니라 모든 질서의 근본입니다. '예'를 지킨
다, 혹은 '예의'를 지킨다는 말을 많이 사용하는데 그것의 원래
의미는 그냥 공손하다는 뜻이 아니라 자신에게 주어진 위치에
따라 도리에 합당한 행동을 한다는 뜻입니다. 아버지에게는 아

버지의 도리가 있고, 아들에게는 아들의 도리가 있고, 윗사람에게는 윗사람의 도리가 있고, 아랫사람에게는 아랫사람의 도리가 있습니다. 그리고 남편에게는 남편의 도리가 있고 아내에게는 아내의 도리가 있습니다. 이러한 도리들이 '예'를 통해 마음에서부터 잘 지켜져야 사회 전체가 조화를 이루어 번영할 수 있고, 그렇게 되는 것이 바로 하늘의 뜻입니다. 그래서 이러한 예절 질서의 시작인 남자와 여자의 구별은 중요할 수밖에 없습니다.

그래서 남자와 여자의 구별은 태어나면서부터 의례화되어 엄격하게 지켜집니다. 남자아이가 태어날 때와 여자아이가 태어날 때의 의식이 다르고 주어지는 물건도 다릅니다. 그리고 우리가 익히 아는 '남녀칠세부동석'이라는 말에서도 보듯이 일곱 살이 되면 아이 자신도 의식적으로 서로 다른 성 역할을 몸에 익혀야 한다고 보는데, 그때부터는 같은 자리에 앉지도 않고 먹지도 않습니다. 이렇게 의식적인 젠더화의 과정이 시작되면서 남자아이들은 고전을 배우고 공직에 나아가려 준비하는 '외'의 영역으로 지도를 받고, 여자아이들은 가사를 돌보고 관리하는 '내'의 영역으로 지도를 받습니다. 그러면서 공간적, 기능적, 존재론적으로까지 구별이 되는 것입니다. 이러한 구별은 짐승과 구분되는 인간 됨의 상징이기 때문에 그 규범을 모두가 공유하는 유교 사회에서는 상당한 강제성을 가질 뿐만 아니라, 그것 자체가 종교가 됩니다. 앞에서 말했다시피 유교에서는 초월성에 대한 개념이 없으므로 유교가 말하는 인간다운 인간이 최고의 가치이고 그 인간다움의 기본인 구별됨이 유교의 신성한 영역, 곧 종교성이 되는 것입니다. 그래서 예전의 어른들은 그 구별의 경계가 무너지는 것을 하늘이 무너지는 것처럼 심각하게 여겼습니다.

하지만 어느 사회에서나 그렇듯, 남녀 사이에 격식을 갖추는 일은 대체로 상류층의 일이고, 그러므로 남녀의 유별함은 양반층에 더 의미가 있는 덕목이었습니다. 그래서 새롭게 상류층으로 진입하는 사람들이 오히려 기존의 상류층보다 더 엄격하게 남녀유별을 지키려 했습니다. 신분의 이동이 좀 더 자유로워진 조선 시대 후기로 들어서면서 오히려 전기나 중기보다 더 엄격한 가부장제가 나타난 이유도 바로 그 때문입니다. 이미 어떤 신분을 가진 사람은 그 신분을 과시할 필요가 없기 때문에 규범에 대해 좀 더 유연할 수 있다면, 그 신분에 진입하려는 사람은 오히려 자신의 입지를 다지기 위해서라도 더 엄격하게 규범을 따르려고 합니다. 그래서 여성을 멸시하면서까지 엄격하게 남녀유별을 지키려 한 것입니다.

그런데 이러한 남녀의 구별은 서구와 같은 이분법적 대립의 개념과는 좀 다릅니다. 서구의 이분법적 구분은 영과 육, 이성과 자연 혹은 이성과 감정처럼 서로 대립하는 쌍으로 이루어져 있지만, 내와 외의 구분은 그러한 대립의 개념이 아니라 내가 없이는 외가 없고, 외가 없이는 내가 없는 그런 개념입니다. 상호보완적이면서 둘이 같이 있어야 오히려 온전한 전체가 되는 것이지요. 부부가 유별하다는 것은 서로 독립적으로 각자의 영역을 지킨다는 말이 아니라, 각 성별이 지켜야 하는 두 영역이 사실은 하나라는 뜻입니다. 그래서 부부는 일심동체라고 말하기도 하는 것입니다. 따라서 태어나서부터 젠더화 되는 유교의 남녀 관계는 처음부터 누군가의 남편이 되고 누군가의 아내가 되기 위한 절차이고 그 절차를 거쳐 서로 부부가 됨으로써 비로소 온전한 전체가 됩니다. 그래서 유교 사회에서는 누군가의 남편이 되고 누군가의 아내가 되지 않고서는 온전한 사회적 존재로 살 수가 없고, 그래서 독신을 위한 자리가 없습니다. 영어로 결혼 여부를 married/unmarried라고 하는 데에 반해서 한국어로는 기혼旣婚/미혼未婚으로 표기하는데, 이렇게 '이미' 결혼한 사람과 '아직' 결혼하지 않은 사람으로 구분하는 것은 결혼을 당연한 전제로 삼는다는 뜻입니다. 그래서 페미니스트들은 비혼非婚이라는 말을 만들어서 결혼을 전제로 하지 않는 싱글의 삶을 긍정적으로 바라보게 하기도 했습니다.

유교 사회는 개인-가족-국가 (사회)가 하나의 연속체를 이루면서 서로 긴밀하게 연결되어 있습니다. 기독교에서 개인의 자유를 허용할 수 있는 중요한 기반인 '하나님 앞에서 나 홀로'라고 하는 개념이 유교에는 없습니다. 말하자면 절대적 타자는 없고 서로 다 연결된 많은 상대적 타자들과의 관계망 속에서 비로소 개인이 의미를 맺는 종교입니다. 다시 말해서, 신으로부터 존재의 정당성을 부여받은 두 사람이 개인 대 개인으로 관계를 맺는 것이 아니라, 두 사람이 만나는 순간 그 둘이 각자 가지고 있는 사회적 위치와 그 위치가 상대와의 관계에서 가지는 의미에 따라서 두 사람이 앞으로 어떤 관계를 맺을지가 결정됩니다. 우선 가장 중요한 것은 나이일 것입니다. 특히 업무상 만나는 관계가 아니라면, 서로 어느 정도 알게 되면 슬슬 나이가 궁금해지지요. 내가 이 사람에 대해서 윗사람의 도리를 해야 하는지 아랫사람의 도리를 해야 하는지를 알아야 이 사람과 제대로 관계를 맺을 수 있기 때문입니다. 상대가 결혼했는지의 여부, 자식이 있는지도 중요합니다. 이 사람이 누구의 아내 혹은 남편인지, 누구의 엄마 혹은 아빠인지, 심지어 누구의 자식인지를 알아야 그 위치에 합당한 예우가 결정되기 때문입니다. 저를 번역가나 저자 혹은 학자로서만 알다가 제 남편이 목사라는 것을 알게 되면 저를 대하는 방식이 달라지는 경우도 보았습니다. 그렇게 하는 것이 저의 위치에 대한 합당한 예우라는 문화적 규범이 아직도 존재하기 때문입니다. 서구 사람들은 서로 인사할 때 통성명부터 하고 자신의 직업이나 배경을 이야기한다면, 유교 사회에서는 직함이나 배경을 앞세우고 이름을 말합니다. 이 사람이 어디에서 비롯되었는지를 알지 못하면 상대를 예우하는 방식을 정할 수 없어 이 사람과 제대로 관계를 맺어 갈 수 없기 때문입니다. 오늘날에는 이것을 처음부터 차별이라는 프레임으로 해석하지만, 원래 유교 사회가 인간과 사회를 바라보는 방식과 관습이 서구와 다르기 때문에 나타나는 현상으로 먼저 이해할 필요가 있

3. 부정할 수 없는 전통 / 유교 페미니즘

습니다. 그렇지 않으면 서구의 시선을 답습하는 결과만 낳을 뿐이고, 원인을 제대로 이해하지 못했기 때문에 해법도 제대로 찾지 못합니다.

유교 사회에서 이렇게 서로 복잡하게 연결된 관계망의 중심은 가족입니다. 그런데 이 가족은 서구 사회에서 말하는 공사의 분리처럼 바깥 사회와 분리된 사적 영역이 아닙니다. 오히려 공적 영역의 질서의 출발점입니다. 어릴 때 저는 어머니로부터 '안에서 새는 바가지 밖에서도 샌다'는 말을 종종 들었습니다. 밖에서의 행동거지를 조심시키기 위해서 하신 말씀이지요. 우리가 행실이 바르지 못한 사람을 볼 때 그 부모를 들먹이거나 가정 교육을 들먹이는 이유는 공적 영역의 질서가 가족의 질서에서 비롯된다고 보기 때문입니다. 그래서 부모 욕 먹이지 않으려면 잘해야 한다는 말도 많이 듣지요. 오늘날처럼 '개인'에 대한 욕구가 충만한 때에 이 말은 전부 편견, 차별, 억압으로 해석되지만, 유교 사회에서는 적절한 훈육의 방식이었고 질서 유지의 방법이었습니다. 하나님 앞에서 처벌받을 것에 대한 두려움이 질서를 유지하는 것이 아니라, 부모나 가족의 사회적 얼굴이 망가질 것에 대한 두려움이 질서를 유지하는 셈입니다.

이러한 가족에서 내의 질서를 유지하는 것이 여성의 역할이고 외의 영역과 관계 맺으면서 가족의 입지를 다지는 것이 남성의 역할입니다. 이 두 역할은 가족이 온전히 존재하기 위해서는 반드시 필요합니다. 그래서 유교가 일방적으로 여성을 비하하거나 억압하는 종교라고 말하기 힘듭니다. 부부유별은 부부가 별개라는 말이 아니라 서로 다른 영역으로 젠더화를 거친 남편과 아내가 상보적으로 불가분의 관계가 된다는 뜻이기 때문에 외의 영역에서 아내는 남편의 연장입니다. 즉, 남편의 신분이 곧 그 아내의 신분이 되는 것이지요. 제 남편이 목사인 것을 알고 저를 대하는 태도가 달라지기도 하는 이유는 남편의 신분이 제게로 연장되었다고 보기 때문입니다. 상사의, 혹은 높은 사람의 아내가 '사모님'으로서 누리는 지위는 바로 그러한 문화적 규범 때문입니다. 유교 사회에서 여자는 '여사장'보다 '사장 사모님'이 속된 말로 더 끗발이 좋습니다.

한편 유교 사회에서 내의 영역에 있는 여자들은 바깥 세계 즉 외의 세계를 직접 접해서는 안 되기 때문에 남자 친족을 필요로 합니다. 그래서 아버지든 남편이든 아들이든 남자 친족이 있어야 비로소 품위를 잃지 않으면서 바깥 세계와 접촉할 수 있습니다. 이것을 '삼종지도'로 표현하기도 하는데, 여기에서 따른다는 것은 지시를 받는다는 말이 아니라, 내의 영역에 배치된 여성이 바깥 세계를 접하기 위해서 의존할 수밖에 없는 남자 친족과의 관계를 일컫는 말로 해석하는 것이 더 타당할 것입니다. 그러므로 유교 사회에서 여성들은 실제로 일은 자기가 다 해도 밖으로 내세우기는 남자 친족을 내세웁니다. 앞의 소설 《살아 있는 날의 시작》에서도, 여주인공이 대학교수 부인으로서 미용실을 부업으로 운영하는 것과, 나중에 이혼하고 혼자 미용실을 운영할 경우 그에 따르는 사회적 신분과 품위가 상당히 차이 날 것을 예고합니다. (소설은 이혼을 결심하는 장면에서 마칩니다.) 물론 이러한 유교 사회의 규범이 오늘날 상당히 붕괴한 것을 우리는 현실에서 경험하고 있습니다. 그러나 이미 안정적인 중산층에서 누군가의 아내로서 지위를 가진 여성들이 그것을 쉽게 포기하려 하지 않는 현상 또한 여전히 나타나면서 유교 문화의 규범은 여전히 효력을 발휘하고 있습니다.

한편 유교 사회에서 여성의 지위는 성별 하나만으로 결정되지 않습니다. 즉 같은 남자 친족이라 하더라도 아버지, 남편, 아들과의 관계에서 여성이 일괄적으로 종속적 위치에 있는 것은 아닙니다. 그 이유는 유교 사회의 질서에서 중요하게 작용하는 나이의 요인 때문입니다. 그래서 유교 사회는 성차별만큼이나 나이 차별 또한 강한 사회입니다. 그러나 여성의 입장에서 이것이 반드시 불리하지는 않은 까닭은, 자신보다 어린 남자에 대해서 가질 수 있는 상대적 힘 때문입니다. 그러므로 유교 사회에서 (시)어머니는 여성이 가질 수 있는 가장 큰 권력의 자리입니다.

유교의 이러한 특성을 이해할 때 우리는 독신에 대해서 쏟아지는 비판적인 혹은 불안한 시선과 한부모 가정에 대한 편견을 이해할 수 있습니다. 한국 부모들이 자식이 결혼하지 않는 것을 자신은 물론 조상에 대한 불효라고까지 생각하는 이유는 (어른들은 조상 뵐 낯이 없다는 표현을 종종 쓰시지요) 인간으로서 그들에게 주어진 도리를 이행하지 않는 것으로 보기 때문입니다. 물론 오늘날에는 이렇게까지 따져서 생각하지는 않을 것입니다. 그러나, 사람은 자고로 짝을 이루어야 가장 자연스러운 거라는 말이나, 엄마 속 썩이지 말고 얼른 시집/장가나 가라는 말의 이면에는 오랜 세월 우리를 구성한 이와 같은 유교 문화의 규범이 깔려 있습니다. 한편 한부모 가정에 대한 편견이 심한 이유는 유교의 예적 질서가 시작되는 핵심 단위인 부부를 구성하지 못했기 때문입니다. 즉 내와 외가 하나의 쌍을 이루어야 온전한 전체가 되는데 한쪽이 없기 때문에 온전하지 못한 것이지요. 그래서 예전에는 '결손' 가정이라는 말을 썼습니다. 결손이란 어떤 부분이 없어서 불완전하다는 뜻입니다. 그것이 오늘날 차별 용어가 되어서 '한부모' 가정이라는 말로 고쳐 씁니다.

유교 사회는 또한 이혼과 동성애에 대해서도 상당히 부정적인데, 그 이유도 부부유별의 규범을 중심으로 하는 부계 가족이 곧 종교의 단위이기 때문입니다. 여성은 한 집안의 부계 혈통을 이어 주기 위해서 결혼을 하는 것이고 그리하여 그 임무에 기반해서 존중을 받습니다. 유교에서 영생은 계속해서 자손을 낳아 그 자손으로부터 제사를 받는 것입니다. 대가 끊기는 것은 곧 멸절되는 것이기 때문에 그 혈통을 이어 가는 일은 가벼울 수 없습니다. 그래서 한 번 맺은 결혼 관계는 임의로 파기할 수 없는 영속적 관계가 됩니다. 결혼한 여자는 남편의 가족과 혈연으로 맺어지지는 않았으나 그 집에 자손을 낳아 줌으로써 혈연보다 더 질긴 관계를 맺게 되는 것이 유교 사회의 특성입니다. 가

3. 부정할 수 없는 전통 / 유교 페미니즘

족은 좋으나 싫으나 가족인 것처럼, 일단 한 남자의 가족으로 영입되면 죽으나 사나 거기에 붙어 있어야 합니다. 가족 관계 밖에서는 사회적 존재가 될 수 없는 유교 사회의 특성 때문에 그렇게 되는데, 그래서 오늘날 든든한 친정은 여성에게 결혼 관계에서 상당한 협상력을 부여합니다. 이혼해도 돌아갈 가정이 있으면 이혼 결정이 좀 더 쉬울 수 있기 때문입니다.

한편 유교의 이러한 부부의 규범 때문에 유교 사회에서는 배우자가 아닌 다른 사람과 성관계를 맺는 것을 '불륜'不倫이라고 합니다. 윤리란 인간이 인간에 대해서 해야 하는 마땅한 도리인데 그 도리에서 벗어난 일을 했다는 뜻입니다. 그래서 불륜 관계의 섹스에 대해서는 불결하다, 더럽다는 말까지 쓰는데, 성스러운 영역을 침범했다고 보기 때문입니다. 인간으로서 마땅한 도리를 하는 것, 무엇보다도 남녀의 내외 규범을 지키면서 남편과 아내, 아버지와 어머니로서 도리를 다하는 것이 유교의 종교성의 기초인 만큼, 그 관계 밖의 섹스는 그러한 종교성을 침범한 더러운 행위라고 보는 것입니다. 짐승과 구분되는 섹스를 수행하지 못한 야만스러운 행위인 셈이지요. 물론 여기에서 비난받는 쪽은 남성이 아닌 여성입니다. 불륜에 대한 이러한 태도가 서구 사회라고 해서 없는 것은 아니지만, 여자의 처녀성과 정조에 특히 집착하는 한국 사회에서는 좀 유별난 면이 있습니다. 그래서 불륜에 대한 질타도 유독 여자들이 더 심하게 받고 남자의 성에 대해서는 관대한 것 또한 유교 문화의 특징입니다. 그러나 남자들 사이에서도 체통이라는 것이 있어서 자기들 나름대로 품위 유지의 규칙은 가지고 있고, 무엇보다 조강지처를 버리는 것에 대해서는 남자들 사이에서도 비난받을 일로 여겨집니다.

마지막으로 동성애에 대한 부정적 인식은 우선 남녀유별의 경계를 흐리기 때문이고 또한 부계 혈통에 이바지하는 출산 행위가 배제되어 있기 때문이라고 볼 수 있습니다. 한 가지 서구 사회와 다른 것은 일단 결혼해서 자녀를 낳은 사람이 드러나지 않게 하는 동성애에 대해서는 별다른 규제가 없다는 것입니다. 즉 서구 사회의 경우 기독교가 그것에 대해서 상당한 죄책감을 느끼게 하는 데 비하여, 유교 사회에서 더 심각한 악은 결혼하지 않는 것과 아들을 낳지 못하는 것이기 때문에 그 의무를 수행한 이후에 본인의 의향과 자원에 따라 은밀하게 취하는 파트너에 대해서는 사회적 금기는 있을지언정 기독교와 같은 죄책감이 부과되지는 않는다는 말입니다. 이것은 유교 사회가 표면적으로는 성에 대해 엄숙한 태도를 유지하면서 모든 '비정상적 성'은 다 음지에서 행해지는 특성과도 연관지어 생각해 볼 수 있습니다. 겉으로는 점잖고 뒤로는 음란한 것이 유교 사회의 성의 특성이라면, 그 음란함의 여러 가지 안에 불륜, 성희롱, 성매매, 동성애 등이 다 들어갈 수 있습니다. 이러한 '비정상적' 성을 '정상적' 성의 범주 안에 있는 결혼한 남성들이 행하는 것에 대해서 유교 사회가 비교적 관대한 것은 일단 '결혼'이라는 중대한 의무를 수행했기 때문입니다. 앞에서 인용한 소설에서도 보듯 강간

3. 부정할 수 없는 전통 / 유교 페미니즘

과 성폭력이 범죄라고 인정되기 전에는 그것 또한 남자들이 누릴 수 있는 비정상적 성의 일종이었습니다. 거기에서 여주인공의 남편은 미성년 여성이 그에 대해 품었던 동경의 마음을 이용해 강간했지만, 그것은 '남자들은 그러면서 철 든다'는 말로 쉽게 용인됩니다. 한편 오늘날 논쟁의 주제가 되는 동성연애와 동성 결혼은 그것이 음지에서 양지로 나와 자신의 존재감을 확인하려는 시도와 결부되면서 '정상적' 성의 범주로 들어가려 하기 때문에 일어나는 기존 사회와의 충돌이라 볼 수 있습니다. 이에 대해서는 마지막 장에서 좀 더 이야기하도록 하겠습니다.

이제 다음 섹션으로 넘어가기 전에 한 가지만 더 보도록 하겠습니다. 유교가 특별히 남자와 여자의 성별 관계에 종교성을 둔다고 했지만, 종교는 대체로 성에 대해 보수적일 뿐만 아니라 때로 성은 가장 집중적으로 단속하는 영역이기도 합니다. 성적 문란은 사회적 혼란의 대명사로 주로 사용되고, 성질서를 바로잡는 것을 곧 사회적 질서를 바로잡는 것으로 보는 경향은 어느 종교에나 다 있습니다. 여기에서 성질서란 단지 섹스만의 문제가 아니라 여자와 남자의 성 역할 혹은 성별 분업까지 아우르는 말입니다. 특히 근대 사회로 오면서 종교의 기능이 사회의 도덕성 유지로 축소된 만큼 도덕성과 직결되는 성 문제를 단속하는 일은 종교의 고유 기능이기도 합니다. 그래서 페미니즘 입장에서는 종교가 억압적으로 여겨질 수밖에 없습니다. 성도덕의 통제는 곧 전통적인 성 역할의 고수를 의미할 뿐만 아니라, 그 통제는 언제나 여성의 성에 대한 통제이지 남성의 성에 대한 통제로 나타나지 않기 때문입니다.

종교가 성에 대해 전반적으로 보수적이기는 하지만 그 안에도 편차가 있습니다. 근본주의 성향을 띨수록 성에 대해서 더 경직된 자세를 가지면서 엄격한 성 역할을 요구하고 그것을 어기는 것을 종교성 자체에 대한 심각한 침해로 받아들입니다. 다시 말해서 전통적인 성 역할과 성도덕의 범주를 넘는 것 자체를 신성모독으로 보는 것이지요. 이러한 근본주의는 남녀의 차이를 절대화하고 그 차이가 흐려지는 것을 큰 혼란으로 받아들입니다. 한때 보수적인 기독교인들은 유니섹스 패션마저도 하나님이 주신 남자와 여자의 차이를 침해하는 종말적 징후로 보았습니다. 이와 같은 근본주의 성향은 자기 집단의 정체성이 위협받고 있다는 위기의식에서 주로 발동되는데, 이럴 때 가장 먼저 그리고 가장 쉽게 사용되는 방법이 여성의 성을 통제함으로써 자기 집단의 순수성과 고유성을 지키려 하는 것입니다. 물론 이러한 집단의 역동에 여성들이 일방적으로 당하기만 하는 것은 아닙니다. 아시다시피 유교의 가부장제를 유지하는 데에는 시어머니들의 이해관계도 상당히 작용했습니다. 사회적 관계란 단지 남자와 여자라는 변수만으로 정해지는 것이 아니므로, 여성들이 어디에 동조하고 어떤 규범을 따르는가 하는 것을 젠더라는 변수 하나로 다 설명할 수는 없습니다. 페미니즘은 젠더라는 중요한 분석 틀을 제공한 점에서 여성의 경험을 이해하는 데에 의미

3. 부정할 수 없는 전통 / 유교 페미니즘

있는 기여를 했지만, 모든 것을 젠더 권력 관계의 문제로 환원시
킴으로써 여성들의 다양한 동기와 이해관계를 제대로 포착하지
못한 한계도 안고 있습니다. 유교 페미니즘도 이슬람 페미니즘
과 마찬가지로 세속 페미니즘의 요구를 다 수용할 수 없는 종교
적 한계를 갖고 있습니다. 그러나 뒤집어 보면 그것은 종교 전통
이 여성의 삶에서 작용하는 방식과 그것이 가지는 의미를 제대
로 이해하지 못한 페미니즘의 한계이기도 합니다. 그럼 이제 유
교 페미니즘을 살펴보도록 하겠습니다.

유교
페미니즘

이슬람 페미니즘에서 우리는 어떻게 중동 지역과 이슬람 사회가 서구로부터 반反여성적이라는 이름을 얻었고 그것이 무슬림 여성들을 이해하는 데에 어떠한 영향을 미치는지를 보았습니다. 이러한 서구와의 대립 관계는 중동 사회의 경험뿐 아니라 동아시아 사회의 경험이기도 합니다. 이슬람이 반여성적 종교로 낙인찍혔다면 유교도 마찬가지입니다. 딸자식은 가르쳐서 무엇 하느냐며 교육을 마다하는 조선의 부모들을 보면서 서양 선교사들은 한국 여성을 자기 전통 때문에 피해를 보는 불쌍한 여성들로 보았을 것입니다. 기독교를 전파하러 온 선교사들은 그 나라의 나쁜 관습이 어느 종교에서 비롯되었건 그것을 고치려 하는 데에 꺼릴 것이 없었습니다. 기독교가 구원에 필요한 종교라고 믿지 않았다면 그 멀리까지 고생하며 건너오지 않았을 것이기 때문입니다. 그러나 기독교인들이 그 관습을 고치려 할 때는 세속 페미니즘의 관점에서 고치려 하는 것이 아니라 그들이 아는 기독교 성 윤리의 틀에서 고치려 합니다. 그래서 처음에 기독교가 중국으로 전파되고 고위 관리들 가운데서 회심자들이 나오기 시작했을 때 그중에는 사랑하는 첩을 버릴 수가 없어서 기독교인이 되기를 포기한 사람도 있습니다. 기독교의 가장 기본적인 성 윤리는 일부일처제이기 때문입니다. 일본의 사상가 우치무라 간조도 기독교의 이러한 성 윤리를 높이 샀습니다. 그는 자유 결혼이니 여성 해방이니 하는 것들을 우리(일본 사람들)에게 마치 복음의 일부인 양 전파하지 말라고 했지만, 일본 남성들이 여러 명의 여자를 두는 것은 나쁜 관습으로 보았습니다. 20세기 초에는 이 정도만 바꾸어도 진보적이었고, 페미니즘과 기독교가 특별히 충돌할 이유가 없었습니다. 물론 나혜석처럼 기독교의 성 윤리 규범도 마다하고 자유연애를 주장하는 경우도 있었지만, 일반적이기보다는 예외적인 경우였습니다. 일단 그러한 자유연애를 주장하면서 여성들이 살아갈 수 있는 전반적인 여건 자체가 마련되어 있지 않았기 때문에, 인식이 있어도 행동으로 옮기기 어려운 시대였지요.

나혜석의 경우는 서양 선교사들의 영향에서 벗어나 독자적으로 한국에서 페미니스트라 불릴 수 있는 삶을 추구한 경우로 평가받기도 하지만, 한국에서 여성 교육과 계몽 운동이 기독교인들에 의해 시작되었던 만큼 한국의 여성 운동과 기독교는 밀접한 연관이 있습니다. 반드시 기독교의 이름을 걸고 여성 운동을 하지 않아도 기독교인인 경우들이 많았습니다. 그러나 1970년대 말부터 한국에서 여성학 교육이 본격적으로 시작되고 페미니즘 이론이 대거 수입되면서 기독교와 페미니즘은 점차 거리를 두게 됩니다. 그리고 서양 선교사들이 전파한 기독교 성윤리 및 젠더 규범에 대해서 비판적인 시각도 생기면서 기독교를 반 페미니스트적인 종교로 보는 경우도 생겼습니다. 다시 말해서, 서구의 세속 페미니즘과 마찬가지로 모든 종교와 거리를 두기 시작한 것이지요. 한국의 페미니스트들이 유교 페미니즘에 대해서 전반적으로 관심이 없거나 비판적인 이유는 이처럼 처음부터 기독교의 영향을 받아 여성 계몽 운동이 시작되었고 그래서 다른 종교를 옹호할 필요가 없기 때문이라는 것 하나와, 또 하나는 세속 페미니즘의 계보가 국내에서도 확립되면서 그 어느 종교도 옹호할 필요가 없게 되었기 때문입니다. 그래서 한국 사회의 일상을 지배하는 젠더 규범은 유교의 젠더 규범인데도 자유/해방주의 기독교 페미니즘 아니면 세속 페미니즘만 주요 논의 대상이 되고 있습니다. 물론 단지 한국인이기 때문에 반드시 유교 페미니즘을 수용해야 하는 것은 아니지만, 참고할 필요는 있습니다. 기독교인과 비기독교인을 막론하고 한국 여성의 경험은 유교 문화의 전통 속에서 구성되었고, 비록 혼합적인 양상이긴 하지만 지금도 구성되고 있기 때문입니다.

　　유교 페미니즘이 유교 문화권 여성들 사이에서도 크게 환영받지 못하는 이유는 무엇보다도 유교 담론의 부활과 맥을 같이 하기 때문입니다. 유교는 별도의 종교 기관이 없고 국가의 정치 체제와 밀접하게 연관된 종교로서 왕권제가 폐지되면서 사실상 그 이념 자체가 무용지물이라는 평을 받았습니다. 20세기 내내 유교는 구시대의 산물로서 중국이나 한국과 같은 나라가 제 때에 근대화를 이루지 못하게 한 원흉 취급을 받았습니다. 그러다가 20세기 말에 들어서면서 한국, 일본, 싱가포르, 중국 등 유교 문화의 영향을 받은 나라들의 경제적 성장이 눈에 띄게 나타나면서 유교 담론은 화려하게 부활했습니다. 이들 나라의 경제 성장의 동력으로서 그들의 문화적 유산인 유교를 다시 돌아보게 되고 또한 선전하게 된 것입니다. 말하자면 경제 성장과의 직접적 인과 관계는 증명할 수 없다 해도 현상적으로 나타나는 유교 사회의 업적으로서 자랑할 거리가 생긴 셈입니다. 이처럼 유교 담론이 부활하면서 유교 페미니즘도 탄력을 받게 되었습니다. 유교 페미니즘은 남성 유학자들도 옹호하는 페미니즘이라는 점에서 다른 페미니즘과 구분이 되는데, 나중에 살펴보겠지만 이러한 현상 자체가 유교라는 종교의 특성을 보여 주는 것이기도 합니다.

유교 담론의 부활에 적극적인 유학자들은 당연히 중국계 학자들이고 유교 페미니즘 담론의 경우도 마찬가지입니다. 중국은 서구 열강에 당했던 시기를 치욕의 시기로 보고 이제 경제 성장으로 인해 자신감을 회복하면서 자신들의 문화 유산인 유교를 더 적극적으로 옹호하고 서구 사회에 선전하기 시작했습니다. 기원도 중국이고, 불교나 도교 등과 혼합하면서 발전되기는 했지만, 무엇보다도 중국의 형성에 가장 지배적인 영향을 미친 전통은 유교라고 보기 때문입니다. 물론 그들은 유교를 종교로 보지는 않습니다. 그리고 중국 현지가 아닌 미국에 기반을 둔 유학자들도 모두가 유교를 종교로 보는 것은 아닙니다. 그에 대한 의견은 분분합니다. 그러나 유교가 중국인의 정체성에 매우 중요한 문화 유산이자 자원이라는 것은 인정합니다. 반면에 같은 유교 문화권인 한국이나 일본의 상황은 조금 다릅니다.

일본 사회에 유교가 상류층 일부를 넘어서 사회 전반에 영향을 미친 것은 17세기부터이고 유교의 젠더 규범도 그때부터 중요한 영향을 미쳤습니다. 그러다가 메이지 유신을 거치면서 신토와 천황제를 중심으로 일본의 정체성을 강화했고, 1930년대에는 파시스트 민족주의 체제로 들어서면서 유교 사상을 활용했습니다. 천황에 대한 충성을 강조하는 데에 이용한 것입니다. 유교가 이처럼 파시즘과 연관되었기 때문에 패전 후에는 유교에 대한 언급이 금기가 되었습니다. 그 후로 유교는 학문적인 차원에서만 조금씩 논의가 되고 대중적 지식의 차원에서나 일본 문화 혹은 사회 전반과의 연관성에 대한 언급은 회피하게 되었습니다. 그래서 실제로는 유교 문화의 양상이 많이 나타나도 일반 대중은 자기 사회의 현상을 유교와 연관해서 보지 않고, 현재의 젠더 규범도 유교 문화와 연관해서 이해하지 않습니다. 일본의 이러한 태도 때문에 동아시아 국가들 간의 비교를 통해서 유교 페미니즘에 대한 논의를 좀더 폭넓게 이어 갈 수 있는 가능성이 어느 정도 차단된 셈입니다.

한편 일본은 한국과 달리 여성의 처녀성에 대한 집착이 덜하고, 그것을 따지기 시작한 것도 서구의 일부일처제와 같은 외양을 갖추려고 했던 근대에 이르러서입니다. 또한 일본의 실용주의적 특성은 딸만 있어도 사위를 들여와 가업을 잇게 했기 때문에 한국처럼 성감별 낙태를 할 정도로 심한 남아 선호는 없습니다. 물론 그렇다고 해서 일본 여성들이 아시아에서는 드물게 성 평등을 누린다는 말은 아닙니다. 일본은 국가주의가 강한만큼, 일본식 생활 방식에 대한 옹호도 강합니다. 그래서 우리가 알고 있는 서구식 성 평등의 기준으로 일본 여성들의 삶을 평가하기가 매우 어렵습니다. 일본은 그 어떠한 종교적 정체성도 일본이라는 정체성을 능가하지 못합니다. 모든 것이 일본이라는 큰 틀 안에 흡수되는 셈입니다. 일본 여성들의 삶 또한 일본의 가치 안에서 구성됩니다. 일본에서 페미니즘이 큰 여파를 미치지 못하는 이유도 바로 그 때문입니다. 페미니즘 운동도 일본스럽게 진행된다고나 할까요. 그래서 기독교가 일본 사회에 정착하지 못한 것처럼 서구식 페미니즘도 뿌리를 내리지 못합니다.

　　유교 페미니즘 논의에 일본 사람들이 의미 있게 관여하지 않는 이유는 앞에서 말한 대로 유교 논의에 대한 금기 때문도 있지만, 페미니즘의 영향 자체가 크지 않기에 서구에 대항해서 자기 문화/종교 기반의 페미니즘 논의를 발전시킬 필요를 느끼지 못하기 때문이기도 합니다. 현재 일본 여성들은 낙태도 임신 중기까지 합법적으로 할 수 있고, 이혼도 부부가 서류 하나에 같이 도장 찍고 그냥 구청에 제출만 하면 될 정도로 쉽게 할 수 있습니다. 그리고 이미 가족 관계도 근대화 과정에서 간소화되었기 때문에 몇 대에 걸친 제사라든가 사돈의 팔촌까지 얽히는 복잡한 친족 관계가 없습니다. 법적인 평등이 이루어지고 난 후의 성 평등은 결국 문화와의 싸움인데, 일본인으로서의 정체성이 개인주의적 젠더 정체성보다 강한 만큼 그 이상의 싸움에 대한 필요를 느끼지 못할 수도 있고, 싸운다고 해도 그 방식이 일반적인 저항 운동의 방식과는 다를 수 있습니다.

일본이 유교, 불교, 신토 등을 혼합해서 국민 국가의 틀 안에서 국민을 통합할 수 있는 일본의 정신을 구성하고 그에 기반을 두고 일본의 정체성을 확고하게 다졌다면, 그러한 정체성이 확고하지 않은 한국은 유교를 자기 것으로 옹호하기도, 그렇다고 버리기도 애매한 입장입니다. 옹호하자니 한때 중국에 조공을 바치던 과거가 썩 유쾌하지 않고, 버리자니 5백년 역사가 발목을 잡고 있기 때문입니다. 이러한 애매한 위치는 한국 페미니즘 논의에도 상당한 영향을 미칩니다. 일단 주류 페미니스트들은 한국 페미니즘의 필요 자체를 인정하지 않습니다. 이 말은 한국 사회에 특유하게 나타나는 페미니즘이 없다는 말이 아니라 한국 페미니즘이라고 이름 지을 만한 이론적 논의의 필요를 인정하지 않는다는 것입니다. 한국 페미니즘을 논하려면 먼저 '한국'이라는 것이 있어야 하는데 굳이 그러한 민족주의적 틀에서 페미니즘을 논할 필요가 없다고 보는 것입니다. 그 이유는 무엇보다도 페미니즘은 세계 모든 여성을 아우르는 보편적 진리라고 보기 때문인데, 그러므로 특정 국가의 틀에서 페미니즘을 논하려는 것은 가부장제를 민족의 이름으로 포장하려는 시도일 뿐이라는 것이지요. 민족을 넘어서는 좀 더 보편적인 틀을 취하자면 결국 유교인데, 우리 것도 아닌 유교를 지금에 와서 굳이 끌어안고 있을 이유가 없다는 것이 주류 페미니즘의 입장입니다. 그래서 일본과는 또 다른 이유에서 현상적으로는 유교의 젠더 규범의 영향을 여전히 받으면서도 유교 페미니즘 논의에는 적극 참여를 하지 않습니다. 그렇다면 결국 남은 것은 서구에서 수입해 오는 페미니즘입니다.

그러나 실제로는 서구에서 수입해 오면서도 서구 것이라고 생각하지 않습니다. 방금 언급한 대로 페미니즘을 보편적 진리로 받아들이기 때문입니다. 이것은 우리가 기독교를 서양 선교사를 통해서 받았어도 (한국 가톨릭은 선교사가 파견되기 전에 중국으로 건너가 세례를 받은 이승훈에게서 시작되기는 했지만, 세계 가톨릭교회의 일원이 된 이상 서양 사제들의 지도하에 들어갈 수밖에 없었습니다) 그것이 서구 것이라 생각하지 않고 보편적 진리라고 생각하는 것과 마찬가지입니다. 페미니즘을 여성 인권의 문제라고 생각하면 보편성의 주장에 충분히 수긍할 수 있습니다. 그래서 페미니즘을 서구 것이라고 하면 페미니스트들은 그것은 여성 인권을 부인하기 위해서 하는 말이라고 합니다. 그런데 이 '인권'이라는 말은 사실 고정된 개념이 아닙니다.

예를 들어서, 일본은 세계경제포럼에서 해마다 산출하는 젠더 갭 지수에서 아주 낮은 순위를 점하고 있지만, 일본 여성들은 자신의 인권이 침해당하고 있다고 생각하지 않습니다. 젠더 갭 지수는 페미니스트들에게 매우 중요한 지수인데, 순위가 낮으면 당연히 여성 인권의 수준, 즉 성 평등의 수준도 낮다고 해석합니다. 그런데 막상 현지의 여성들은 그렇게 생각하지 않는다면, 일본 여성들이 집단적 착각 상태에 빠진 게 아닌 이상, 페미니즘이 말하는 인권의 개념이 고정된 보편적 개념이 아니라고 말할 수밖에 없습니다. 이슬람 페미니즘이나 유교 페미니즘은 그러한 인권의 개념이 보편적인 것이 아니라 서구의 가치를 중심으로 하는 서구 편향성을 가졌음을 지적하는 페미니즘입니다. 따라서 우리가 서구에서 수입하는 페미니즘은 보편적 페미니즘이 아니라 서구 페미니즘이라고 보는 게 맞습니다. 물론 단지 서구 페미니즘이라고 해서 배격할 이유는 없습니다. 기독교가 한국에서 발원한 종교가 아니어도 우리가 기독교를 믿는 데에 아무런 문제를 느끼지 못하듯, 서구 페미니즘도 도움이 되면 얼마든지 받아들일 수 있습니다. 문제는 정말로 현실적으로 도움이 되는 것을 받아들이느냐 아니면 무조건 받아들이느냐 하는 것입니다.

서구 페미니즘의 핵심은 개인입니다. 그러나 앞에서도 설명했듯 유교 사회에는 서구와 같은 개인의 개념이 없습니다. '개인'이라는 단어 자체가 19세기 말에 일본에서 한자를 조합해서 만들어야 했던 새로운 개념의 단어입니다. 개인이라는 개념이 있는 사회에서 여성도 개인으로 보아야 한다는 페미니즘을 주장하는 것은 정당하고 논리적인 순서지만, 개인의 개념이 생소한 사회에서는 먼저 개인이란 개념이 제대로 통용되고 난 후에야 페미니즘을 주장할 수 있습니다. 남성이든 여성이든 아직 개인이 아닌데 여성을 개인으로 보아야 한다고 하면 그것은 아주 중요한 중간 단계 하나를 뛰어넘은 것이거나, 아니면 맞지 않는 이론을 도입하는 것입니다. 그것이 중요한 중간 단계를 뛰어넘은 것이라면 여전히 서구의 개인주의가 기준이고 그 기준에 도달하지 못한 다른 모든 사회는 아직 덜 진보한 사회가 됩니다. 그래서 열심히 분발해서 서구의 기준에 도달하려고 노력해야 합니다. 그러나 서구가 그러한 보편의 지위를 가지고 있는 게 아니라면, 중간 단계를 뛰어넘은 것이 아니라 잘못된 이론을 도입하는 것이 됩니다. 유교 페미니즘은 이러한 후자의 입장에서, 서구 페미니즘이 아닌 유교 사회의 특성을 고려한 페미니즘이 필요하다고 주장합니다.

유교 페미니즘의 과제는 크게 두 가지로 볼 수 있습니다. 우선, 유교의 기초가 되는 남자와 여자의 유별함 혹은 남자와 여자의 젠더 경계를 얼마나 유연하게 바꿀 수 있는가 하는 것입니다. 두 번째는 성별화된 윤리가 아닌, 즉 남자와 여자에게 별도로 적용되는 윤리가 아닌, 인간으로서 여자와 남자에게 공통으로 적용되는 보편적 윤리가 유교에 있는가 하는 것입니다. 전자

의 경우, 이론적 논의보다 현실이 더욱 빨리 변했기 때문에 이론
이 새롭게 제안하는 바는 별로 없습니다. 후자의 문제에 대해서
는 제안은 있지만 얼마나 실효성이 있을지 미지수입니다. 이러
한 한계들에도 불구하고 (사실 모든 이론은 한계를 안고 있지요) 유교
페미니즘을 살펴보는 이유는 우리의 현실에 대한 이해를 넓혀
주고 그것을 기반으로 현실적인 해결책을 모색해 볼 수 있게 해
주기 때문입니다.

먼저 남자와 여자의 유별함의 경계가 현실에서 유연해진
데에는 젠더 관계 이외의 사회적 변화들도 큰 몫을 했습니다. 우
선 전반적인 생활 수준이 향상되면서 자녀 수가 적은 가정들이
늘어났습니다. 공격적인 가족계획 정책도 거기에 기여했지만,
부부들 자신이 그렇게 많은 자녀를 낳기를 바라지 않았습니다.
사회적 지위에 대한 기대치가 자녀들의 양육과 교육 비용을 높
였고 그래서 적게 낳고 좀 더 윤택한 삶을 누리는 것을 선호하는
쪽으로 삶이 바뀌었기 때문입니다. 한편 가족계획 정책은 특히
아들 선호 관습을 없애는 데에 부분적으로 기여했는데, 저희 집
안도 그랬지만 많은 가정이 아들을 낳기 위해서 자녀를 많이 낳
았기 때문에, 아들과 딸의 가치를 동등하게 여기도록 계속 캠페
인을 벌임으로써 적어도 표면적으로는 아들만 붙잡고 늘어지는
것을 시대에 뒤떨어진 관습으로 만들었습니다. 개신교도 이러한
가족계획 정책을 적극적으로 거들었습니다. 나아가서 유교 문화
는 낙태에 대해서 기독교 문화보다 관대하므로 성감별 낙태를

통해서 정말로 아들이 있어야 하는 집은 많은 자녀를 두지 않으면서도 아들 하나는 둘 수 있는 기술의 '혜택'을 받을 수 있었습니다. 이러한 기술은 여성에 대한 차별을 오히려 심화시키는 데에 사용될 수 있는 기술이지만, 한국 사회의 경우 여성들의 전반적인 지위가 높아지면서 성감별 낙태는 한때 문제가 되다가 사라졌습니다.

한편 유교 사회는 교육에 대해서 열심을 내는 특징이 있는데, 비록 여성 교육이 여성의 자립을 위해서가 아니라 서로의 지위에 걸맞은 혼처를 찾기 위한 일종의 혼수로서 이루어졌을지라도, 일단 교육을 받고 나면 여성의 협상력을 높이는 효과가 있습니다. 예를 들어, '깨인' 집안은 오히려 박사 며느리가 자랑스러울 수도 있습니다. 자기 아들이 며느리보다 조금만 더 나은 위치에 있어서 기죽지만 않는다면 잘난 며느리는 오히려 집안 전체의 번영에 도움이 되고, 자기 집안이 이렇게 여성을 높이 산다는 과시의 효과도 얻을 수 있습니다. 나아가서 어머니들 자신이 못 배운 한을 딸을 통해서 풀기를 바랐고, 그래서 딸이 결혼해서 낳은 자녀의 양육은 물론 때로는 살림까지 도맡아 해주면서 딸들의 성공을 적극 지원했습니다. 아이를 시설이나 시댁에 맡기는 것보다 친정에 맡기는 것이 더 편할 수밖에 없는 여성으로서는 친정을 가까이하게 되고 그러면서 남편들도 처가와 더 가까이 지내는 경우들이 생겼습니다. 부계 중심의 유교 문화가 실질적 지원은 친정에서 받고 시댁은 형식만 챙기는 문화로 바뀐 것입니다.

여기에서 발생하는 문제는 딸의 자유를 위해 어머니들의 지속적 희생이 불가피하다는 것인데, 유교 사회의 특성상 자식을 위한 어머니의 희생은 오히려 미덕으로 치는 만큼 이에 대해서는 페미니스트들도 마음으로는 불편해도 크게 저항하지 않습니다. 당장 자신들이 밖에서 활동하기 위해서 동원할 수 있는 자원이 어머니나 심지어 시어머니라면 거기에 기댈 수밖에 없기 때문입니다. 물론 그렇기 때문에 국가에게 믿을 수 있는 돌봄 시설을 마련해 달라고 꾸준히 요구하지만, 현재까지 누구나 만족할 만한 시스템은 정착하지 못하고 있습니다. 페미니즘은 이것을 시스템을 개선해야 할 문제로 보지만, 정말 그것이 시스템 개선의 문제인지 아니면 전반적인 문화의 문제인지는 좀 더 연구를 해보아야 합니다. 아무리 좋은 시스템도 문화적으로 수용되어 정착되지 않으면 헛바퀴만 돌 뿐입니다. 가족주의 사회의 특성상 자녀 양육을 타인에게 맡길 때 어떠한 윤리적 자원을 동원해서 신뢰의 기반을 형성할 수 있는지에 대한 고민이 필요한 지점입니다.

한편 친정의 지원을 통한 딸들의 지위 향상은 효를 아들이 아닌 딸에게서 받을 수 있다는 기대감도 높여 줍니다. 내 딸의 지위 향상은 또한 내 며느리의 지위 향상을 의미하기 때문에 내 딸이 친정과 가까운 만큼 며느리도 자기 친정과 가까울 수밖에 없습니다. 그렇게 며느리도 시댁이 아닌 자기 친정에 더 의

3. 부정할 수 없는 전통 / 유교 페미니즘

존하고 충성하게 되면 아들에게 기대할 수 있는 효가 이제는 자신의 손 안에 들어오지 않는 며느리에게 달려 있게 됩니다. 한때 '아들 낳으면 기차 타고 딸 낳으면 비행기 탄다'는 말도 유행했는데, 딸이 더 좋다면서 부쩍 더 딸을 선호하게 된 이유는 노년에 효를 기대할 수 있는 자식이 며느리 편에 가서 붙은 아들보다는 딸이 되었기 때문입니다.

가장 엄격한 유교 사회였던 한국에서 이러한 변화가 일어난 것은 남녀유별 혹은 부부유별의 유교 윤리가 무용지물이 되었다기보다는 남녀유별을 물리적으로 구현하는 내와 외의 규범이 얼마나 유연할 수 있는지를 보여 주는 것입니다. 유교 페미니즘에서는 부부의 윤리를 구별됨이 아닌 친구 사이의 윤리인 신의로 바꿀 것을 제안하는 사람도 있는데, 오륜에 나오는 다섯 쌍의 인간관계의 기본 윤리에서 친구 관계가 가장 평등한 관계이기 때문입니다. 그러나 이러한 이론적 제안이 있기 전부터 한국 사회에서는 부부 관계를 친구 관계의 연장으로 보는 경우들이 1980년대부터 있었습니다.

한국 사회의 성평등 의식은 1980년대의 민주화 운동 시기에 크게 성장했는데, 이때 여성들은 민주화 운동 참여를 곧 성평등의 필요충분조건으로 보았습니다. 즉 이미 평등하기 때문에 민주화 운동에 참여할 뿐 아니라 민주화 운동에 동등하게 참여함으로써 성 평등을 획득한다고 본 것입니다. 이 당시에 일부 여성들은 남자 선배를 오빠라고 부르지 않고 형이라고 부르면서 자신의 여성성을 부인하면서까지 성 평등에 대한 믿음을 과시하기도 했습니다. 반드시 운동권이 아니어도 대학 학과나 서클 안에서 여성 후배와 남성 선배 사이에 오빠 대신에 형이라는 호칭은 제법 흔하게 사용되었습니다. 이러한 평등 의식을 가진 대학 동료들이 결혼하면 그들은 부부라기보다는 친구 혹은 선후배 관계의 연장 선상에서 부부 관계를 맺기를 바랐습니다. 그러나 그 당시만 해도, 친구였던 사이도 결혼하면 시댁이라고 하는 넘기 힘든 산을 만나야 했고, 그래서 이혼에 이르는 경우도 많았습니다. 작가 공지영이 대표적인 경우 중 하나입니다. 공지영이 운동권에서 만난 선배와 결혼하고 나서 접한 결혼의 현실과 시댁 관계의 실상은 부부를 결국 이혼으로 이어지게 했고, 그 경험을 기반으로 대중적인 페미니스트 소설 《무소의 뿔처럼 혼자서 가라》(1993)를 집필했습니다. 이 소설은 대학생 때는 서로 동등했던 친구, 동료, 선후배 들이 결혼하면서 여자와 남자로서 극명하게 갈리는 것을 보여 줍니다.

이처럼 평등 의식을 가진 여성들은 부부 관계를 친구 혹은 동지 관계로 해석하고 그렇게 살기를 바라지만, 현실적으로 그것이 얼마나 가능한가 하는 것은 어떤 시댁에서 자란 어떤 남편을 만나느냐에 상당 부분 달려 있게 됩니다. 부부의 규범을 친구의 규범처럼 보아야 한다는 인식이 전반적으로 받아들여진다면 유교 페미니즘의 제안은 실효성이 있다고 볼 수 있습니다. 그리고 실제로 자식들의 삶에 관여하지 않고 둘이서만 잘 살면 된

3. 부정할 수 없는 전통 / 유교 페미니즘

다고 보는 부모들이 갈수록 늘어나는 추세인 만큼, 부부 관계에 있어서 평등의 문제는 유교 문화 안에서도 충분히 이룰 수 있다고 볼 수 있습니다.

그렇다면 문제는 부부로 살지 않는 싱글들, 이혼한 사람들, 그리고 동성 커플들에게 유교는 어떤 해법을 줄 수 있느냐하는 것입니다. 이 세 가지 그룹 중에서 아마도 유교가 가장 화해하기 힘든 그룹은 동성 커플의 경우일 것입니다. 그러나 이것은 비단 유교만의 문제는 아닙니다. 모든 종교는 자유/해방주의를 지지하는 경우를 제외하고 동성 커플을 종교적으로 합법적인 커플로 인정하지 않습니다. 하지만 한 가지 유교만의 해결책이 있다면 그것은 효의 문제로 푸는 것입니다. 절대로 바뀌지 않을 것 같았던 남아 선호 관습이 딸로부터 효를 기대할 수 있게되면서 바뀐 것처럼, 독신이나 이혼의 경우도 그것이 결혼을 했을 때보다 더 나은 효로 이어진다면 용납될 수 있고 현실적으로 그렇게 되고 있습니다. 제 주변에도 노모를 모시며 함께 사는 독신 여성들이 있고, 일본에서는 독신으로 사는 남성이 결혼한 형제를 대신해서 부모를 끝까지 맡는 경우도 있습니다. 이미 이주가 일상화된 현대 사회에서 결혼 여부를 막론하고 누구든 끝까지 부모 곁에 남을 수 있는 자식이 있다면 그 자식이 최고의 효를 행하는 것일 것입니다. 효가 유교 사회의 핵심 윤리인 만큼 이성애, 동성애, 한부모, 독신 등 다양한 형태의 가족을 인정하는 것은 서구식으로 개인의 권리와 자유를 기반으로 주장하지 않고 오히려 효를 기반으로 주장할 때 유교 사회에서는 더 큰 설득력을 얻을 수 있습니다.

동성 커플은 유교 사회에서는 부모에게 큰 수치가 될 수 있습니다. 그러나 그들의 효성이 이성애 커플보다 더 극진하다면 인식이 바뀔 수도 있습니다. 이것은 오히려 기독교에서 더 힘든 일입니다. 유교식의 효 개념이 기독교에는 없기 때문입니다. 그래서 아무리 극진히 효를 행해도 동성애는 죄라는 인식 때문에 좀처럼 화해할 수 없습니다. 물론 이것은 유교의 종교 문화적 특성에 기반해서 제시하는 하나의 가능성일 뿐이고, 그렇기 때문에 실제로 유교 사회가 효를 기반으로 동성 커플에 대해 공개적/공적 관용을 더 보일 것이라고 장담할 수는 없습니다. (실제로 유교 페미니즘을 주장하는 학자들도 유교와 동성애의 화해 가능성에 대해서는 다루지 않고 있고, 이것은 이슬람 페미니즘이나 복음주의 페미니즘도 마찬가지입니다.) 특히 효의 윤리는 마을 공동체가 유효하게 작동하던 시대에 가장 큰 효과가 있기 때문에 오늘날과 같은 산업화와 도시화 사회에서, 그리고 개인의 자유와 권리에 대한 기대가 그 어느 때보다 큰 시대에 과연 얼마나 큰 효과를 볼 수 있을지는 미지수입니다. 그럼에도 유교가 제시할 수 있는 최선의 해법은 효에 기반을 둘 수밖에 없습니다. 유교 사회가 공유하는 가장 기본적이고 포괄적인 개념이기 때문입니다.

유교 페미니즘이 해결해야 하는 두 번째 과제, 즉 여자와 남자에게 인간으로서 공통되게 적용할 수 있는 보편적 윤리가 있는가 하는 문제도 이 효의 윤리와 연관이 있습니다. 유교에서 말하는 인간이 구현할 수 있는 최고의 덕목인 인仁이 부모에 대해서 표현된 것이 효이기 때문입니다. 인은 어진 심성 혹은 자애로운 심성 등으로 해석이 되는데, 다른 인간에 대한 사랑의 마음과 같은 것으로서, 유교 페미니즘은 이 인의 덕목을 페미니즘에서 말하는 돌봄의 윤리와 연결하여 여성과 남성 모두가 실현할 수 있는 보편적 윤리로 삼습니다.

돌봄의 윤리란 가부장제 사회를 비판하면서 대안적으로 제시하는 페미니즘의 윤리입니다. 돌봄의 윤리는 인간의 관계성을 강조하는 윤리로서 오랜 세월 돌봄 노동을 전담해 온 여성들의 경험에서 비롯된 윤리입니다. 근대 사회는 남성의 경험에 근거해 독립적이고 자율적인 인간을 이상으로 삼았기 때문에 여성들이 맡았던 중요한 돌봄 노동을 무시했을 뿐만 아니라, 자신들이 해온 노동의 특성상 남성보다 더 관계 지향적인 여성들을 나약한 존재로 혹은 제대로 독립의 과제를 수행하지 못한 미숙한 인간으로 보았습니다. 돌봄의 윤리는 이처럼 남성의 경험을 기준으로 여성의 경험을 평가하는 관점을 수정할 필요가 있음을 주장하고, 인간은 서로가 돌봄을 필요로 하는 상호 의존적이고 관계적인 존재임을 강조합니다. 그러나 돌봄의 윤리를 옹호하는 페미니스트들은 사실 소수입니다. 가부장제의 권력 구조가 바뀌지 않은 상황에서 돌봄의 가치를 강조하면 여성들이 전통적으로 해오던 일을 제대로 보상받지 못하는 상태에서 지속하게 되고 그럼으로써 여성들의 종속을 오히려 강화한다고 보기 때문입니다. 다시 말해서, 지금까지 여성들이 어머니로서, 아내로서, 며느리로서, 딸로서 양육하고 돌보는 고귀한 일을 해왔으니 계속해서 그 일을 수행하라는 것밖에 되지 않는다는 것입니다. 그래서 돌봄 노동이 여성에게 집중되는 것을 피하기 위해 이러한 돌봄의 가치를 사회화해서 남성이든 여성이든 누구나 가져야 하는 윤리적 자질로 만들려고 하지만, 육아든 병자의 돌봄이든 실제적 돌봄 노동은 여전히 여성들이 주로 수행하고 있습니다. 그래서 페미니스트들은 돌봄의 윤리를 대안적 윤리로서 강조하기를 꺼리고 여전히 권리 중심의 정의에 더 치중합니다.

유교 페미니즘에서 인의 미덕과 연결해서 활용하고자 하는 돌봄의 윤리도 같은 딜레마를 안고 있습니다. 우선 유교 페미니즘은 유교 윤리 자체가 관계성을 기반으로 하므로 돌봄의 윤리를 주장할 수 있는 기본 바탕을 갖추었다고 봅니다. 서구 사회에서 이상적 인간은 독립적 개인이고 관계성은 여성적인 자질이라고 보지만, 유교 사회에서는 다섯 쌍의 인간관계 윤리인 오륜에서 보듯이 처음부터 인간은 관계적인 존재라고 봅니다. 유교 페미니즘은 남성 유학자들도 비교적 쉽게 동조한다고 했는데, 그 이유는 이러한 유교의 특성상 남성성을 희생하지 않으면서 인간의 관계성을 받아들일 수 있기 때문입니다. 다시 말해서, 관계성을 여성의 자질로 여기는 서구 사회와 달리 이미 인간은 관계적임을 이해하고 있으므로 자신의 남성 정체성을 그대로 유지하면서 관계성을 옹호할 수 있습니다. 유교 사회에서는 남성도 연장자를 대할 때나 윗사람을 대할 때, 혹은 아버지와 어머니를 대할 때 상대적 약자의 위치에서 예를 보여야 하는 경우들이 있기 때문에 남성이라는 요소 하나로 항상 강자의 위치에 있지는 않습니다. 유교 페미니즘은 유교의 이러한 관계성과 상호성이 페미니즘의 돌봄 윤리를 혼합하기에 매우 좋은 조건이라고 봅니다.

그러나 페미니즘의 돌봄 윤리가 안고 있는 문제가 여기에서도 동일하게 나타납니다. 우선, 관계성과 상호성이 유교 사회의 인간 모델이라고 해서 거기에 성차가 없는 것은 아닙니다. 남녀유별이 여기에서도 적용되는데 남성의 관계성과 여성의 관계성은 엄연히 다릅니다. 예를 들어서, 남성의 돌봄 혹은 남성의 효는 실제로 몸으로 하는 돌봄 노동이 아니라 돈으로 하는 돌봄 혹은 효입니다. 부모를 뵈러 가도 거기서 설거지나 청소를 하는 것도 아니고 병자 곁에서 시중을 드는 것도 아닙니다. 그러한 노동은 여전히 며느리나 딸이 하고 남자는 돈을 내밀거나 얼굴을 내미는 것으로 자신의 돌봄 노동을 대신합니다. 물론 여성들의 경제적 지위 향상은 여성들도 돈으로 효를 대신할 수 있게 해주었지만, 여성은 돈으로 하는 효와 몸으로 하는 효를 병행한다면 남성의 경우는 돈 하나에 치중되어 있습니다. 유교 사회에서 자기 아들이 앞치마 두르고 왔다 갔다 하는 것을 기쁘게 바라볼 부모는 별로 없습니다. 그러므로 유교의 관계성과 상호성에서 비롯되는 돌봄은 실제로 남성이 그 노동은 하지 않으면서 관계성을 주장하는 전시 효과만 낳을 수 있습니다. 즉 '서구는 개인주의지만 우리는 이렇게 관계적이다'라고 하면서 실제로 관계와 돌봄을 위한 몸의 노동은 하지 않는 것이지요. 통치자에게 어머니와 같은 자질을 요구한 맹자도 실제로 여성들이 몸으로 수행하는 노동 자체는 남자들이 할 만한 것이 아닌 천한 일로 보았던 것처럼, 유교 사회에서 남성은 관계성의 규범 아래 살면서도 여성들이 몸으로 하는 노동은 하지 않음으로써 자신의 젠더 정체성을 지키려 합니다. 남녀유별에 기반을 둔 내와 외의 규범이 아무리 유연하다 해도, 그 규범이 곧 남자의 남자 됨과 여자의 여자 됨을 규정하는 이상 그 규범 자체가 사라지지는 않기 때문입니다. 유교 페미니즘이 정작 유교 사회의 페미니스트들에게 별로 설득력이 없는 이유 중 하나는 남성 유학자들이 유교의 이러한 관계성의 속성을 페미니즘으로 포장해서 자신들의 자원으로 끌어다 쓰고 있기 때문이기도 합니다.

기독교는 예수 그리스도 안에서 여자와 남자는 다 같다고 말하기 때문에 젠더 정체성과 인간 정체성을 어느 정도 분리해서 이해할 수 있다면, 유교는 젠더 정체성이 곧 인간 정체성이기 때문에 남자들로 하여금 여성들이 하는 노동을 하게 만들기가 더 힘듭니다. 이전에 어머니들이 남자가 부엌에 들어가면 고추가 떨어진다고 했던 말이 농담이 아니었던 것이지요. 자기 정체성의 핵심인 성 정체성을 상실할 위기를 경험하지 않고는 여성들이 수행하는 노동에 참여하기가 힘든 것입니다. 그래서 이 젠더의 경계를 넘어가도 자신의 성 정체성을 유지할 수 있는 다른 대안이 나오지 않는 이상 남자들이 더 적극적으로 가사와 육아에 참여하게 만들기가 힘듭니다.

그런 면에서 근대적 합리성에 기반을 둔 교육에서 어느 정도 효과를 기대할 수 있습니다. 그런 식의 유교적 젠더 인식은 합리적이지 못하고 시대에 뒤떨어진 관습을 따르는 것이라는 견해가 지배적으로 자리잡게 해서 좀 더 유연하게 남자들이 여성들이 하는 일에 참여하게 하는 것입니다. 그러나 아직도 가사와 육아에 남자들의 참여가 저조한 것을 보면 그 실효성은 의문스럽습니다. 그래서 합리성이 반드시 종교성을 능가한다고 보기가 힘든 것입니다. 인간은 무엇이 옳은지를 몰라서 하지 않기보다는 알고도 하지 않는 경우가 더 많고, 그래서 기독교에서는 인간을 죄인이라고 하는 것이겠지요.

한편 외의 세계를 대표하는 남성이 내의 세계로 넘어오기가 이처럼 쉽지 않다면 여성이 외의 세계로 넘어가기도 쉽지 않습니다. 여성이 공적 사회에서 대표성을 가지려면 성별을 초월할 수 있어야 하는데 이것은 서구 사회에서도 쉽지 않습니다. 여성은 언제나 성별과 관련해서 인식되기 때문입니다. 남성은 인간으로서 보편성을 가진다고 보지만 여성은 여성이라는 성과 연관해서 보는 것이지요. 그래서 미국에서 여성 대통령이 나오기가 그렇게 힘든 것입니다. 영국처럼 신분제가 남아 있는 사회에서는 신분에 기반을 둔 원리가 작동하기 때문에 간혹 그 계급의 이해에 의해서 여성들에게 기회가 주어질 수 있다면, 오직 시민의 이념에 기댄 미국과 같은 사회에서는 여성들이 성적 중립성을 확보해 남성까지 대변할 수 있는 대표성을 가져야 하는데 그게 쉽지 않습니다. 한국에서 여성 대통령이 나올 수 있었던 것도 아버지의 유산에 기댄 것이지 그 여성 '개인'의 업적이 아닙니다. (그리고 그가 독신이 아니었다면 대통령이 되기도 힘들었을 것입니다. 유력자의 딸의 지위가 누군가의 아내의 지위와 섞여 희석되기 때문입니다.) 유교 사회는 앞에서 설명한 내외 규범의 특성상 여성이 지도자로서 대표성을 가지려면 남자 친족에 기댈 수밖에 없습니다. 그래서 딸이 아니라면 어머니가 되어야 하는데, 사실 어머니가 딸보다는 훨씬 더 안정적입니다. 유교 사회에서 자식을 둔 어머니는 성적 존재로 인식하지 않기 때문에 성으로 대변되는 여성성을 넘어설 수 있고, 이 세상에 어머니 없는 아들은 없으므로 효의 윤리에 기반해 남성들의 존경도 받을 수 있기 때입니다. 그래서 유교 페미니즘에서는 이러한 어머니의 위치를 통해서 여성들이 발휘할 수 있는 힘에 주목하기도 합니다.

유교 사회가 서구 사회처럼 공사가 분리된 사회가 아니라 공공 사회의 질서가 가족이라는 사적 영역의 질서와 유기적으로 연결된 사회라면, 어머니의 역할도 사적인 영역에 갇힌 역할이 아니라 얼마든지 공적인 역할로 해석될 수 있습니다. 그래서 덕에 기초한 가정교육을 통해 바른 시민을 길러 내는 어머니의 역할은 사적인 가정에서 수행하는 사적인 일이 아니라 공적인 시민으로서 수행하는 중요한 역할이라고 할 수 있습니다. 유교 사회는 국가를 하나의 큰 가족 공동체로 보기도 하기 때문에 이러한 어머니의 역할은 충분히 공적인 중요성을 가질 수 있고, 그 역할은 얼마든지 자기 가족의 테두리를 넘어 공동체로 확장될 수 있습니다. 그리고 실제로 그렇게 살아 온 것이 유교 사회의 특징이기도 합니다. 저도 어린 시절에는 딱히 내 집 네 집 구분 없이 드나들던 이웃들이 있었고, 어머니가 급하게 서울에 갈 일이 생길 때면 동네 아주머니들이 돌아가며 저희 자매와 할머니를 챙겨 주었습니다. 얼마 전에 뒤늦게 아들과 함께 〈응답하라 1988〉이라는 드라마를 보았는데, 거기 나오는 쌍문동 아이들처럼 그렇게 서로 오가며 지내던 시절이 실제로 있었던 것이지요. 이와 같은 공동체 의식은 여성들이 어머니로서 하는 역할에 상당 부분 기대고 있습니다. 그래서 그러한 어머니의 역할을 시민의 역할로 강조하고, 그들이 하는 차세대 양성의 역할을 중요한 시민 활동으로 봄으로써 유교의 방식으로 성 평등을 꾀할 수 있다고 유교 페미니즘은 말하는 것입니다.

그러나 오늘날처럼 많은 여성이 어머니가 되는 것 자체를 거부하는 상황에서 이러한 접근이 얼마나 효과가 있을지는 미지수입니다. 이러한 접근을 통해서 어머니 역할 자체가 보람된 일로 제시된다면 어머니가 되고자 하는 여성들이 늘어날 수 있을지도 모릅니다. 사회가 전반적으로 자녀 양육을 가치 있는 일로 여긴다면 그 일을 수행하는 여성들이 소외감을 덜 느낄 수 있겠지요. 하지만 그렇다고 해서 여성을 오직 어머니 역할로만 연관 지어 보는 전통적 시선이 계속된다면 그 일을 아무리 보람된 일로 선전해도 매력적으로 보이지 않을 것입니다. 나아가서 유교 사회는 내외 규범으로 인해서 모성의 가치도 남편이 있어야 제대로 인정을 받기 때문에 그러한 규범을 넘어서 모든 형태의 모성을 가치 있게 여길 수 있는 장치 또한 필요합니다. 남편 없이 홀로 아이를 키우는 여성에 대한 편견은 어느 사회에나 있습니다. 그러한 편견이 유교 사회에서 일어날 때 그것을 완화하거나 고칠 수 있는 자원을 유교는 가지고 있는지, 자원이 있다면 어떻게 그것을 효과적으로 시행할 수 있는지는 유교 페미니즘이 계속 안고 씨름해야 하는 문제입니다.

지금까지 한국 사회에서는 유교가 그러한 편견을 유발하는 요인이지 결코 해결책은 될 수 없다고 보았고 그래서 유교 페미니즘은 호소력이 없었습니다. 한 가지 유교 문화가 페미니즘에 도움이 되는 것이 있다면 그것은 낙태 문제일 것입니다. 한국에서 낙태는 법으로는 금지되어 있었어도 당국은 오랫동안 그 법을 시행할 의지가 없었습니다. 그래서 낙태죄 합헌 불일치 판결이 페미니즘 차원에서 특별한 성과를 얻은 것이라 보기도 힘듭니다. 이미 널리 이루어지고 있는 낙태 관습을 법이 사실대로 반영해 주는 정도의 성과는 있을지 모르겠습니다. 또한 합법화된다면 낙태가 정상적인 의료 행위의 하나로 자리잡기도 쉬울 것입니다. 그러나 낙태가 쉬워지는 게 반드시 여성의 권리 획득을 의미하는 것은 아닙니다. 오히려 피임과 임신 전반에 대한 책임이 고스란히 여성의 몫으로 넘어올 수 있습니다. 이미 한국에서는 1960년대부터 낙태가 피임 수단으로 사용될 정도로 성관계의 책임을 여성 혼자서 다 짊어졌습니다. 그리고 여아만 골라서 낙태하는 성감별 낙태도 여성들이 알아서 했습니다. 성감별 낙태는 여성에 대한 심각한 폭력 중 하나입니다. 따라서 여성들이 이러한 여성에 대한 폭력에 동참했던 한국 사회의 경험을 제대로 이해하고 대응할 필요가 있습니다.

다양한 가족에 대한 수용도 낙태가 용이하다면 그 의미가 반감될 수밖에 없습니다. 그래서 역설적이게도 낙태에 대한 정죄가 없는 유교 사회가 오히려 다양한 가족을 수용하는 데 있어서 훨씬 더 경직되어 있습니다. 낙태가 쉬운 만큼 '비정상적' 가족을 관용해야 할 이유가 별로 없기 때문입니다. "그냥 애를 지우지…" 하는 말로 대응할 뿐입니다. 낙태에 대한 입장은 한국의 세속 페미니스트나 자유/해방주의 기독교 페미니스트나 차이가 없는데, 적어도 기독교인이라면 좀 다르게 생각할 필요가 있습니다. 이에 대해서는 다음 장에서 조금 더 이야기하도록 하겠습니다.

지금까지 유교 페미니즘에서 제시하는 대안을 크게 내외 규범의 변화와 유교의 인의 윤리를 기반으로 하는 돌봄의 윤리두 가지로 살펴보았습니다. 유교 페미니즘은 이슬람 페미니즘보다 참여하는 그룹이 적고 주로 서구 사회에 기반을 둔 중국계 학자들과 일부 한국인 학자들이 참여하는 담론입니다. 그러나 유교를 자신의 유산으로 열심히 홍보하는 중국도 막상 현지에서는 유교 페미니즘 논의를 하지 않습니다. 하지만 유교를 연구하는 여성들은 늘어나고 있고 대중적으로 유교를 부흥시키는 사람들도 여성입니다. 페미니즘의 변호가 없이도 이미 여성들은 자신이 가진 문화 유산을 활용하는 방법을 터득하고 있는 셈입니다. 한국도 마찬가지입니다. 내외 규범에서는 딱히 페미니즘적 해석이 필요 없을 정도로 그 경계가 유연해졌습니다. 여기에서 더 나아가야 한다는 요구가 유교 페미니즘 너머의 자원을 기대하게 하고, 그래서 세속 페미니즘이 계속해서 유일한 대안으로 제시되고 있습니다. 그러나 페미니즘을 통해서 바꾸고자 하는 사회가 서구 사회가 아닌 한국의 유교 사회라면 그 토양에 맞는 해법이 필요합니다. 그런 면에서 유교 페미니즘은 주목할 만합니다. 특히 효과적으로 실천할 수만 있다면 돌봄의 가치에 대한 재고는 기독교인들도 충분히 공감할 수 있습니다. 오히려 세속 페미니즘의 방법론과 의제를 그대로 가져온 자유/해방주의 기독교 페미니즘보다 훨씬 더 공동체를 세우는 데에 유효하게 이바지할 것입니다.

유교 사회인 한국 사회에서 기독교가 유교화되는 것이 아니라 유교가 기독교화된다면 유교 페미니즘이 해결할 수 없는 문제들이 더러 해결될 수 있습니다. 이에 대해서는 다음 장

3. 부정할 수 없는 전통 / 유교 페미니즘

에서 자세히 살펴볼 터인데, 그 전에 마지막으로 이번 장에서는 유교와 기독교의 관계에 대해서 간략하게 살펴보도록 하겠습니다.

유교와
기독교

한국에서 처음 기독교를 받아들인 사람들은 기독교가 더 나은 유교인을 만들 거라는 기대로 받아들였습니다. 인간의 자력으로 선에 도달할 수 있다는 유교 교리의 한계를 보았기 때문입니다. 우치무라 간조의 입장도 마찬가지였습니다. 그는 교리 자체로는 어느 종교나 다 훌륭하다고 했습니다. 그러나 실제로 그것을 실천할 수 있는 힘을 주는 것은 기독교밖에 없다고 했습니다. 한국의 작가 박완서도 마찬가지입니다. 예수나 공자나 하는 이야기는 비슷한데 기독교는 기도할 수 있는 신이 있어서 좋다고 했습니다. 기독교의 중생 교리, 즉 신에 의지해 새 사람으로 탄생한다는 교리는 독특합니다. 그래서 인간의 힘으로는 효의 윤리를 제대로 실천하기 힘들더라도 신에 의지해 새 사람이 되면 가능하다는 기대를 할 수 있습니다.

한국의 첫 기독교인들(가톨릭교인들)은 제사를 폐지하지 않고도 얼마든지 기독교인이 될 수 있다고 믿었습니다. 그리고 16세기에 중국에 가톨릭이 전파될 때에도 제사는 기독교 신앙과 양립할 수 있는 것으로 보았습니다. 가톨릭교회에서 제사에 대한 논쟁은 17세기에 촉발되어 18세기까지 지속되었는데, 문제의 핵심은 제사에 종교성이 있느냐 하는 것이었습니다. 즉 제사는 신을 숭배하는 우상숭배냐 하는 것입니다. 중국에 가톨릭을 전파한 수사 마테오 리치는 제사는 우상숭배가 아니라 조상에 대한 예라고 보았고 따라서 기독교 신앙과 충돌하지 않는다고 보았습니다. 그 당시에는 제사를 허용하는 것이 오히려 기독교 전파에 유리하다고 보았는데, 17세기에 들어서면서 이 입장은 논란에 붙여졌고 결국 오랜 논쟁 끝에 제사는 기독교 신앙과 양립할 수 없다는 결정이 18세기에 내려졌습니다. 선교사 없이 시작한 한국의 가톨릭 신도들은 처음에는 제사를 포기할 이유가 없다고 보았지만, 중국 교회를 통해 로마 교회의 공식 입장을 들으면서 제사를 포기할 수밖에 없었습니다. 그 당시 조선 사회에서 제사의 포기는 곧 왕을 정점으로 하는 나라에 대한 반역과 같았기 때문에 박해는 불가피했습니다.

중국 의례 논쟁Chineses rites controversy이라고도 불리는 이 제사 논쟁이 다시 부상한 것은 20세기 초입니다. 1930년대 초입부터 일본은 충성심을 고조시키기 위해 신토 의례를 학교들을 통해서 국민의 의무로 한층 강화하고, 만주를 점령해 그곳의 현지인들을 통합하고 질서를 잡기 위한 수단으로 공자를 모시는 제사를 의무화했습니다. 일본의 이러한 방침으로 일본 가톨릭계 대학의 학생들과 중국의 가톨릭교도들은 종교적 신념과 국가에 대한 의무 사이에서 심각한 갈등을 하게 되었습니다. 그래서 가톨릭교회는 안 그래도 세계적으로 전쟁의 위기가 고조되고 있는 상황에서 가톨릭 신도들이 국가에 대한 의무와 갈등 없이 신앙생활을 할 수 있게 해줄 필요가 있다고 보고 시민의 예나 국민의 의무로서 행하는 의례들을 용인해 주기로 했습니다. 그래서 중국과 그 인근 지역으로 파송되는 선교사들이 중국 의례에 반대한다는 맹세를 해야 했던 1742년의 규정은 1939년에 공식적으로 폐기되었습니다.

제사가 한국 문화에 얼마나 중요한가를 생각할 때 이러한 가톨릭교회의 입장 변화는 더 많은 신도를 얻을 수 있는 길이 되었을 수도 있었을 것입니다. 그러나 제사를 관용하지 않는 개신교만큼 한국에서 신자를 얻지 못한 이유로는 19세기 말부터 일본에 저항하기 위해 택했던 친미/친개신교 성향, 개신교가 가톨릭보다 앞서 근대 교육을 장악한 것, 그리고 독립 이후 더 돈독해질 수밖에 없었던 한국과 미국의 정치적 관계 등이 있지만, 한국 정서에는 아무래도 익숙지 않은 가톨릭의 독신 사제 제도도 한몫했다고 볼 수 있습니다. 사실 제사 문제는 개신교의 경우 예배 형식으로 대체되면서 미신의 요소는 배제하면서도 조상에 대한 예는 갖출 수 있는 길이 마련되었기 때문에 어느 정도 갈등의 시기를 지나고 나서는 무리 없이 소화할 수 있었습니다. 또한 조상에 대한 예도 가족이 받는 복과 연결되어 있었던 만큼 서구 문물과 근대화라는 배경과 함께 들어온 이 새로운 신이 더 많은 풍요를 약속한다면 제사 의식을 바꾸는 것은 큰 문제가 되지 않을 수 있습니다. 하지만 제사는 예배로 대체할 수 있어도 성에 대한 인식은 쉽게 바뀌지 않았습니다.

저희 집안도 친할머니가 교회에서 전도 부인을 하실 정도로 신앙에 열심을 내셨지만, 외아들을 둔 어머니로서 첫 손주인 제가 아들이 아닌 딸인 것에 적잖은 실망을 드러내셨습니다. 사실 제가 태어난 날 병원에서 저를 보고 집에 돌아가다 뇌출혈로 쓰러지셨는데, 그대로 일어나지 못하고 11년을 누워 계시다가 돌아가셨습니다. 그래서 저는 어려서부터 할머니가 제가 딸인 것에 충격을 받아 쓰러지신 거라는 이야기를 들으며 자랐습니다. 이야기의 사실관계야 영원히 알 수 없겠지만 이러한 이야기가 말도 안 되는 기괴한 이야기로 받아들여지지 않고 그럴 수 있다고 수긍되는 분위기라는 것 자체가 유교 사회의 종교성이 어디에 있는지를 잘 보여 줍니다. 말하자면 조상에게 예를 표하는 방식은 바뀌어도 남자와 여자가 할 일은 바뀌지 않는다는 신념입니다. 오늘날에는 제사를 가능한 한 며느리에게 물려주지 않으려 하고 모든 것을 간소하게 하려는 가족들이 늘어나면서 제사 자체의 의미도 희석되고 있습니다. 그렇다고 유교 관습이 사라지는 것이라고 보기는 힘듭니다. 자손이 잘되는 것이 제사의 중요한 의미 중 하나인 만큼, 제사를 없애거나 줄이는 것도 결국 자손이 잘되는 방향으로의 결정이기 때문입니다. 제사 때문에 아들 부부가 갈등하거나 힘들어하는 것을 보느니 그냥 없애고 편안하게 잘 살기를 바라는 것이지요.

이처럼 기독교가 처음 전파되면서 유교와 충돌했던 부분이 제사 문제였고 그로 인해 박해까지 받았던 18세기를 생각하면 제사에 대한 오늘날의 전반적인 인식과 태도의 변화는 더 이상 유교가 기독교인의 삶에 개입할 여지가 없는 것처럼 비추어집니다. 즉 유교 문제는 다 해결되었고 기독교는 기독교의 문제를 안고 있다고 보기가 쉽습니다. 그러나 지금까지 살펴본 바에 의하면 그렇지 않다는 것을 알 수 있습니다. 일부다처제가 일상적 관습이던 사회에 일부일처제가 정착되고, 아들에 별나게 집착했던 사회가 딸에게서 기대하는 효를 더 가치 있게 여길 만큼 변한 것은 유교 사회가 보여 줄 수 있는 긍정적인 변화입니다. 기독교가 한국 사회에 들어와서 한 역할은 바로 이러한 정도로까지 유교의 젠더 관계를 변화시키는 데에 기여한 것입니다. 물론 반드시 기독교 때문에만 가능했던 일은 아닙니다. 유교의 발원지인 중국은 공산주의를 통해서 오히려 한국보다 더 성 평등한 사회를 만들었습니다. (하지만 자본주의 경제를 도입하면서는 성 격차가 더 벌어지고 있습니다.) 그러나 한국 사회의 경우는 기독교가 기여한 바가 큽니다. 기독교의 영향을 받아 여성 계몽 운동과 교육 운동이 시작되었고, 일부일처제의 근대 가족 모델이 소개되었기 때문입니다. 그러나 페미니즘은 이 근대 가족의 모델을 비판하기 때문에, 기독교가 가져온 변화를 긍정적으로 보기보다는 비판적으로 봅니다. 성 해방에 오히려 방해가 되었다고 보는 것이지요. 그래서 자유/해방주의 기독교 페미니즘도 한국 기독교는 기독교가 아니고 아직도 유교라며 비판합니다. 하지만, 이제 기독교와 유교는 무관하다고 보는 것만큼이나, 현재의 기독교를 유교라고 비판하는 것도 문제가 있습니다.

그 이유를 설명하자면, 두 문화가 만나 새로운 혼합체를 만들어 낼 때는 그것이 적절하게 섞이는 형식으로 나타나지 않고 자신이 원래 나고 자란 문화가 심층 구조로 남아 있는 상태에서 새로운 문화가 얹히는 양상으로 나타나기 때문입니다. 언어학에서는 이것을 혼성화creolization라고 하는데, 토착 언어의 내적 구조인 문법 구조가 그대로 유지되는 상태에서 새로운 언어가 그 위에 흐릿하게 어휘로 덮인다는 이론입니다. 이것은 프랑스 식민지였던 서아프리카 지역에서 프랑스어와 서아프리카 언어가 혼합되는 방식을 연구한 결과로 얻은 이론인데, 인류학자들과 문화역사학자들은 이 이론을 두 문화가 만나는 식민지의 문화적 변용에 대한 연구에도 적용해서 같은 결론을 얻었습니다. 나아가서 종교의 개종에도 같은 현상이 나타나는 것이 확인되었습니다. 예를 들어서 미국 자유주의 개신교 백인이 불교로 개종하면 그는 자신의 심층 구조인 자유주의 개신교의 문법 구조는 그대로 유지한 채 그 위에 불교의 어휘를 얇게 덮어쓰는 문화적 혼성을 나타낸다는 것입니다. 서구 백인들이 불교에 매력을 느끼는 이유는 기독교가 현상적으로 보여 주는 배타성과 이원론에 대한 거부감 때문인데, 이들은 서구인 특유의 개인주의와 진보에 대한 믿음은 그대로 유지하는 상태에서 선과 악을 분명하게 구분하지 않는 불교에서 심리적 위안을 받으려 하는 경우가 많습니다. 또한, 불교가 유교처럼 상대에 대한 예를 통해서 이루는 인간 완성이 아닌, 개인의 깨달음을 통한 인간 완성(해탈)을 주장하는 것도 서구인에게는 매력적일 것입니다. 그러나 불교의 몰아를 제대로 이해했다기보다는 자기에 대한 인식, 즉 개인성에 대한 인식은 여전히 가진 상태에서 자기 마음의 갈등을 해소하기 위한 심리적 도구로 활용하는 경우가 많습니다. 그러한 식으로 서구인 특유의 불교도가 탄생하는 것입니다.

이러한 혼성화의 이론을 기독교로 개종한 유교인의 경우에 적용해 본다면, 그들은 유교의 문법 구조를 심층 구조로 보유한 상태에서 기독교의 어휘를 위에 가볍게 덮어쓰고 있는 것이라고 볼 수 있습니다. 하지만 그렇다고 해서 이들이 기독교인이 아닌 것은 아닙니다. 기독교의 입교 절차를 밟고 기독교의 전례를 따른다면 이들은 기독교인입니다. 그러나 그 신앙은 유교라는 심층 구조 위에 덮어쓴 기독교 신앙입니다. 그래서 서구 기독교인과는 또 다른 모습을 나타냅니다. 제가 확실하게 기독교인 정체성을 가지고 있고 그 가치에 기반을 두고 행동을 해도 미국의 백인 친구가 저를 볼 때 기독교인의 특성보다 유교인의 특성을 더 보는 것은 제가 가지고 있는 심층 구조 때문입니다. 제가 아무리 해외 생활을 오래 해도, 그리고 아무리 제가 3대째 기독교를 믿는 집안의 후손이라 하더라도 저는 유교 사회에서 태어나고 자랐기 때문에 유교의 문법을 심층 구조로 가지고 있습니다. 이민자의 경우 2세쯤 되면 자기 태생의 문화적 문법이 많이 지워지지만, 1.5세만 해도 여전히 자신이 물려받은 문화의 문법을 심층 구조로 제법 분명하게 간직하고 있습니다. 여러 이민자들이 사는 미국의 경우를 보면, 이들이 공통으로 보여 주는 미국인 특유의 성격들이 있지만, 동시에 미국에 이민 오기 전 자기 선대들의 출신 지역과 인종의 특성도 여전히 가지고 있습니다. 그래서 북유럽 출신 이민자, 이탈리아 출신 이민자, 아일랜드 출신 이민자, 남미 출신 이민자, 아시아 출신 이민자들이 다 다릅니다.

　　이러한 혼성의 정도는 자신이 주로 교류하는 집단, 자신이 국민 국가 교육을 받은 나라, 배우자의 국적과 문화적 배경, 자신이 정착해서 사는 나라 등에 따라서 다 다르게 나타날 것입니다. 저도 어린 시절 영국으로 갔을 때 거기를 떠나지 않고 계속 살았다면 유교의 문법 구조를 지니고 있다 해도 지금보다는 덜 유교적이었을 수 있습니다. 이러한 혼성화는 혼성을 구성하는 두 가지 요소와는 다른 일종의 새로운 구성물을 만들어 내는데, 그 어디에도 완전히 속하지 않으면서도 자신이 물려받은 문화적 문법은 제법 끈질기게 보유하는 속성이 있습니다. 그러므로 우리는 기독교인으로 살더라도 우리가 조상으로부터 물려받은 유교 문법과 무관하다고 볼 수 없습니다. 처음에 우리 조상들이 기독교를 받아들일 때 그것을 통해서 더 나은 유교인이 될 수 있다는 생각을 했다는 것을 기억할 필요가 있습니다. 서구인은 서구인의 방식으로 기독교인으로 산다면, 우리는 우리의 방식으로 기독교인으로 삽니다.

이러한 특성 때문에 한국 복음주의 기독교는 유교 페미니즘이나 서구 복음주의 페미니즘이 아닌 다른 접근이 필요할 수밖에 없습니다. 마지막 장에서는 그 이야기를 해보도록 하겠습니다.

제 4 강

한국 복음주의 페미니즘은

어디로?

한국적 친밀성과
여성

　　자유/해방주의 기독교 페미니즘은 1970년대부터 한국에 영향을 미쳤지만, 한국 교회에 제대로 정착하지 못했습니다. 1980년대에 복음주의 운동이 크게 일어날 때는 복음주의 페미니즘 관점의 책이 더러 번역되어 소개되었지만 그것 역시 한국 교회에 별 영향을 미치지 못했습니다. 여성의 삶을 다루는 문제는 매우 구체적이고 육체적인 영역의 문제를 다루는 일이기 때문입니다.

　　우리는 태어난 아이를 싸고 업고 하는 문화에서 자랐습니다. 서양 사람들은 갓난아이일 때는 눕히는 유모차에, 앉을 만하면 앉는 유모차에 앉혀 키우고, 침대 생활을 하는 특성상 아이는 어려서부터 따로 잡니다. 한국에서도 요즘은 모두가 유모차를 쓰지만, 저만 해도 아이가 어릴 때는 자주 포대기로 들쳐 업고 집안일을 했습니다. 그게 편하기도 했지만, 그렇게 제 등에 업힌 아이의 느낌도 좋았습니다. 그리고 제가 미국으로 공부를 하러 갈 때까지 아이는 저희 부부와 함께 잤습니다. 제 친구 한

명은 한국인-영국인 부부의 가정에 입양되어 자란 한국인 여성인데, 나중에 결혼해서 아이를 낳아 침대에서 데리고 잤습니다. 그걸 보고 영국인이었던 엄마는 따로 재우라고 계속 조언을 했지만 제 친구는 계속 데리고 잤습니다. 요즘 젊은 부부들은 아이 양육 방법에서 서구식과 한국식을 적절하게 혼합하는 것 같습니다만, 아이를 데리고 자는 부부는 아직도 많습니다. 이러한 양육 방식은 단지 아이를 어떻게 키우느냐의 문제가 아니라 부부란 무엇이며, 부부는 서로 어떠한 관계를 맺으며, 그것이 남자와 여자로서 가지는 의미는 무엇인가 하는 것들과 서로 밀접하게 연결되어 있습니다. 여성의 삶을 다룬다는 것은 바로 이 영역의 문제를 다루는 것입니다. 그러므로 이념적인 페미니즘은 여성들의 실제 삶과 겉돌 때가 많습니다. 그리고 그렇기 때문에 복음주의 페미니즘은 한국 교회에도 그렇지만 미국 교회에서도 별로 영향을 미치지 못합니다. 우리가 기독교인으로 산다는 것은 결국 이 세상의 현실 속에서 어떤 사람으로 사느냐의 문제이지 어떤 정치적 이념을 따르느냐의 문제가 아니기 때문입니다. 그런데 어떤 사람이 되느냐 하는 것은 자기를 구성하는 여러 사람들과의 관계 속에서 이루어집니다. 그 관계에서 매우 중요한 것이 남자와 여자로서 맺는 관계인데 한국 문화와 서구 문화는 그 방식이 다릅니다.

사람은 자기 혼자서 자기를 알아 가지 않고 나를 반추할 수 있는 대상과의 관계 속에서 자기를 알아 갑니다. 우리가 태어나서 맨 먼저 그 관계를 맺는 사람이 어머니입니다. 그런데 이 어머니와 관계를 맺는 방식은 어머니가 자란 문화의 방식에 따라 다릅니다. 서구에서 아이는 기본적으로 부부 관계를 방해하지 않는 방식으로 양육됩니다. 어린아이를 키우는 부모들도 부부만의 관계를 위해서 따로 시간을 내고 그렇게 둘만의 시간을 가지는 것을 매우 중요하게 생각합니다. 그러나 한국의 부모들은 아이가 생기는 순간 모든 것이 아이 중심이 됩니다. 특히 엄마와 아이가 하나의 쌍을 이룹니다. 서구 문화에서는 이러한 엄마와 아이의 쌍이 애착 형성 기간이 지나면 분리되어야 한다고 보고 이 분리가 잘 이루어지지 않는 것을 병리적으로 봅니다. 그러나 한국 문화에서는 효라는 개념이 있어서 이러한 분리를 필연적 과정으로 보지 않습니다. 특히 아들이 있어야 외의 세계에서 존재감을 가질 수 있기 때문에 오히려 오랫동안 아들을 끼고 있으려는 엄마들이 많습니다. 서구의 이론을 들여오면서 우리도 애착과 분리 등의 개념들을 이해하고 그렇게 키워 보려고 노력해 왔지만, 오랜 세월 동안 형성된 문화적 구조는 한 개인의 노력으로 좌지우지할 수 있는 것이 아닙니다. 심리 치료에서도 한 개인의 생애에서 습득한 행동 패턴을 바꾸는 것은 힘들고 오랜 시간과 노력이 필요한 일이라고 말합니다. 한 개인의 짧은 생애에 걸쳐 습득한 패턴도 바꾸기가 그렇게 힘들다면, 몇 천 년에 걸쳐 함께 살아온 사람들이 택한 생활 양식과 세계관을 바꾸는 것은 정말 신의 영역의 일이라고밖에 할 수 없습니다. 그래서 서구의 이론을 아무리 배우고 가르쳐도 한국 사회에서 오랫동안 효의 윤리로 구성된 엄마와 아들의 관계를 서구의 애착 이론으로 다 설명하거나 해결하기가 힘듭니다.

오늘날에는 유아 초기의 애착 형성에 있어서 일차적 돌봄 행위를 하는 사람이 반드시 엄마일 필요는 없다고 말합니다. 그래서 아이의 일차적 돌봄을 담당하는 사람을 당연히 엄마로 지칭하지 않고 일차적 돌보미primary care-giver라는 표현을 씁니다. 이러한 견해는 역사적으로도 설득력이 있습니다. 옛날 상류층 여성들은 아이를 유모가 키웠지 자신이 키우지 않았습니다. 그리고 기층 여성들은 아이만 붙잡고 있을 만큼 한가하지 않았습니다. 따라서 아이를 일차적으로 돌보는 사람이 반드시 엄마인 것도 아니었고 그럴 필요도 없습니다. 이러한 견해에 있어서 현대 사회와 전통 사회의 차이가 있다면 일차적으로 아이를 돌보는 사람이 심지어 여자일 필요도 없다는 것입니다. 그러나 현실적으로는 여전히 엄마가 아이를 돌보게 되는 경우들이 많습니다. 한국의 경우 엄마 아니면 할머니가 되겠지요. 페미니즘의 싸움은 엄마는 여자에게 운명이 아니며 일차적 임무도 아니므로 엄마-아이의 본질적 고리를 끊고 엄마를 독립적 개인으로 보아야 한다는 싸움입니다. 그러나 아이를 일단 낳으면 본인이 원하건 원하지 않건 엄마가 되고, 자신이 어떻게 이 엄마라는 임무를 수행할 것인가를 놓고 여성들은 여러 선택지 앞에 서게 됩니다. 물론 그 선택지 이전에 엄마가 될 것인지 말 것인지를 정하는 선택이 먼저 있어야 하고 그것이 진정한 선택의 문제가 되기 위해서 페미니즘은 여성에게 낙태의 권리가 필요하다고 말하는 것입니다. 그러나 인간의 모든 일이 그렇듯, 이런 결정들은 자신의 신념이나 이념에 따라 깔끔하게 정리되지 않습니다. 오히려 자신의 신념이나 이념을 타협하게 만드는 것이 바로 사랑이라고 하는 매우 복잡하고 골치 아픈, 우리를 울리기도 하고 웃기기도 하고 심지어 미치게도 하는 감정과 헌신의 복합적 무엇입니다.

서구에서는 아이가 일차적 돌보미와 분리를 하면 가족 안에서 그리고 또래 집단과 학교 안에서 여러 관계를 맺으면서 성장합니다. 그리고 내가 누구인가를 본격적으로 알아 가기 시작하는 청소년기 무렵부터 중요한 것이, 내가 어떤 상대를 만나 친밀한 관계를 맺느냐 하는 것입니다. 여기에서 친밀한 관계는 육체적 관계도 포함합니다. 자식이 부모와 독립이 이루어지기 시작하는 결정적 시기는 자식이 성적으로 활발해지는sexually active 시기입니다. 성생활을 한다는 것은 자기 몸을 책임질 줄 안다는 것입니다. 서구에서 이루어지는 성교육은 일정한 나이가 되면 누구나 성생활을 한다는 전제하에서 책임 있는 성생활을 하도록 가르치기 위해서 하는 성교육입니다. 서구 사회의 일반적 견해는 특별한 종교적 신념이나 질병을 앓고 있지 않은 한 섹스는 성인이면 자유롭게 할 수 있다는 것입니다. 물론 진지하게 사귀는 관계이거나 결혼을 한 사람들은 배타적인 성관계를 한다는 규칙이 있지만, 그런 관계에 있지 않은 다른 사람의 성생활은 누구도 상관할 일이 아닙니다.

　누군가와 친밀한 관계를 맺는다는 것은 그 대상과의 관계에서 자기 자신을 알아 가는 과정이기도 합니다. 반드시 섹스를 하는 파트너가 아니어도 우리는 좋은 친구들과 맺는 관계를 통해서도 자신을 알아 갈 수 있습니다. 그러나 친밀한 지식이란 그런 관계를 넘어서 몸을 아는 관계 속에서 형성됩니다. 서구 사회에서는 이러한 친밀한 파트너의 존재가 매우 중요합니다. 인간 사회를 덮는 '신성한 덮개'가 사라진 개인주의 사회에서는 이 친밀한 파트너의 존재가 바로 이 세계 속에서 나의 존재를 확인해 주는 유일한 끈과도 같기 때문입니다. 그래서 수녀나 신부가 된다거나 다른 종교적 신념이 있는 것이 아니라면, 배우자든 이성 애인이든 동성 애인이든 친밀한 파트너를 두는 것이 심지어 자식을 두는 것보다 더 중요합니다. 서구 사회에서 자식은 효로 붙잡아 두는 존재가 아니라 떠나 보내는 존재이기 때문입니다. 물론 서구 사회라고 해서 자식에게 집착하거나 간섭하는 부모가 없는 것도 아니고 누구나 성공적으로 독립의 과제를 수행하는 것도 아닙니다. 그러나 그렇게 해야 한다는 당위가 있으므로 그것을 목표로 양육하고 교육을 하고, 성인이 되어서도 그 과제를 제대로 수행하지 못하는 사람들을 위해서 심리 치료를 합니다. 또한, 커플 중심의 사회인 만큼 이러한 독립의 과제와 동시에 요구되는 것이 자신의 '의미 있는 상대significant other'와 친밀한 관계를 맺는 능력인데, 많은 성인이 바로 이 과제가 어려워서 심리 치료사를 찾기도 합니다.

한국 사회의 경우는 다릅니다. 한국은 의미 있는 자기를 구성하는 대상이 부부나 커플의 쌍dyad이 아닙니다. 앞 장에서도 살펴보았듯이 다섯 가지 인간관계의 쌍에서 부부 관계는 친밀함의 관계가 아니라 유별함의 관계입니다. 오히려 '친'의 관계는 부자유친에서 보듯이 아버지와 아들 관계의 덕목입니다. 이러한 전통적인 남녀의 관계에 서구의 커플 개념이 들어오면서 오늘날에는 한국에서도 커플 관계가 의미 있는 자기 구성의 관계로 자리잡은 듯한 양상을 보여 주지만, 여전히 효의 고리가 강하기 때문에 부부/커플 사이에 개입하는 다른 관계들이 많습니다. 그래서 자기 정체성이 중요하게 형성되는 시기에 만나는 파트너와의 섹스가 상대와 나를 알아 가는 친밀함의 방식으로 여겨지기가 힘듭니다.

유교 문화는 구별됨의 예를 지키면서 섹스하는 것이 인간 됨과 비인간 됨의 기준이기 때문에, 섹스 자체가 공개적인 장에서 점잖게 논의되기가 힘듭니다. 구별되는 섹스를 한다는 것은 짐승처럼 아무 데서나, 아무렇게나 섹스를 하지 않는다는 것입니다. 그래서 섹스 이야기 자체도 음성화되는데, 음성화되는 것이 낳는 부작용 때문에 그것을 공개적으로 논의하려고 하면 어딘지 모르게 어색해집니다. 서양 사람이라고 해서 아무 데서나 아무렇지 않게 섹스 이야기를 하지는 않습니다. 그러나 어딘지 모르게 부끄럽고 은밀한 느낌을 주지 않으면서 수업 시간에도 섹스에 대해 논할 수 있습니다. 서구의 자유주의 역사가 섹스를 공적으로 논의할 수 있는 주제로 만들었기 때문입니다. 그러나 한국 사회에서는 그 이야기를 하는 것 자체가 매우 조심스럽습니다. 그래서 섹스를 친밀성의 한 차원에서 이해하기보다는 자녀 출산을 위한 것 아니면 욕구 해소의 차원으로 이원화해서 이해합니다. 물론 욕구 해소의 차원은 주로 남성들이 누리는 혜택입니다. 1990년대만 해도 임신한 아내들이 아예 남편이 밖에서 자고 오게 돈을 쥐어 주는 경우도 있었는데, 자신이 섹스를 하고 싶지 않거나 할 수 없으니까 남편의 욕구 해소를 위해서 그렇게라도 해주어야 한다고 생각했기 때문입니다. 이렇게 아내랑 집에서 하는 섹스와 밖에서 하는 섹스를 구분해서 이해하고 아내 자신이 그것을 용납하는 것은 유교 사회에서나 가능한 것이고 서구 사회에서는 이해할 수 없는 태도입니다. 이미 성관계를 맺는 '의미 있는 상대'를 둔 사람이 그 사람과 섹스를 하지 않고 다른 데서 돈을 주고 섹스를 한다는 것은 매우 비정상적인 행위입니다. 그러나 유교 사회에서 그것이 그렇게 이상하게 보이지 않았던 이유는 부부 사이의 친밀함의 의미가 다르기 때문입니다. 다시 말해서, 한국 사회에서 부부를 유지해 주는 것은 두 사람의 친밀한 관계가 아니라 두 사람의 구별된 역할이 이루는 가족이기 때문에, 부부 사이의 성 문제는 부부 관계 유지에 본질적이지 않다고 보는 것입니다. 물론 이것은 규범이기 때문에 실제로 일어나는 일들과는 차이가 있습니다. 부부 금실이라든가 궁합이라든가 하는 말은 부부 사이에도 섹스가 중요하다는 것을 암시적으로 이야기하는 방식입니다. 그러나 그러한 이야기들은 '음담패설'의 영역에서 은밀하게 나누는 이야기이지 점잖은 사람이 점잖은 자리에서 입에 올릴 이야기는 아니라고 인식합니다.

이성애자 사이의 섹스는 자신의 남자 됨과 여자 됨을 이해하고 확인하는 중요한 행위입니다. 그러나 남자와 여자가 커플로서 대등하게 만나지 않고 가족이라는 테두리 안에서 유별함의 관계로 만나 왔던 전통은 남자 됨과 여자 됨의 의미를 매우 다르게 구성했습니다. 그래서 한국의 부부들은 남자 개인과 여자 개인으로서 상대를 알아 가는 매개로써 친밀감 있는 섹스라는 개념을 잘 이해하지 못하는 상태에서 결혼하는 경우가 많습니다. 적어도 제 세대에서는 그랬습니다. 유교 사회에서 남자 됨은 곧 아버지와 아들 됨이고 여자 됨은 어머니와 며느리 됨이기 때문에, 부부가 자식을 가지는 게 중요하지 섹스를 하는 게 중요하지 않습니다. 그래서 옛날 분들은 자식을 둔 부부가 이혼하는 것을 잘 이해하지 못했습니다. 유교 사회에서는 성생활에 있어서 남자들은 정절을 지킬 의무가 없기 때문에 자식을 낳는 섹스를 했으면 그다음에는 밖에서 무슨 섹스를 하든 제재를 받지 않습니다. 여자들은 적어도 가임기 동안 섹스는 늘 임신의 가능성을 안고 있기 때문에라도 정절을 지키게 되고, 일단 자식, 특히 아들만 있으면 그 아들에게 모든 에너지를 쏟으면서 가정을 지킵니다. 그러다가 나이 먹고 '철들어' 집으로 돌아오는 남편이랑 그냥 그렇게 살아가는 게 부부라고 옛날 분들은 생각했습니다. 남편이 제때 돈 가져다주고, 술, 담배, 노름으로 가산 탕진하지 않고, 밖에서 자식 만들어 오지 않고, 행패만 부리지 않으면 그럭저럭 살 만한 관계라고 생각했을 것입니다. 그나마 그런 남편도 만나기 힘든 시대가 있었습니다.

지금 한국 교회의 여성들이 친밀성과 성애의 대상으로 상대해야 하는 남성들은 그러한 전통과 역사를 가진 사회에서 아들로 키워진 남성들입니다. 그리고 한국 여성 자신도 그러한 전통과 역사를 가진 사회에서 딸로 키워졌습니다. 우리가 기독교인이 될 때는 이 전통과 역사를 고스란히 안고 기독교인이 된다는 것을 이해하는 것이 매우 중요합니다. 그리고 한국 복음주의 안에서 페미니즘을 논의하고자 할 때도 이것을 이해하는 것이 매우 중요합니다. 페미니즘이 '페미나*femina*', 즉 여자에 대한 것이라면, 우선 한국 여자의 몸을 가지고 한국 여자로서 산다는 것이 어떤 것인지를 이해해야 하고, 그 여자는 어떠한 종교 문화적 규범과 관습과 토양에서 여자로 구성되었는지를 이해해야 비로소 이 여자들이 지금 기독교인으로 살면서 직면하는 문제들이 정확히 무엇이고, 어떻게 해결해 나갈 수 있는지를 구체적이고 현실적으로 다룰 수 있습니다.

그러한 구체적인 논의에 들어가기 앞서서 한국 복음주의 페미니즘이라는 것을 이야기할 수 있다면 그것이 고려해야 하는 것은 무엇인지에 대해서 먼저 짚고 가려고 합니다. 그러기 위해서 우선 한국의 자유/해방주의 기독교 페미니즘의 실천에 대해 간략하게 정리하고 나서 한국 복음주의 페미니즘은 그 페미니즘과 어떠한 차이를 가질 수 있기를 기대하는지 살펴보도록 하겠습니다.

자유/해방주의 기독교 페미니즘은 크게 두 가지 노선이 있습니다. 하나는 서구의 노선을 그대로 따르면서 서구 자유주의 기독교 페미니즘의 의제를 그대로 한국 교회로 가져오는 것입니다. 그래서 앞에서 설명한 한국의 종교 문화적 기반을 무시하고 여성 안수, 낙태, 동성 결혼 이슈를 그대로 한국교회에 가져옵니다. 이미 서구의 자유주의 기독교가 그 노선을 걷고 있으므로 자신들은 기독교의 정통성을 잃지 않으면서 오히려 진보적인 실천을 하고 있다는 인상을 줄 수 있습니다. 그리고 그 실천의 장은 정치적 장입니다. 페미니즘의 핵심이 권력 관계이고 이러한 권력의 문제가 표면화되는 장이 정치의 장이기 때문입니다. 한편 이들의 정통성의 기반은 성경이 아니라 진보 이슈이기 때문에 일반 사회의 진보 이슈를 그대로 교회의 이슈로 받아들이고, 그러한 진보적인 이슈에 저항하는 보수적인 교회들을 타자 삼아 공격하면서 자신의 입지를 다지고 우월성을 입증하려 합니다. 이 말은 성경을 바탕으로 자신의 주장을 펼치지 않는다는 말이 아니라, 진보 이슈의 관점에 맞게 성경을 해석해서 이용한다는 말입니다. 진보들은 보수가 성경을 증거 본문proof text 인용식으로 맥락 없이 이용해서 자기 말을 정당화한다고 공격하지만, 진보들이 자기 신념을 위해서 취하는 방식도 다르지 않습니다. 복잡한 비평 이론을 도입해서 고차원적으로 들리게 할 뿐, 결국 기독교는 성경에 근거를 두지 않으면 설득력이 없다는 것을 알기 때문입니다. 그러나 성경을 이용하기는 해도 이들의 입장이 옳다고 증명해 주는 것은 사회의 진보들이지 성경이 아닙니다. 그래서 진보들이, 교회에 답답한 사람들만 있는 줄 알았더니 너희들 같은 사람들도 있구나, 하고 인정해 주면 그걸로 흡족해합니다. 그래서 그들과 연합해서 기독교를 비판하고 기성 교회를 공격합니다. 또한 이러한 입장에 있을수록 한국 교회를 기독교로 보기보다는 유교나 샤머니즘의 한 유형으로 보기가 쉽습니다. 이들에게 기독교의 정통성은 진보성에 있기 때문입니다.

또 하나의 노선은 기독교의 정통성을 아예 포기하고 정말로 한국 여성들의 경험을 기반으로 새로운 종교를 구성하는 것입니다. 이 경우 기준은 한국 여성의 경험과 그들에게 힘을 줄 수 있는 종교적 자원이기 때문에 정통 기독교에 집착하지 않습니다. 한국 사회에서 불교와 샤머니즘은 여성들에게 오랫동안 힘의 자원이 되어 왔기 때문에 그러한 요소들을 많이 의지합니다. 그리고 혹 기독교의 정체성을 유지하는 경우라 하더라도 민간 신앙의 요소를 받아들이는 데에 있어서 훨씬 더 유연합니다. 물론 미신적 믿음을 추구하는 것은 아닙니다. 기본적인 합리성은 인정하되, 원래 페미니즘이 합리성 자체에 대해서 회의를 가졌던 만큼 여성들의 몸의 경험에 훨씬 더 귀를 기울이는 것이지요. 페미니즘으로 분류한다면 에코 페미니즘에 가까울 것입니다.

　　하지만 짐작하시다시피 이러한 노선을 취하는 사람은 소수입니다. 원래 여성들의 민간 신앙은 아녀자들의 것으로 무시당해 왔으므로, 이러한 종교를 통해서 여성들이 공적인 권력을 획득하기는 쉽지 않기 때문입니다. 돌봄의 윤리의 경우와 마찬가지입니다. 기존에 여성이 하던 일을 그대로 지속시키는 효과를 낳기가 쉽습니다. 또한, 토착적 경험을 중시하고 서구 편향이 아니므로 기독교의 테두리 안에 있다 해도 주류가 되지는 못합니다. 기독교는 서구 이론의 힘을 입어야 한국에서도 공적 지위를 얻기가 쉽습니다. 요즘은 잘 쓰지 않는 표현이지만 전에는 '미국물'이라는 표현을 썼습니다. '미국물 좀 먹었다고 잘난 척하느냐'라든가, '미국물 먹어서 그런가 세련됐네' 하는 식으로 사용했습니다. 서구 사회의 선진성을 비꼬듯 하는 표현이지요. 종교의 경우도 마찬가지입니다. 기독교와 서구의 선진성은 뗄 수 없는 조합입니다. 기독교가 서구 사회에 정착하면서 체계화되었고 그래서 원하건 원하지 않건 제국과 식민주의의 질서와 깊은 연관이 있기 때문입니다. 그 질서를 유발한 모든 책임을 기독교에 돌릴 수는 없지만, 그 질서를 이행한 사회의 핵심 종교였다는 사실은 부인할 수 없습니다. 여하튼 그러한 역사적 과정을 거쳐 결과적으로 서구 페미니즘과 서구 기독교는 각기 하나의 보편성을 상징하게 되었고, 한국적인 것만으로는 그러한 보편성의 지위를 획득할 수 없으므로 일본처럼 강한 국가주의를 가진 것도 아니고 중국처럼 유교에 기댈 것도 아니라면, 결국 그 둘 중 하나에 기댈 수밖에 없습니다.

물론 서구 자유/해방주의 기독교 페미니즘의 노선을 그대로 따르는 전자의 경우도 타 종교에 대해서 배타적이지 않습니다. 이들의 경우 정통성의 기준은 성경이 아니라 진보성이기 때문에 진보 정치에 참여할 수 있는 종교는 다 포용할 수 있습니다. 그래서 기독교 노선을 취하지만 보수적인 기독교인보다는 진보적인 불교인과 더 동질감을 느낍니다. 그러나 좀 더 토착적 노선을 따르는 경우 그 노선의 성격상 분리주의 성격을 가지면서 여성들을 중심으로 모이는 경우가 많다면, 서구 자유/해방주의 기독교 페미니즘을 그대로 따르는 경우 기독교가 페미니즘을 진보 의제로 수용했기 때문에 분리 노선을 취하지는 않습니다. 그렇기 때문에 결과적으로는 유교의 틀을 그대로 유지하는데, 이에 대해서는 나중에 다시 살펴보도록 하겠습니다.

이러한 상황에서 한국 복음주의 페미니즘의 과제는 두 가지입니다. 기독교의 정통성 안에서 작업하는 것, 그리고 우리 현실의 경험에 맞게 하는 것. 기독교의 정통성 안에서 작업한다는 것은 우리에게 주어진 성경의 범주와 그 해석의 전통 안에서 한다는 것이고, 우리 현실의 경험에 맞게 한다는 것은 성차에 종교성을 두고 있는 유교 전통의 영향을 고려한다는 것입니다. 기독교는 어떤 사람이 되느냐 하는 것의 문제입니다. 기독교 용어로 '새 사람'이라고 하지요. 그리고 그 새 사람의 모델은 예수입니다. 이 예수는 팔레스타인 지역의 독신 남자였습니다. 그런데도 저를 포함해서 전 세계적으로 많은 여성이 이 종교를 따릅니다. 과연 이 여성들은 이 종교에서 무엇을 기대했고 무엇을 기대할 수 있을까요? 여성학에서는 여성의 경험을 성, 가족, 노동의 세 범주로 나누어서 다루는데, 여기에서는 기독교인들의 필요에 맞게 성, 가족, 사역으로 나누어서 살펴보도록 하겠습니다. 기독교인들의 노동에 대해서는 이미 많이 논의되었고 여성들이 직장생활하는 것에 대해서 오늘날 문제 삼는 교회는 없으므로 실제 교회 생활에서 문제가 되는 사역을 살펴보는 것이 더 적합할 것입니다.

그전에 마지막으로 두 가지 중요하게 기억해야 할 것이 있습니다. 첫째, 우리에게 기독교는 가장 근래에 전파된 새로운 종교라는 사실입니다. 한국 기독교는 거의 모든 내용을 서구에서 이루어진 기독교 논의와 이론에 의지하는데, 그 논의와 이론이 구성된 현장은 서구 사회이지 한국 사회가 아닙니다. 따라서 그들이 쓰는 책의 일차적 독자도 그 문화 안에 있는 사람들이지 우리와 같은 동아시아 작은 나라의 사람들이 아닙니다. 우리가 성경을 읽을 때도 이 책의 일차 수신자는 우리가 아니라는 사실을 인식하고 읽는 것처럼, 서구의 이론들을 읽을 때도 우리가 일차 수신자가 아니라는 사실을 늘 염두에 두고 읽어야 합니다. 물론 서구의 것이 수입된다고 해서 서구와 같은 현상이 한국 사회에 그대로 나타나는 것은 아닙니다. 모든 것이 한국화해서 일어나고 경험됩니다. 그것은 곧 서로 다른 문화가 만들어 내는 반응이며, 이러한 문화적 차이를 제대로 이해하지 않으면 아무리 서구 이론을 배워도 결국 얻는 것도 없이 노력과 자원만 낭비하게 됩니다.

둘째, 기독교는 기본적으로 도덕주의가 아님을 이해할 필요가 있습니다. 사람들은 기독교가 편협하고 좁다고 보는 경향이 있는데 그것은 도덕주의의 틀에서 기독교를 이해하기 때문에 그렇습니다. 기독교는 도덕적 규범을 잘 지키면 구원받는 종교가 아니라, 우리가 뭘 어떻게 해도 구원에는 도달할 수 없으므로 그것을 선물로 준 종교입니다. 그 선물의 의미를 깊이 이해하고 또한 체험하지 않고는 기독교를 제대로 알았다고 할 수 없습니다. 앞으로 논의할 내용은 바로 그러한 선물의 기독교를 염두에 두고 하는 논의입니다.

성

앞에서 성에 대해서 이미 길게 이야기했습니다만, 우리가 남자와 여자라는 것은 우리가 남자와 여자의 성을 가지고 있다는 것이며 곧 우리는 성적인 존재라는 뜻입니다. 이 말은 성이 인간 정체성과 깊은 연관이 있다는 뜻이기도 합니다. 서구 사회에서도 성에 대해서 쉬쉬 하던 시대가 있었지만, 오늘날 성은 공개적인 담론이 되었고 인간의 육체성을 인정하는 이상 성을 중요하게 다루지 않을 수 없게 되었습니다. 물론 성적인 인간이라고 해서 모든 사람이 성생활을 하는 것도 아니고 반드시 해야 하는 것도 아닙니다. 그러나 많은 사람이 성생활을 하고 있고 혹은 하고 싶어 합니다. 기독교인들도 성의 중요성을 부인하지 않습니다. 특히 개신교는 부부 생활에서 성이 중요하다는 것을 인정하고 인공피임도 허용함으로써 반드시 출산을 목적으로 하지 않더라도 부부간의 정기적인 성생활을 긍정적으로 봅니다. 그래서 오늘날 기독교인 이성애자들의 성관계에서 중요하게 대두하는 문제는 성생활이 중요한가 하는 문제가 아니라, 그 중요한 성생활을 부부가 아닌 관계에서도 할 수 있는가 하는 것입니다.

성경에 기록된 말만 따진다면, 두 사람이 성관계를 맺기 시작하는 시점이 결혼식 전후인지 혹은 혼인신고 전후인지 하는 것은 별 의미가 없습니다. 바울은 배우자를 두는 이유를 '정욕을 참을 수 없거든'이라는 단서와 함께 허락하는 선에서 인정했기 때문에 그 대상을 한 사람으로만 국한하여 서로의 경건 생활에 방해가 되지 않는 선에서 성관계를 맺으면 되었습니다. 그러나 예수가 돌아오는 시기는 점점 늦춰지고 기독교인들도 일상생활을 해야 했기에 그렇다면 기독교인들은 결혼에 어떤 의미를 둘 수 있는가에 대해서 이야기한 것이 바울의 가정훈으로 알려진 구절들에 정리되어 있습니다. 그러나 우리가 알다시피 그것은 이상이고 현실에서의 삶은 훨씬 더 복잡합니다. 안전한 피임법도 없고 남편 없이 임신한 여자들이 설 곳도 없던 시대에 편지를 썼던 바울이 섹스가 이렇게 모든 사람에게 문제가 되는 시대가 올 것이라고 내다볼 정도로 미래를 꿰뚫어 봤는지는 모르겠지만, 바울이 정한 가이드라인에 맞추어서 기독교 교회는 지난 2천 년 동안 교인들의 섹스 문제를 상대해 왔습니다. 섹스의 패턴과 의미는 바뀌어도 섹스를 한다는 사실은 바뀌지 않은 만큼 그 가이드라인은 오늘날에도 유효합니다. 이번 섹션에서는 교회에서 주로 마주하게 되는 성과 관련된 문제를 결혼 관계 밖의 성관계, 목회/사역자의 성 문제와 이혼, 그리고 동성애 이렇게 세 개로 나누어서 살펴보려고 합니다.

결혼 관계 밖의 성관계

오늘날 우리가 섹스를 가장 긍정적으로 이해할 수 있는 방식은 서로를 친밀하고 깊이 알아 가는 행위인 동시에 자식을 가질 수 있는 행위라는 것입니다. 물론 인간은 오래전부터 상대에 대한 헌신 없이 섹스만 즐길 줄을 알았고, 주로 남자들이 누리던 그러한 특권을 여자들도 누릴 수 있게 해준 것이 성 해방 운동입니다. 그러나 아무리 자유롭게 여러 상대와 섹스를 해도 결국 인간은 의미 있는 한 사람을 찾으려 합니다. 오히려 그 의미 있는 한 사람을 찾기 위해서 자유로운 시기를 보내는 것이라고 할 수도 있습니다. 반드시 짝이 있어야 한다는 것도 억압적인 규범이라며 저항하는 사람도 있지만, 인간 짝이 아니라면 하다못해 인간은 일이나 반려동물이라도 곁에 둡니다. 다시 말해서, 성적 자유를 준다고 해서 인간이 궁극적으로 원하는 것이 달라지는 것은 아니라는 말입니다. 인간은 의미 있는 상대와 의미 있는 관계를 맺기 원하고 그 상대와의 섹스가 그러한 관계에 도움이 되기를 바랍니다. 이러한 관계와 섹스는 결혼한 부부라고 해서 자동으로 되는 것이 아니라 두 사람의 노력이 필요합니다. 결혼한 부부도 상대를 착취하고 이용하고 조종하는 방식으로 얼마든지 섹스를 할 수 있고, 기독교인이라고 해서 예외가 아닙니다. 따라서 오늘날과 같은 사회에서 교회가 분명하게 결혼한 사이에서만 성관계를 허용하려면 섹스가 남자와 여자의 정체성에 가지는 의미를 제대로 이해하고 그야말로 성관계, 즉 성의 '관계'적인 면을 이야기해야 합니다.

현실적으로 결혼하러 오는 커플이 둘 다 처녀 총각인지 일부러 캐묻지 않는다면 주례하는 목사가 알 방법은 없습니다. 제가 알기로 결혼하려는 커플이 처녀 총각인지 따져 묻고 아니면 주례를 해주지 않겠다는 목사는 없습니다. 제 주변에서도 처녀 총각이 아닌 사람들도 다 목사의 주례를 받고 결혼식을 올렸습니다. 심지어 오늘날은 임신을 한 경우도 목사가 주례를 해줍니다. 순서가 뒤바뀌었을 뿐이라고 보고 허용하는 것이지요. 오히려 그런 경우 한국 문화에서는 결혼하지 않는 것이 더 심각한 일이 될 것이기 때문에 결혼하는 것만으로도 다행이라고 생각할 수 있습니다.

한국 사회에서 혼전 성관계는 주로 여자들의 문제였습니다. 여자가 순결을 잃으면 그 사람의 존재 자체가 망가진 것이라고 보았기 때문입니다. 이것은 단순한 사회적 인식이 아니라 여성들의 자기 인식에도 깊이 영향을 미쳐서 순결을 잃으면 자포자기하는 심정이 되어서 오히려 더 문란해지기도 합니다. 기독교가 이러한 여성들에게 가르칠 수 있는 것은 성적 순결이 곧 여성의 전부가 아니며, 생전 처음 한 섹스가 결혼 관계 밖에서 이루어졌다고 해서 몸에 흠이 생기는 것도 아니고 더러워지는 것도 아니라는 것입니다. 이것은 유교 문화의 좋지 않은 영향으로서 기독교는 마땅히 그 관점을 수정해야 합니다. 교회가 혼전 순결을 가르치고자 한다면 남자와 여자 모두에게 동일하게 적용되는 기준으로 가르쳐야 합니다. 그 이유는 결혼이 기독교인에게 가지는 신학적이고 상징적인 의미 때문에도 그렇지만, 한창 나이의 남녀는 임신의 가능성을 늘 안고 있기 때문에 결혼 관계 안에서 자유롭게 성관계를 하면서 태어날 자녀를 맞이하게 한다는 현실적인 차원의 이유도 있습니다. 다시 말해서, 교회가 아니어도 아이는 부부가 함께 키우는 것이 규범의 차원에서뿐 아니라 현실적으로도 바람직하다고 일반 사회가 인식하고 있고, 그러한 사회의 인식이 잘 지켜지도록 교회는 기여하는 것입니다.

혼전 순결에 대해서 질문을 하는 이유는 여러 가지일 것입니다. 이미 성관계를 했는데 그게 괜찮은지 확인을 받고 싶은 경우도 있을 것이고, 남자 친구가 하자고 조르는데 망설이고 있는 경우도 있을 것입니다. 한 가지 분명한 것은 상대가 졸라서 하는 것은 기독교인이든 아니든 현명한 선택이 아니라는 것입니다. 내가 준비되지 않았고 하고 싶지 않은데 하는 성관계는 원하는 결과를 얻지 못합니다. 옛날 어른들 말로 몸도 망치고 신세도 망친다고, 본인도 즐겁지 않고 남자에게 이용만 당할 뿐입니다. 사실 결혼 관계 안에서의 성관계는 남자에게 동등한 책임을 물으면서 성관계를 할 수 있다는 장점이 있습니다. 성 해방이 이루어지고 난 후 남자들은 오히려 여자에 대해 과도한 책임감을 느끼지 않으면서 섹스를 할 수 있게 되었습니다. 예전에는 데리고 노는 여자와 결혼할 여자를 구분해서 적어도 결혼할 여자에게는 더 신중하게 대할 수밖에 없었다면, 이제는 결혼할 여자든 아니든 상관없이 섹스는 큰 부담 없이 해도 되는 행위가 되었습니다. 여자들 스스로가 섹스 한 번 했다고 책임지라고 하는 것은 성 해방의 시대에 걸맞은 태도가 아니라고 (생각해야 한다고) 여기기 때문입니다. 더군다나 임신할 경우 그것을 지속할지 종결할지의 결정까지 온전히 여성의 손에 달려 있기 때문에 남자들은 더 무책임해질 수 있습니다. 따라서 성 해방은 모든 문제를 해결했다기보다는 다른 문제를 유발한 셈입니다.

사실 성 해방을 통해서 해결하고자 하는 중요한 문제는 성에 대한 이중 잣대입니다. 성 문제에 있어서 남자와 여자에 대한 기준이 각각 달라서 여자들이 부당한 피해를 입어 왔기 때문입니다. 이에 대한 교회의 해결책은 남자에게도 성적 순결의 기준을 동일하게 부과하는 것이지만, 현실의 교회는 성에 대한 이중 잣대를 강화하면 했지 남자에게 동일한 기준을 적용하지 않았습니다. 특히 여자의 처녀성에 대한 집착이 강한 한국 문화에서 교회는 그러한 유교적 성 규범을 그대로 물려받아서 부적절한 성관계에 대한 책임을 여자에게만 물었습니다. 따라서 교회가 혼전 순결 문제를 정말로 진지하게 받아들인다면 이러한 이중 잣대에서 벗어나도록 해야 합니다. 손뼉은 한쪽 손으로만 치는 게 아니듯 두 사람이 있어야 이루어지는 관계의 책임은 두 사람에게 동시에 물어야 합니다. 오히려 그동안의 문화를 고려할 때 남자에게 더 큰 책임이 있을 것입니다. 성폭력은 여전히 남자가 여자에게 행사하는 일방적 폭력인 경우가 대부분인 것을 보아도 알 수 있습니다.

하지만 이러한 이중 잣대의 피해 외에도 여자들이 성관계에 신중할 이유가 있습니다. 그것은 바로 임신의 가능성 때문입니다. 남자든 여자든 아이를 혼자 키우는 일은 힘듭니다. 따라서 임신을 하면 많은 경우 결혼을 합니다. 그러나 결혼을 하면 비난은 피할 수 있을지 몰라도 임신에 몰려 하는 결혼은 유지하기 힘들 수 있고 그러면 또 이혼이라는 난관이 생깁니다. 결혼이 여의치 않으면 낙태를 하는 경우가 많은데, 그렇게 되면 마음의 짐은 배가됩니다. 기독교인으로서 낙태를 결정하기는 쉽지 않습니다. 그러나 한국 교회의 문화에서 남편 없이 생긴 아이를 낳는 것은 더 힘든 결정입니다. (그런 면에서 한국 교회의 낙태 반대 운동은 자신들이 주장하는 생명의 가치가 정말로 생명에 대한 것인지 아니면 성에 대한 것인지 잘 정리해야 합니다.) 따라서 내가 결혼을 하지 않은 상태에서 섹스를 하겠다고 할 때는 이러한 것까지 다 염두에 두고 그것을 감당할 수 있는지를 생각해야 합니다. 섹스를 하고 싶은 사람을 말릴 길은 없습니다. 교회가 아무리 강하게 이야기해도 그런 일은 늘 있었습니다. 간혹 삽입만 안하면 성적 순결을 지켰다고 생각하는 경우들이 있는데, 그것은 기교일 뿐입니다. 만약 삽입만 피하면 된다고 생각한다면 배우자나 남자/여자 친구가 다른 여자/남자랑 키스했다고 해서 분노할 일도 없을 것입니다. 기술적인 성적 순결은 지켰기 때문입니다. 성을 그런 식으로 보는 것 자체가 성을 잘 모르는 것입니다. 바울이 정욕을 참을 수 없는 사람들을 위해서 배우자를 두라고 한 이유가 있습니다.

그러나 부적절한 성관계를 했든 낙태를 했든 용서받지 못할 죄는 없으며, 교회가 회개하는 사람들을 받아들이지 못할 이유도 없습니다. 교회는 원래 죄인들이 모인 곳입니다. 따라서 한국 교회가 남자들의 성 문제를 제대로 단속할 의지가 없다면, 여자들에게만 부당한 짐을 지우지 말고 이 문제를 다들 조용히 하나님 앞에서 개인적으로 해결하게 해주어야 합니다. 물론 교회의 기준이 무엇이고 교회가 지향하는 것이 무엇인지는 가르칠 수 있습니다. 그것은 교회의 책임이기도 합니다. 여자든 남자든 우리는 모두 풍성한 삶으로 부름을 받았습니다. 따라서 성관계 또한 그러한 풍성한 삶의 일부가 되도록 교회가 잘 가르쳐야 할 것입니다.

다음 이야기로 넘어가기 전에 하나님 앞에서 조용히 개인적으로 해결한다는 것에 대해서 부연하자면, 결혼하지 않은 기독교인 여성이 성 문제를 가지고 교회 안의 누군가를 찾아갔을 때 얼마나 만족스러운 상담을 받을 수 있을지 한국 교회의 상황에서는 알 수가 없습니다. 교회의 구조상 먼저 목사를 찾아가고 싶은 생각이 들 수도 있을 것이고, 목사가 받아 주고 이해해 주면 마음이 편해지기도 할 것입니다. 그러나 성의 문제는 그냥 섹스 한 번 한 것의 문제가 아니라 그것 이상의 복합적인 개인사와 개인의 심리 및 행동의 한 부분입니다. 이런 문제를 제대로 상담할 수 있는 남자 목사가 (심지어 사모도) 얼마나 있는지 잘 모르겠습니다. 결국 목사든 기독교 상담가든 결론은 분명 결혼을 권장하는 것일 확률이 높습니다. 아마 본인도 이런 것을 잘 알 것입니다. 그래서 페미니즘 운동에 참여해서 이런 교회 문화를 바꾸고 싶을 수도 있을 것입니다. 그러나 교회가 성 해방을 위해 모인 집단이 아닌 이상 자신이 선택한 일에 대한 공개적인 면죄부나 허용을 원하는 것이라면 싸움의 대상을 잘못 택한 셈입니다.

결국, 문제는 본인 자신입니다. 본인이 하나님 앞에서 용서를 구하고 싶으면 구하고 도움을 구하고 싶으면 구하면서 자유로울 수 있으면 됩니다. 모든 문제의 해결은 과정이고 시간이 필요합니다. 결과적으로 섹스를 하고 안 하고는 중요하지 않습니다. 섹스를 하거나 하지 않는 행위자인 자신이 왜, 무엇을 위해서, 혹은 무엇을 원해서 섹스를 하거나 하지 않는지를 아는 것이 중요합니다. 기독교 작가 캐슬린 노리스Kathleen Norris의 *The Cloister Walk* (Riverhead Books, 1997) 라는 책에 보면 수녀들의 섹슈얼리티를 다루는 부분이 있습니다. 거기에서 수녀원장은 자기 수도원의 수녀가 자위를 한 것을 알았을 때 어떻게 하느냐는 질문에 대해, 그가 자위를 한 것 자체가 문제가 아니라 왜 자위를 하게 되었는가에 자기는 더 관심이 있다고 했습니다. 마찬가지입니다. 많은 사람이 저에게 성에 대해 질문을 던질 때 해도 되느냐 안 되느냐 하는 식으로 질문을 합니다. 물론 답은 정해져 있습니다. 해도 된다는 답을 듣고 싶겠지요. 바울이 심지어 우상의 제물을 논하면서도 모든 것이 가하다고 했으니 원하는 섹스를 하지 못할 일은 없을 것입니다. 그러나 모든 것이 유익한 것도 덕이 되는 것도 아니라고 했으니 그 지침의 선에서 본인이 남 탓하지 않으면서 감당하고 책임질 수 있는 선택을 하면 됩니다.

이러한 입장이 자유/해방주의 기독교 페미니즘과 가지는 중요한 차이는 앞에서 쓴 '용서'라는 말입니다. 자유/해방주의 기독교 페미니즘은 여성이 스스로 원해서 섹스를 하는 것은 용서받을 일이라고 말하지 않습니다. 그것은 여성의 권리이지 잘못이 아니기 때문입니다. 그렇게 주장하는 이유는 교회에서 성적 이중 잣대로 남자들의 성 문제는 탓하지 않으면서 여자들만 비난했기 때문입니다. 맞는 말입니다. 그러나 그렇게 되면 하나님의 기준을 남자의 기준으로 낮추는 것입니다. '남자들은 아무런 거리낌 없이 하는데 왜 우리는 못해?' 하는 것이기 때문입니다. 하나님의 기준에 달하지 못하는 남자들을 탓해야지, 우리도 남자들처럼 할래, 그러면 교회는 아무런 진전을 이루지 못합니다. 만약 그렇게 말하지 않고 여자들이 그동안 억압당해서 무엇을 원하는지도 모르고 살았으니 여자들이 원하는 것을 알 때까지 무엇이든 할 수 있어야 한다고 하면 그것은 하나님의 기준을 여자의 기준으로 낮추는 것입니다. 우리는 우리보다 큰 하나님을 원하지 우리 수준의 하나님을 원하지 않습니다. 그렇다면 하나님의 기준은 무엇이냐고 한다면 기독교는 예수의 삶을 가리킬 수밖에 없고 예수는 평생 독신으로 사셨습니다. 하지만 누구나

다 독신으로 살 수 있는 것은 아니므로 바울이 나중에 교인들을 위해서 독신과 결혼과 섹스에 대해 몇 가지 권고를 한 것입니다.

문제는 이것입니다. 살다 보면 우리는 교회의 가르침에 벗어나는 행위들을 합니다. 교회로부터 무엇이 옳은지 그른지 배우며 살아온 사람들은 교회가 옳지 않다고 한 일을 할 때 죄책감을 느낍니다. 그 죄책감을 없애기 위해서 처음부터 옳고 그름이 없어야 한다고 하면 교회에 다닐 이유가 없습니다. 그러나 일단 교회에 다녔거나 다니고 있고 그 마음의 짐을 지고 있는 사람들은 그 짐을 완전히 없애기 위해서 페미니즘 운동을 할 수도 있고, 프리 섹스를 할 수도 있고, 심리치료를 받을 수도 있고, 다 할 수 있습니다. 그러면서 잘못된 가르침을 주고 잘못된 죄책감을 주입한 교회를 그리고 한국 문화를 계속 비난할 수 있습니다. 아니면 아주 간단하게 하나님께 용서를 구할 수도 있습니다. 왜 교회가 그런 규정들을 택했는지, 왜 한국 교회는 그럴 수밖에 없는지 다 이해하지 못한다 해도 일단 그러한 규정 안에서 자란 사람이 그 규정을 넘어갔을 때 느끼는 불편함을 해소할 수 있는 길은 기독교가 아주 명백하게 가르치는 용서를 구하고 용서를 받는 일입니다. 그리고 용서를 구하고 받는 일은 혼자서 조용히 하나님 앞에서 할 수 있는 일입니다. 심리 치료는 나 자신에게 문제는 있어도(you have problems) 잘못은 없다는(but it is not wrong) 면죄부를 줌으로써 마음을 편하게 해주려 하지만, 기독교는 하나님의 기준에서는 다 구원이 필요한 존재라고 말함으로써 절대 평안을 줍니다. 다시 말해서, 내가 다 옳거나 아니면 남도 나만큼 틀려야 비로소 마음이 편해지고 그래서 그것을 입증하려는 강박증으로부터 자유를 줍니다. 예수는 일흔 번씩 일곱 번까지 용서하라고 했습니다. 이 말은 계속 용서하라는 말입니다. 하나님이 그렇게 용서하지 않는다면 인간에게 그렇게 하라고 하셨을 리가 없습니다. 인간은 같은 잘못을 반복한다는 것을 신은 잘 알았던 것입니다. 그러니 그 씨름을 하나님 앞에서 하고 있는 여자들을 교회는 더 이상 괴롭히지 말아야 합니다.

목회/사역자의 성 문제와 이혼

사실 혼전 순결의 문제보다 표면적으로 더 문제가 되는 것은 이혼과 재혼의 문제일 것입니다. 이에 대해서는 무엇이 규범이고 교회가 무엇을 허용할 수 있는지에 대해서 이미 많은 성경학자와 신학자들이 제시했습니다. 따라서 여기에서는 특별히 한국 문화의 관점에서 한 가지만 이야기하도록 하겠습니다. 앞에서 부적절한 성관계든 낙태든 용서받지 못할 죄는 없다고 했습니다. 그런데 서구 사회에서는 이혼보다 낙태에 더 엄격한 것과 달리 한국 사회에서는 낙태보다 이혼에 더 엄격합니다. 앞에서 설명한 유교의 종교성 때문에 그렇습니다. 그리고 한국 교회는 이 유교의 종교성을 그대로 물려받았습니다. 그래서 목회/사역자들이 성 문제를 일으켜도 사모들이 이혼을 잘 하지 않습니다. 물론 이것은 단순히 이혼하느냐 마느냐의 문제는 아닙니다. 중요한 것은 왜 이혼을 하지 않는가를 이해하는 것입니다. 그것을 이해하면 한국 교회가 성 문제를 대하는 태도를 이해할 수 있습니다.

일단 한 가지 분명한 것은 성적 이중 잣대가 여전히 강력하다는 것입니다. 남자들의 성 문제는 남자니까 그럴 수 있는 일로 여기고, 결국 책임은 여자들의 몫으로 돌려집니다. 함께 일을 일으킨 상대 여자 아니면 목사의 아내가 남자를 제대로 간수하거나 다루지 못한 원인 제공자로 부상을 하는 것이지요. 남자 교인들은 같은 남자로서 남자 목사를 감쌀 수 있다면, 여자 교인들은 사모에 대해 일종의 시어머니 노릇을 하는 입장에서 남자 목사를 감쌀 수 있습니다. 사모들은 교인들의 수만큼 많은 시어머니를 모신다는 말을 암암리에 하는 이유는 한국 교회에서 남자 목회자는 자신이 가지지 못했던 아버지 혹은 남편의 어떤 면을 상징하면서 여자 교인들이 심리적 전이를 일으키기도 하기 때문입니다. 저도 여자 집사님들의 입에 오르내리는 경험을 했습니다만, 사모가 이래야 한다 저래야 한다 하는 말들이 많습니다. 따라서 사모들은 최대한 무성無性적인 존재로서 그러한 심리적 관계에 개입하지 않으면서 교인들을 위해 봉사해야 하는 위치에 있게 됩니다. 그러한 상황에서 남자 목사가 성 문제를 일으킬 때 사모가 남편을 버리면 그것은 심각한 배신행위가 됩니다. 유교 사회에서 가족의 온전성, 나아가서 한 사회의 질서는 부부의 유별한 역할이 핵심 뼈대를 제공하는데 거기에서 하나의 뼈대가 빠져나가는 것이기 때문입니다. 그것은 단지 기능적으로 빠져나가기만 하는 것이 아니라 빠져나감으로써 그 가족/집단을 흠 있는 가족/집단, 즉 온전하지 못한 가족/집단으로 만드는 행위가 됩니다. 그래서 우리가 이혼한 대통령을 상상할 수 없는 만큼, 혹은 그 이상으로 교회는 이혼한 목사를 상상하지 못합니다. 그것은 종교적인 결함을 가져오는 배교에 필적하는 행위가 됩니다. 그러한 종교 규범을 가지고 있는 사회에서는 사모가 남편 곁을 지켜야 곧 교회를 지키는 것으로 생각합니다. 이것은 단지 교인들만의 생각이 아니라 사모 자신도 그렇게 생각할 수 있습니다. 그래서 이혼보다는 오히려 자기 남편 곁에 서는 것을 택할 수 있습니다.

유교 규범에서 부부 관계는 두 사람의 친밀한 관계로 유지되는 관계가 아니라 각자에게 주어진 도리로 유지되는 관계이기 때문에 남편의 성 문제가 부부 관계, 나아가서 가족 관계를 유지하는 데에 결정적인 문제가 된다고 보지 않습니다. 따라서 이러한 경우에 남편을 용서하지 않는 사모는 오히려 더 지탄받을 수 있습니다. 어차피 부부 사이는 친밀한 섹스로 유지되는 관계가 아니라고 보는 유교 문화 위에 용서라는 기독교의 덕목이 더해지기 때문입니다. 그래서 기독교의 덕목에 유교의 전통적 성 관습이 결합되어 사역자의 아내를 더 압박하는 것입니다. 교회를 위해서, 복음을 위해서, 혹은 복음주의를 위해서 용서하고 다시 가족과 교회의 온전성을 회복하도록 하는 것이 그가 할 일이라고 사역자의 아내는 설득당할 수 있고, 본인도 그렇게 생각할 수 있습니다. 또한, 목사 남편의 성 문제로 이혼을 결심할 경우 자식이 받을 타격도 사모는 생각하지 않을 수 없습니다. 이미 목사 가정이 사생활을 보장받지 못하는 상황에서 어머니의 이혼 결정은 아버지의 잘못을 확정지으면서 자녀 스스로도 떳떳하지 못하게 만들 수 있습니다. 나아가서 사모들은 경제력이 없어서도 이혼을 결심하지 못합니다. 사역자에게 교회는 자신의 생계를 걸고 온 가족의 삶을 바치게 만드는 곳입니다. 따라서 사례비야 많든 적든 그래도 사모라고 불리며 살던 여성이 이혼하고 나서 할 수 있는 일은 많지 않습니다. 사역자에게 따라붙는 플러스 원 정도의 가치밖에 인정해 주지 않으면서 없어서는 안 되는 사모라는 존재는 그래서 취약합니다.

이러한 구조는 남자 목사의 미숙하고 왜곡된 가부장 리더십을 양산하기에 너무도 쉬운 구조입니다. 효의 가치가 반드시 어머니로부터의 분리를 방해하는 것은 아니지만 효를 빙자해서 어머니와 아들은 건강하지 못한 관계를 맺을 수 있고, 그 관계는 남자 목사를 떠받드는 교회와 남자 목사의 관계에서 재연될 수 있습니다. 또한 목회라는 일 자체가 돌봄이 중요한 일인 만큼 구조적으로 성 문제가 일어나기 쉽습니다. 성은 단지 섹스의 문제가 아니라 이성애자라면 동성에 대해서 느끼는 것과는 다른 특별한 성적 긴장을 그 어떤 이성과도 느낄 수 있는 것입니다. 난 너를 이성으로 보지 않는다고 말하면서 이성끼리 친구 사이로 지내고는 하지만, 이성애자는 이성에 대해서 언제든지 특별한 감정이나 끌림을 느낄 수 있는 가능성을 안고 있습니다. 친구일 뿐, 교인일 뿐, 집사님일 뿐, 아는 오빠/여동생일 뿐, 하는 모든 관계들이 그 '뿐'의 경계를 넘어갈 수 있고 그래서 다들 조심을 합니다. 그러나 목사는 자신이 하는 일의 성격상 너무 거리를 두면 교인들이 불만을 품기 때문에 어느 정도 감정 노동을 해야 하고 그래서 더 쉽게 성적인 문제를 일으킬 수 있습니다.

여기에서 성적인 문제는 크게 두 가지로 나눌 수 있을 것입니다. 하나는 성폭력 혹은 성희롱이고 또 하나는 외도입니다. 전자의 경우는 단호하게 대처할 수 있습니다. 물론 경우에 따라서 그럼에도 불구하고 남편 곁을 지키겠다는 아내들도 있을 것입니다. 그러한 결정을 내리는 이유는 다양하고 복합적일 것이며 그것이 본인의 선택인 이상 존중할 수밖에 없습니다. 후자의 경우도 선택이 가능합니다. 용서할 수도 있고 이혼할 수도 있습니다. 흔히 사람들은 그런 상황에서 용서도 못하겠고 이혼도 못하겠다고 생각하는데, 사실은 용서할 수도 있고 이혼할 수도 있습니다. 교회는 이러한 상황에서 이혼을 택하는 사모들을 정죄해서는 안 됩니다. 사실은 이런 상황에서 이혼을 감행할 수 있는 사모들이 좀 많아질 필요가 있습니다.

앞 장에서 설명했듯 유교 문화에서 부부의 내외 관계는

아내가 남편의 연장으로서 남편의 지위를 같이 누릴 수 있게 해줍니다. 그래서 목사 아내의 자리를 쉽게 포기하지 못하기도 합니다. 그러나 자신이 목사 아내의 자리를 포기하면 자신의 신분이 떨어지는 만큼 사실은 남편의 신분도 떨어집니다. 폭력이든, 외도든, 연애든, 성 문제로 이혼당해 홀로된 남자 목사를 받아줄 교회는 없을 것입니다. 바로 그러한 이유에서 플러스 원으로 반드시 있어야 하는 사모 자리의 취약성은 오히려 사모의 무기가 될 수도 있습니다. 목사/사역자 남편이 그러한 문제를 일으킬 경우 자신은 이혼할 것임을 분명히 함으로써 사고를 방지하는 효과를 가질 수도 있고, 그런 일이 일어날 때 실제로 이혼함으로써 교회가 여성을 대하는 태도에 대해 하나의 메시지를 던질 수도 있습니다.

물론 어떤 선언적인 의미로 이혼을 할 필요는 없고, 그런 식으로 이혼을 쉽게 이용하거나 들먹이는 것은 바람직하지 않습니다. 때로는 이혼할 의사가 없는 경우에 오히려 이혼을 자주 입에 올리기도 합니다. 이혼은 정말로 힘든 일이기 때문에 정말 이혼할 마음이 있는 사람은 그것에 대해 쉽게 말하지 못하기 때문입니다. 그래서 이혼할 바에야 참고 말지, 하는 생각도 하게 됩니다. 특히 사모 혹은 사역자의 아내가 이혼을 결심하는 일은 쉽지 않습니다. 따라서 그 결심을 한 여성들이 하나님 앞에서 다시 자신의 자리를 찾아가려고 노력하면서 분투할 때 교회는 그들을 위한 자리를 만들어 주어야 합니다.

교회는 현실적으로 이혼을 허용할 수 있는 몇 가지 경우들을 열어 주었기 때문에 그러한 상황에 처한 여성에게 이혼도 하나의 선택지로 제시할 수 있어야 하고, 그 여성이 이혼을 택했을 때 정죄해서는 안 됩니다. 그 여성이 사모인 경우도 예외가 아닙니다. 오히려 사모들은 이혼할 이유가 더 많음에도 이혼을 잘 하지 않는데, 이것 또한 개인의 선택이지만 그 상황을 받아들이고 살아가는 본인의 신체적, 정신적, 영적 건강을 스스로 잘 살필 줄 알아야 이혼하지 않음으로써 세우고자 하는 덕에 제대로 기여할 수 있을 것입니다. 그렇지 않고, 나는 참는데 너는 왜 못 참느냐는 식으로 분출하거나, 자신을 더 아프게 만들면 오히려 이혼 안 하느니만 못할 수 있습니다. 이혼은 자신이 그동안 부부로서 맺었던 모든 인간관계에 영향을 미치면서 지금까지 알아 왔던 세계를 가까운 가족 관계에서 일 관계까지 다 재편해야 하는 매우 힘든 일입니다. 그래서 자신이 알던 하나님과도 어떻게 관계를 이어 갈지 모르는 채 단절감만 경험할 수 있습니다. 교회는 이러한 사람들을 위해 목회할 필요가 있습니다. 이혼은 했다고 자랑할 것도 아니고 안 했다고 자랑할 것도 아닙니다. 이혼했다고 진보적인 여자가 되는 것도 아니고 안 했다고 신앙 좋은 여자가 되는 것도 아닙니다. 우리에게 주어진 모든 경험은 그것을 통해 더 성장할 때에만 제대로 의미를 가질 수 있습니다. 결혼도 이혼도 그러한 경험 중 하나입니다.

동성애

　성 문제를 다루면서 오늘날 피해 갈 수 없는 것이 바로 동성애입니다. 저는 이성애자로서 동성애자의 경험을 모르기 때문에 인사이더 지식이 없습니다. 오히려 그렇기 때문에 더욱 교회의 원칙을 따라서, 나는 할 수 있는 섹스를 너는 하면 안 돼, 라고 간단하게 말하고 넘어갈 수 없습니다. 그 사람이 실제로 무엇을 겪는지 모르기 때문입니다. 그런데도 결론적으로는 교회는 동성 결혼을 허용할 수 없다고 말할 수밖에 없습니다. 이 말은 동성 결혼을 한 사람들 혹은 동성애 관계를 맺는 사람들은 다 지옥에 간다는 말이 아닙니다. 그것은 제가 알 수 있는 영역이 아닙니다. 살인자를 마지막 순간에 낙원으로 데려가신 분이 예수인 만큼 구원은 제가 건드릴 수 없는 하나님의 영역입니다. 그래서 온갖 야만적 범행을 저지른 자도 죽기 전에는 예수를 믿게 하려고 기독교인들은 애를 씁니다. 구원은 하나님의 손에 있고 우리가 이루는 것이 아니라 선물로 받는 것이기 때문에 그 선물을 죽기 전에라도 받고 가라는 것입니다. 그러나 초월적인 하나님을 이 세속의 땅에서 우리가 경험할 수 있도록 교회가 종교성의 영역, 혹은 성스러운 영역으로서 쳐놓은 경계는 지킬 필요가 있습니다. 그러한 구분은 단순한 인권의 개념으로 설명할 수 있는 것이 아니며, 오히려 인권의 차원을 넘어서는 영역입니다. 이것은 오히려 기독교인에게 상당한 부담으로 다가와야 합니다. 다시 말해서 인권을 무시하는 도구로 삼아서는 안 되고, 그것을 넘어서는 실천을 보여 주어야 한다는 부담을 느껴야 한다는 뜻입니다.

제가 번역한 《동성애에 대한 두 가지 견해》(IVP 역간, 2018)를 보면 복음주의 안에서 동성 결혼을 허용해야 한다는 태도를 가진 사람들의 요지는 배타적이고 헌신된 관계 안에서 평생을 약속한 동성애자들은 이성애자들과 마찬가지로 결혼의 특권을 누려야 한다는 것입니다. 다시 말해서 성경에서 금지하는 것은 문란한 성관계이지 동성애, 이성애 문제가 아니라는 것입니다. 즉, 이혼율이 높아지고 혼전 순결이나 부부간의 정절도 잘 지키지 않으면서 이성애자도 어차피 문란한 성관계를 하는 마당에, 이성애자도 지키기 힘든, 죽음이 우리를 갈라 놓을 때까지 함께하겠다는 약속을 동성애자들이 지킨다면 그들이 단순히 동성애자라는 이유로 정죄할 이유가 없다는 뜻입니다. 이것은 뒤집어 말하자면, 나도 완벽하지 못하니 네 잘못도 더 이상 잘못이라고 말하지 않겠다는 입장입니다. 하지만 성경이 이성애 결혼을 허락하는 이유는 이성애 결혼이 완벽해서가 아닙니다. 하나님 앞에서는 모든 것이 상대화됩니다. 그것이 바로 하나님이 절대자라는 뜻입니다. 이 말은 이성애자가 동성애자보다 더 의로울 것이 없다는 말입니다. 그런데도 성경에서 결혼과 성생활을 이성애 성관계를 맺는 사람들에게만 인정한다면 오늘날에는 그것이 무엇을 뜻하는지 오히려 이성애자들이 깊이 고민해야 합니다.

동성애를 찬성하는 복음주의자들은 동성애는 곧 동성 결혼, 이성애는 곧 이성 결혼이라는 공식을 가지고 있습니다. 이것은 이성애자들이 배우자하고만 성관계를 가지는 성적 정절을 지킨다는 규범을 동성애자에게 그대로 적용한 것입니다. 그러나 이것 자체가 지극히 서구적이고 자유주의적인 관점입니다. 《동성애에 대한 두 가지 견해》에서 스티븐 홈스도 말하지만, 기독교 전통에서 결혼은 단지 두 사람만의 관계의 문제가 아니라 그들이 낳을 자녀들을 포함하는 문제입니다. 아무리 불임 부부가 많아지고 동성 결혼이 허용되는 나라에서 동성애자 커플이 입양을 할 수 있다 해도 자녀의 출산은 남자와 여자를 필요로 하는 일입니다. 기독교는 그러한 생물학적인 현실 위에 한 가정이 사회의 질서도 지키면서 기독교적인 의미를 가지고 살아갈 수 있는 결혼 신학을 발전시켰고, 그래서 결혼은 자녀를 낳을 수 있는 이성애자들에게 국한하였습니다. 그러나 서구 사회는 성 해방의 시대를 거치면서 성관계와 출산의 필연적 고리를 끊고 자녀는 누구하고든 원하는 때에 원하는 형태로 가질 수 있는 여성 개인의 권리로 만들면서 전통 가정을 해체했습니다. 전통 가정이 해체되고 섹스와 출산의 필연적 고리도 끊기고 난 후 사람들이 인생에서 안정감을 누릴 수 있는 것으로 단 하나 남은 것이 바로 두 사람의 서로에 대한 배타적이고 헌신적이고 '진실한' 사랑입니다. 그래서 그러한 진실한 짝, 소울메이트를 찾아가는 것이 서구 사회의 주요 서사입니다. 페미니즘도 처음에는 그 서사에 저항했지만 점차 주류화되면서 그 서사를 그대로 따르고 있고, 소위 진보적이라고 하는 복음주의자들도 그 서사를 그대로 따랐습니다. 그래서 자녀를 가질 수 없는 동성애자도 서로에 대해서 배타적이고 헌신적인 사랑만 평생 보여 준다면 결혼할 수 있어야 한다고 주장하는 것입니다. 그러나 이것은 단지 이성애자도 불임 부부가 있지 않느냐는 말로 해결될 수 있는 것이 아닙니다. 이성애자는 자녀를 낳을 기대를 가지고 결혼하고 노력하다가 나중에 불임으로 판정을 받습니다. 그러나 동성애자는 처음부터 입양이나 제3자의 정자, 아니면 난자와 자궁을 빌리지 않으면 자녀를 가질 길이 없습니다. 나의 섹스 행위가 생명의 잉태라는 엄청난 책임으로 이어질 수 있다는 긴장이 있는 섹스와 그것이 애초부터 없는 섹스는 서로 종류가 매우 다른 섹스입니다.

그렇다면 결혼만 하지 않는다면 동성애 관계는 괜찮다고 말하는 것인가라는 의문이 들 것입니다. 하지만 이 질문은 결국 기독교인은 결혼하지 않은 상대와 자유롭게 섹스를 해도 되는가와 같은 질문이 됩니다. 기독교인이 결혼한 상대하고만 섹스를 할 수 있다면, 당연히 동성애자도 결혼하지 않았으면 섹스를 할 수 없습니다. 이성애자도 기독교인의 경우 자신의 섹스가 떳떳한 섹스가 아니면 아무에게도 말하지 않습니다. 그것은 젊은 사람들의 혼전 섹스만이 아니라 외도의 경우도 그럴 것이고, 특히 한국의 경우는 이혼한 사람이 누군가와 데이트를 시작할 때도 마찬가지일 것입니다. 기독교인이라면 이성애자라고 하더라도 그런 섹스는 드러내지 않을 것이고, 경우에 따라 두 사람이 공개적인 연인 행세를 하지 않을 수도 있습니다. 그렇다면 결국 차이는 이것입니다. 섹스 여부와 상관없이 공개적인 연인 행세를 할 수 있는 사이인가 아닌가. 이성애자가 아무런 거리낌 없이 공개적인 연인 행세를 할 수 있는 사람은 피차 결혼 경력 없이 데이트하는 사이입니다. 나머지 관계들은 여러 가지 이유에서 신중하게 행동할 것입니다. 반면에 동성애자는 그 어떠한 상황에서도 공개적인 연인 행세를 할 수 없습니다. 물론 물리적으로 할 수 없는 것은 아닙니다. 동성애 행위로 감옥에 가는 시대는 지났기 때문입니다. 이성애자의 부적절한 성관계도 원한다면 드러낼 수 있습니다. 결국 자신의 부적절한 관계를 드러낼지 말지는 그로 인한 사회적 비난 혹은 교회의 정죄를 감당할지 말지를 결정하는 문제입니다. 그것이 하나님 앞에서 어떠한가는 본인과 하나님의 문제입니다. 다시 말하지만, 섹스하겠다고 작정한 사람을 교회는 말릴 방법이 없습니다. 그 행위가 이루어지는 침대 안으로는 부모도 따라갈 수 없기 때문입니다. 따라서 그 결정은 개인이 하나님 앞에서 할 수밖에 없습니다.

유명한 탐정 소설가이자 기독교 작가였던 영국의 도로시 세이즈(1893-1957)는 처녀 시절 유부남과의 관계로 임신을 하고 아이를 몰래 낳았습니다. (세이즈는 그 남자가 유부남인 것을 모르고 사귀었습니다.). 그는 살아 있는 동안 자신에게 혼외 자식이 있다는 것을 부모에게도 비밀로 했고(세어즈의 아버지는 목사였습니다), 자신이 낳은 아이도 아는 친척에게 맡기고 후견인으로만 관계를 맺고 아이에게도 자신이 생모인 것을 알리지 않았습니다. 나중에 세어즈는 이혼남을 만나서 결혼을 하게 되는데, 그가 이혼남이라서 영국 성공회 교회에서 결혼식을 올리지 못하고 시민 의례로만 결혼을 인정받았습니다. 결혼한 뒤 세어즈는 자기 아이를 부부의 이름으로 입양했지만, 그 아이를 직접 키우지는 않았습니다. 이러한 우여곡절을 겪고 교회가 공식적으로 승인할 수 없는 결혼을 한 세어즈였지만, 그는 교회를 위해 여러 글을 썼고 그 공적으로 (비록 거절하기는 했지만) 신학 박사 학위를 교회로부터 제안받기도 했습니다. 한편 가톨릭에서 노동 운동가로 추앙받는 도로시 데이(1897-1980)는 과거 낙태 경력 때문에 성인의 대열에 끼지 못하고 있습니다. 이처럼 교회가 결혼과 이혼과 성에 대해서 가지는 규범들 때문에 교회의 축복을 받지 못하는 경우도 하나님을 위해서 일하는 데에는 아무런 지장이 없습니다. 하나님의 용서는 무한하기 때문입니다. 그러나 교회는 교회로서 지켜야 하는 규범이 있습니다.

자유주의는 모든 규범을 없애고 인간의 기준에 모든 것을 맞추려 하면서 결국 이 땅에서 우리가 하나님을 경험할 수 있는 방법에 아무런 지침도 주지 못하는 영적 무력함만 낳았습니다. 정치적으로는 득세할지 모르지만 영적으로 무력합니다. 그러나 교회는 종교성의 영역, 즉 성과 속의 '구분됨'을 지키는 방식들을 유지하는 대신 은혜와 용서를 가르침으로써 궁극적으로 누구나 하나님과 개인적으로 화해할 수 있는 길을 열어 놓았습니다. 규범이 없다면 인간은 다 자기 좋은 대로 행할 것이고 그러면 함께 선을 위해 노력하는 데에 필요한 소통의 공통 기반도 의미가 없을 것이기 때문에 규범은 필요합니다. 그러나 그 규범이 우리를 구원하는 게 아니라는 것이 기독교의 핵심입니다. 그것을 기억해야 규범을 유지하면서도 사람들이 하나님을 만날 수 있는 통로를 열어 놓을 수 있습니다.

　　기독교인들을 포함해서 동성애자들의 인권을 주장하는 사람들은 마치 그들이 선의의 피해자인 양 이야기하고 그들에 대한 혐오만 사라지면 모든 문제가 해결될 것처럼 이야기합니다. 그러나 동성 간의 관계라고 해서 이성 간의 관계보다 더 평화롭고 평등한 것은 아닙니다. 동성 간의 관계에도 성폭력이 있고 시기와 질투가 있고 강자와 약자의 관계가 있고 착취가 있고 심지어 성별 분업도 있습니다. 제가 아는 미국의 레즈비언 커플은 한 사람은 교수로서 돈을 벌어 오고 그 사람의 파트너는 집에서 살림을 합니다. 그래서 남자 생계 노동자-여자 가사 노동자라는 패턴 때문에 이성애 커플들이 경험하는 것과 동일한 갈등을 경험합니다. 살림하는 사람이 스트레스를 받는 것이지요. 따라서 동성애 혐오가 사라진다고 해서 동성애자들이 다 행복해지는 게 아닙니다. 그것은 여성 혐오가 사라진다고 해서 여성들이 다 행복해지는 게 아닌 것과 마찬가지입니다. 성경이 괜히 이 세상이 타락했고 인간이 타락했다고 말하는 게 아닙니다. 인간인 이상 우리는 여자 남자, 이성애자 동성애자를 떠나서 다 같은 죄에 취약합니다.

한편 동성애에 관해서 이야기할 때 한 가지 구분해야 할 것은 실천으로서의 동성애와 정치로서의 동성애입니다. 이것은 마치 그냥 여성으로 사는 여성과 페미니즘 운동을 하며 사는 여성이 있는 것과 비슷합니다. 실천으로서 동성애는 실제로 동성애자인 사람에 대한 것입니다. 동성애자들이 있다는 것을 우리는 더 이상 부인할 수 없습니다. 교회는 이 사람들에 대해서 독신으로 지낼 것을 권고합니다. 그러나 한국과 같은 유교 사회에서는 독신을 위한 자리가 없기 때문에 그 권고가 있으나 마나 하게 들립니다. 하지만 오늘날처럼 싱글들이 늘어나는 상황에서 이 싱글들이 교회의 지침대로 성생활을 하지 않는다면 동성애자들은 이 싱글들의 그룹과 어울릴 수 있습니다. 물론 이성애자 싱글들은 언제든 적절한 상대만 만나면 결혼할 수 있다는 차이가 있지만, 4, 50대로 들어서면 이성애자에게도 결혼은 그리 중요한 문제가 되지 않습니다. 이때의 문제는 교회 안의 싱글들이 주로 여성인 반면에 동성애 문제로 주로 드러나는 사람들은 남자라는 점일 것입니다. 그래서 이성애자 여성 싱글과 동성애자 남성 싱글이 같은 싱글 그룹에 모여 있으면, 결혼이 종교인 유교 문화에서 사람들은 어떻게든 그들끼리 짝을 지어 주려 할 것입니다. 그러한 압박이 동성애자인 사실을 숨기고 싶어도 숨기기 힘들게 만들 수 있습니다. 따라서 정말로 동성애자의 인권을 위하고 싶은 복음주의자라면 그것을 정치 운동으로 끌고 갈 것이 아니라, 일단 자기 교회에서 싱글들이 결혼의 압력이나 편견의 시선 없이 편안하게 교회 생활을 할 수 있게 해주어야 합니다. 싱글로 사는 이유는 여러 가지이므로 그것을 이상하게 보거나 캐묻지 않고 교회가 용납하면 동성애자들이 커밍아웃의 압박을 받지 않으면서 섞여 들어갈 수 있는 자리가 마련되는 셈입니다.

　　정치로서 동성애를 설명하기 전에 먼저 동성애 문제로 주로 드러나는 사람이 남자인 이유를 설명하면, 섹스는 곧 삽입 섹스라고 인식하기 때문에 여자들끼리의 동성애는 특별히 동성애로 보기보다는 그냥 좀 친한 여자 친구들끼리의 관계로 보기 때문입니다. 특히 한국 사회처럼 여자 친구들끼리 팔짱도 끼고 손도 잡으면서 친하게 지내는 문화에서는 여자들 사이의 동성애가 그렇게 진지하게 받아들여지지 않을 수 있습니다. 저러다가 나중에 남자 만나면 달라진다고 생각하는 것이지요. 그래서 그러한 관계들과는 다른, 진지하고 배타적인, 섹스가 포함되는 동반자 관계임을 제대로 인정받은 것은 페미니즘 운동의 성과라고 할 수 있습니다. 반면에 남자들 사이에서는 여자들과 달리 그러한 식의 친밀한 신체 접촉이 없기 때문에, 그리고 남성다움에 대한 압박이 심하기 때문에, 그러한 남성성을 드러내지 않는 사람은 쉽게 눈에 뜨일 수밖에 없습니다. 남성성을 의심받는 사람이 남성성을 증명하는 길은 여자 친구나 아내를 두는 것입니다. 그러나 도저히 그렇게 할 수 없는 사람은 쉽게 눈에 뜨일 수밖에 없습니다. 자신의 입으로 말하지 않으면 아무도 모르겠지만 의혹은 늘 따라올 수 있습니다.

최근에 한국 복음주의 안에서도 동성애를 지지하는 결혼한 이성애자 남자 목사나 신학자들이 생기고 있는데, 이혼에 대한 금기가 심한 한국 교회에서 이것은 매우 특이한 현상입니다. 앞에서도 이야기했듯, 동성 결혼을 허용해야 한다는 입장을 보이는 복음주의자들의 근거는 이들이 이성애자들처럼 배타적이고 헌신적인 평생의 관계를 맺을 능력이 있다는 것을 보여 주는 이상 허용해야 한다는 것입니다. 즉 결혼과 성을 자녀 출산과 관련지어 보지 않고 오직 사랑하는 두 사람만 있으면 된다고 보는 입장입니다. 이렇게 온전히 부부의 친밀한 관계만이 결혼에서 모든 의미를 차지하게 되면 사랑 없는 결혼은 더 이상 지탱할 이유가 없습니다. 그래서 친밀한 부부 관계를 더 중요하게 여기는 서구 사회에서는 이혼에 대해서 한국 사회보다 관대합니다. 또한, 부모에 대한 고려나 자녀 출산보다 커플의 애정이 관계의 핵심이기 때문에 진실한 사랑의 대상이 아닌 사람과의 결혼, 즉 선을 봐서 하는 결혼이나 조건 맞춰 하는 결혼, 부모님을 생각해서 하는 결혼이나 필요에 의해서 하는 결혼 등은 모두 자신을 속이는 행위가 됩니다. 그래서 동성애자들도 자신을 속이지 않고 진실하게 살 수 있어야 한다는 이유에서 서구에서는 동성애, 나아가 동성 결혼을 옹호하는 것이기도 합니다.

그러나 앞에서도 보았듯 한국 사회에서의 결혼은 그렇지 않습니다. 특히 교회에서 사모들은 목사가 심지어 성 문제를 일으켜도 이혼을 잘 하지 못하고, 목사들은 사모로부터 이혼을 당하면 자신의 신분도 유지하지 못합니다. 이것은 한국 사회에서는 결혼 관계가 커플의 애정만을 기반으로 하지 않는다는 말입니다. 그러므로 서구에서 진보적인 복음주의 신학자들이 무엇이라고 하건, 한국 교회에서는 동성 결혼을 지지할 근거가 더욱 없습니다. 그들이 결혼이 아니라 그냥 동성애를 지지하는 것이라면, 그들은 사실상 이성애자들도 결혼과 상관없이 자유로운 성생활을 해도 된다고 본다는 뜻입니다. 그것이 아니라면, 매우 특이한 형태로 가부장제의 시혜를 동성애자들에게 베풀겠다는 것밖에 되지 않습니다. 다시 말해서 사모들의 이혼도 지지할 수 없는 한국 교회의 분위기에서 남자 목사나 신학자들이 동성애자를 옹호하겠다는 것은 오히려 자신이 얼마나 뼛속 깊이 가부장적인가를 반증하는 것밖에 되지 않습니다. 이분들이 레즈비언을 옹호하겠다고 동성애 지지 발언을 하는 것이라고 볼 수는 없기 때문입니다. 남자 동성애자들 중에는 여성을 혐오하는 동성애자도 있습니다. 따라서 남자/목사로서 자신이 여자/사모에게 이혼당할 수 있다는 것을 인정하지 않고 레즈비언들의 관계를 같은 동성애로 인정하지도 않으면서 남자들의 동성애만 지지하는 것은 자기 자신도 여성 혐오, 아니면 적어도 여성을 은근히 무시하는 태도를 보이는 것이라고 볼 수 있습니다. 유교 문화에서 자란 남자라면 충분히 그럴 수 있습니다. 여자들을 자신과 대등한 존재로 진지하게 대하지 않고 자신이 가르쳐야 하는 대상으로만 보고, 여자들은 그 가르침을 감사히 받기만 하면 된다고 보는 것이지요. 특히 신학 교육으로 치장한 남자들은 마치 자기 자신에게만 하나님의 특별한 지식이 있는 양하면서 더욱더 여성을 그렇게 볼 수 있습니다.

바로 여기에 정치를 중심으로 움직이는 자유/해방주의 기독교 페미니즘의 맹점이 있습니다. 이들은 서구 페미니즘의 인식론과 방법론을 그대로 교회로 가져왔기 때문에 동성애를 지지할 수밖에 없습니다. 그런데 한국 교회는 물론이고 한국 사회의 보수적인 분위기는 그것을 거론할 만한 상황이 아니고 그렇다고 보수적인 여성들과 동일시하고 싶지도 않기 때문에 동성애를 지지하는 남자 목사나 신학자들, 즉 진보적인 남성들과 연대를 합니다. 그러나 한국 문화의 특성상 진보적인 남자들은 자기들끼리만 진보로 뭉쳤지 여성들에 대해서는 내외할 줄밖에 모릅니다. 페미니즘을 알아야 한다는 당위는 있는데 여성에 대해서는 아내로 둘 여자와 밖에서 어울릴 여자로 구분해서 보는 오랜 문화적 습성을 그대로 지니고 있는 것입니다. 말하자면 페미니즘의 'ㅍ'도 제대로 모릅니다. 결과적으로 기독교 페미니스트들이 페미니즘 이슈를 지지하는 진보적인 남성들이라고 해서 어울리면 결국 이득은 그 남성들에게 돌아가지 현실의 여성들에게 돌아오지 않습니다. 페미니스트들이 어울려 줌으로써 그 남성들을 진보적인 남성으로 만들어 주기 때문입니다. 물론 그 남성들과 어울릴 자격을 얻은 여성들은 개인적으로 혜택을 얻습니다. 적어도 자기 자신만큼은 남성들의 사회에 진입했기 때문입니다.

그러나 그 혜택도 개인이 얻어 낸 혜택이라기보다는 결혼한 여성이라서 얻는 혜택인 경우가 많습니다. 남편과 사이가 좋건 나쁘건 심지어 기러기 가족으로 살건, 일단 남편이 있는 여성과 없는 여성을 대하는 남자들의 태도가 다르기 때문입니다. 유교 문화에서 여자가 남자들의 사회에서 존중을 받으려면 남편이 있어야 합니다. 한국 문화에서 자란 여성들은 이것을 본능적으로 압니다. 그래서 자유/해방주의 기독교 페미니즘을 하는 여성들도 교회가 부드러운 가부장제를 옹호한다고 비판하면서도 자신들도 그 부드러운 가부장제의 혜택 속에서 삽니다. 교회 밖의 사회에서도 이제 겨우 이혼한 여성들이 싱글 여성(이른바 '돌싱')으로서 대중적으로 목소리를 내기 시작한 만큼 아직 교회 안에서까지 자신의 신분에 타격을 받지 않으면서 이혼하거나 싱글로 살아갈 길은 없다는 것을 알기 때문입니다. 특히 한국 문화에서는 같이 살지 않는 부부라도 기러기 가족의 경우처럼 그것이 가족의 이익이나 자녀 교육을 위해서라면 용인하기 때문에 굳이 이혼까지 할 필요도 없습니다. 그래서 운동으로는 페미니즘을 하면서도 결과적으로는 유교의 젠더 규범을 벗어나지 못합니다. 이것은 차라리 운동으로 페미니즘을 하지 않는 것보다 못한 결과를 낳습니다. 자기 자신도 하지 못하는 것을 남에게 요구하면서 자신은 진보적인데 남들이 보수적이어서 변화가 일어나지 않는다고 말하기 때문입니다.

다시 원래의 논의로 돌아가서, 만일 동성애 행위 지지가 아닌, 이들이 이성애자 싱글들과 마찬가지로 성생활을 하지 않으면서 동성애자로 살 수 있도록 돕는 것이 목적이라면 앞에서 말한 대로 먼저 싱글들이 편견의 시선이나 결혼에 대한 압력 없이 교회 생활을 할 수 있는 분위기를 만들어 주어야 합니다. 한국 교회에서는 그것도 쉽지 않을 것입니다. 그러나 앞 장에서 설명한 대로 유교 사회는 효의 윤리가 중요한 만큼 한국 교회는 차라리 효의 윤리에 기대어서 요즘과 같은 사회에서 교회의 어른들이 싱글로 사는 사람들을 통해서 받을 수 있는 혜택을 조금씩 이해하게 유도하는 것이 개인의 권리 운운하는 것보다 더 효과가 있을 것입니다.

모든 동성애자들이 커밍아웃하고 싶어 하는 것은 아닙니다. 그리고 커밍아웃을 하지 않는 이상 주변에 좀 특이하게 보일지는 몰라도 사회생활에 지장이 있는 것도 아닙니다. 그렇게 자신의 애정 문제는 사생활 문제로 돌리고 조용히 살고 싶어 하는 동성애자들도 있습니다. 공개적인 연인 행세가 자신의 정체성에 매우 중요한 부분을 차지하지 않는 이상 이들이 숨겨야 하는 애정사는 이성애자들이 드러내고 싶어 하지 않는 애정사의 선에서 이해할 수 있습니다. 공개적인 연인 행세가 중요한 사람은 사회적 비난을 감수하고 그렇게 할 수도 있습니다. 그러한 사회적 분위기를 바꾸고 싶은 사람은 그것을 위한 정치 운동을 할 수도 있습니다. 여성들이 자신의 권리를 위해서 운동을 했던 것처럼 동성애자들도 그렇게 할 수 있습니다. 그러나 교회는 그러한 정치 운동의 장이 아닙니다.

정치로서 동성애는 국가와 사회를 상대로 하는 동성애자들의 정치 운동이기도 하고, 가부장제 구조를 바꾸는 데에 동성애가 필요하다고 보는 페미니스트들의 정치 운동이기도 합니다. 이러한 정치 운동에는 결혼의 권리처럼 동성애자들의 권리와 직접 연결되는 운동이 있고, 퀴어 퍼레이드처럼 동성애자들에 대한 사회적 인식과 연결되는 운동이 있습니다. 퀴어 퍼레이드는 게이 프라이드 gay pride 라고도 하는데, 동성애자들이 자기 존재를 긍정하고 자부심을 가질 수 있도록 돕기 위해서 하는 행사입니다. 그동안 세상의 혐오 시선이 자신들을 가두고 스스로 비하하게 만들었다고 보고 그에 대해 저항으로서 하는 것입니다. 오늘날 이러한 사회 운동이 중요한 이유는 자신의 존재감이 자신이 정체화하는 그룹의 존재감과 직결되어 있다고 보기 때문입니다. 마르틴 루터의 시대만 해도 오직 하나님만이 내 진심을 아신다며 하나님 앞에서 내적으로 가지는 확신이 중요했다면, 그러한 신에 대한 인식이 사라진 오늘날에는 정치적으로 공적인 인정을 받아야 자신의 내적 가치를 확인할 수 있는 사회가 되었습니다. 말하자면 하나님이 알아 주는 것보다 페이스북 친구나 트위터 팔로워가 알아 주는 게 더 중요해진 셈입니다. 이러한 사회 운동이 교회에도 영향을 미치면서 하나님 앞에서가 아닌 정치의 장에서 존재감을 확인받으려는 경향들이 나타나고 있고, 인권의 이름으로 교회의 전통에 도전하려는 것도 그러한 경향의 연장선상에서 이해할 수 있습니다.

이러한 변화가 한국 교회에 특히 좋지 않은 이유는 유교 문화에서 옳고 그름은 하나님 앞에서 따지는 것이 아니라 이웃의 시선에서 따지는 것이기 때문입니다. 즉 자기 스스로 무엇이 옳고 그른지를 하나님 앞에서 개인적으로 판단할 수 있는 문화적 훈련이 충분히 되지 않은 상태에서 대세를 따르는 것이 곧 잘하는 것이라고 말하는 사회에서 살기 때문에 기독교인들이 스스로 사고하고 판단할 수 있는 능력을 키우기가 더 힘들어지는 것입니다. 교회가 기독교인들을 위해서 해줄 수 있는 것은 진보든 페미니즘이든 정치적인 압력 없이 그들이 자기 자신으로서 하나님 앞에서 살아갈 수 있도록 돕는 것입니다. 그러기 위해서라도 모든 것을 정치로 환원시키지 말고 종교성의 영역을 제대로 지킬 필요가 있습니다.

마지막으로 많은 사람이 잘 이해하지 못하는 페미니즘과 동성애의 관계에 관해서 설명하도록 하겠습니다. 보통 사람들은 페미니즘과 동성애를 구분해서 보고 페미니즘은 괜찮지만 동성애는 안 된다고 말하는데, 그것은 페미니즘을 제대로 이해하지 못한 것입니다. 페미니즘은 이성애 중심주의를 비판하는데, 그 이유는 이성애 중심주의가 남성성과 여성성을 계속 구분함으로써 성 고정관념을 지속시키기 때문입니다. 남성성과 여성성의 내용은 시대에 따라 바뀔지라도 남성성과 여성성 자체가 사라지지 않는다면 성별에 따른 고정관념도 사라지지 않을 것이고, 그러한 고정관념은 여자는 물론이고 남자도 억압한다고 보는 것입니다. 그래서 이성애 중심주의를 비판하는 것인데, 그러한 이성애 중심주의를 깨기 위해서는 그것과는 다른 성애적 관계들이 필요할 뿐만 아니라 가능해야 합니다. 그래서 태어날 때부터 성별이 분명하지 않은 사람들이나 자신에게 주어진 신체적 성별을 받아들이지 못하는 사람들이 존재한다는 사실로 보아 생물학적으로도 남자와 여자는 그렇게 분명하게 구분되지 않으며, 따라서 남자와 여자를 분명하게 구분하는 이성애 중심주의는 가부장제 사회가 만들어 낸 인위적인 제도라고 주장할 수 있는 좋은 근거가 됩니다. 《동성애에 대한 두 가지 견해》에서 동성결혼을 지지하는 메간 드프란자가 바로 그러한 입장에서 간성인 사람들에 관한 연구를 했습니다. 한편 이미 사회에는 동성애자들이 존재했기 때문에 이들의 존재를 가시화함으로써 이성애 중심주의가 자연스러운 것이 아니라 다른 다양한 성 정체성과 성애적 관계들을 억압함으로써 정상성을 인정받아 온 것일 뿐이라고 주장을 하는 것입니다.

오늘날에는 여자 동성애인 레즈비언과 남자 동성애인 게이를 넘어서 바이섹슈얼, 트랜스젠더, 퀴어/탐험중, 간성, 무성/

동료 등으로 확장되면서 약자로 LGBTQIA+ lesbian, gay, bisexual, transgender, queer/questioning, intersex, asexual/allies, +로 표기합니다. 여기에서 트랜스젠더는 자신에게 주어진 생물학적 성과 자신의 젠더 정체성이 다른 경우로서 몸을 젠더 정체성에 맞게 바꾸기도 합니다. 그와 달리 생물학적 성과 젠더 정체성이 일치하는 경우는 시스-젠더 cis-gender 라고 표현합니다. 따라서 이 분류법에 따르면 저는 시스-젠더 여성 이성애자입니다. 나의 생물학적 성과 젠더 정체성이 다 여성이고 성적 지향은 이성애자이기 때문입니다. 퀴어 혹은 탐험중이라는 것은 아직 확실한 성 정체성을 정하지 않은 채 탐험중이라는 뜻이고, 동료란 이성애자이지만 성 소수자들을 적극 지지하는 사람들을 일컫습니다. 이러한 분류들은 이성애라고 하는 범주에 도전하는 다양한 성적 지향과 성 정체성들을 드러내는 것일 뿐만 아니라, 나의 성 정체성은 누가 부과하는 것이 아니라 내가 정할 수 있어야 한다는 의지의 표명이기도 합니다. 그래서 한국어보다 성별이 언어에서 중요한 영어의 경우 he, she라는 성별의 대명사 대신에 they라는 대명사를 남녀를 막론하고 3인칭 단수로 사용하기도 합니다. 심지어 태어난 아이도 그 아이가 스스로 성 정체성을 표명하기 전까지는 남자나 여자로 분류하지 말아야 한다고 주장하는 사람도 있습니다. 그것을 미리 정해서 부과하면 고정된 성 관념을 내면화하면서 억압을 받을 수 있고 그 결과 성 소수자에 대해서도 차별적인 시선을 가지게 될 수 있다고 보기 때문입니다. 하지만 이 정도쯤

되면 이것은 부모로서 자녀를 양육하는 데에 있어서 기본적인 범주와 규칙을 세우지를 못하는 무력함의 발로밖에 되지 않습니다. 아이를 억압했다는 책임을 지고 싶지 않아서 아예 훈육을 포기하고 모든 것을 아이의 선택에 맡기는 것인데, 이것은 인격적인 것이 아니라 무책임한 것이고 오히려 아이를 더 큰 혼란에 빠뜨릴 수 있습니다.

세상에는 다양한 성 정체성이 있고 성 정체성이 그 어느 때보다 중요한 시대가 된 것은 사실입니다. 그러나 아기가 만들어지는 데에는 정자와 난자가 필요하며 그 수정체는 적어도 아직까지는 여성의 자궁에서 최소한 22주까지는 있어야 모체와 분리되어 생존할 가능성을 조금이라도 가질 수 있습니다. 생존 가능성을 높이려면 적어도 27주까지는 모체에 머물러야 합니다. 즉 내 몸이든 남의 몸이든 일단 여성의 몸이 있어야 후세의 출산이 가능한 것입니다. 성 정체성이 아무리 다양하게 확장되어도 이 사실에는 변함이 없습니다. 섹스와 출산의 고리를 끊고 섹스를 단순한 인간의 본능으로 혹은 의미 있는 상대와 친밀감을 나누는 행위로만 만듦으로써 다양한 성 정체성들이 모두 유효한 성 정체성으로 부상하기는 했습니다만, 성 정체성 여부를 떠나 아기를 만들 수 있는 섹스는 아직 이성애 섹스밖에 없습니다. 그래서 교회는 그러한 섹스를 하는 사람들이 결혼해서 책임 있게 자녀들을 길러 내야 한다고 말하는 것입니다. 오늘날에는 퀴어 운동이 확장되면서 여성들의 성 평등도 아직 제대로 이루어지지 않은 상태에서 다른 이슈로 옮겨 가는 것에 대하여 페미니스트들도 다 편한 심기는 아니지만, 퀴어의 입장에서 볼 때 이성애자 여자들은 또 하나의 특권층일 뿐입니다. 이 말은 교회가 동성애를 허용하기 위해서 그 규범을 바꾼다 해도 결국은 또 다른 문제와 부딪힐 뿐이라는 말입니다. '내 은혜가 네게 족하다'는 말은 이때에도 쓸 수 있을 것입니다. 그 은혜를 우리가 아직 다 헤아리지 못할 뿐입니다.

가족

    가족이 우리에게 너무도 중요하다는 것은 누구나 다 인정합니다. 그러나 그 가족이 어떠한 형태여야 하는가에 대해서는 의견이 다릅니다. 오늘날 가족은 단지 자녀가 자라기 좋은 환경뿐만 아니라 나 자신이 행복할 수 있는 가족도 의미합니다. 자녀에게 좋을 것으로 생각하는 바를 다 해주어도 정작 자녀 자신은 행복하지 않을 수 있고, 한국 사회도 점차 자녀가 잘되는 것이 나의 유일한 행복이라고 말하는 부모들이 줄면서, 나 자신이 행복하게 살 수 있는 삶의 방식들에 대한 고민이 많아졌습니다. 사실 이 가족의 문제만큼 기독교가 잘할 수 있는 게 없습니다. 이 말은 이성애 부모와 자녀로 구성된 정상 가족을 기독교가 가장 잘 지킨다는 말이 아니라, 기독교가 다양한 형태의 삶의 방식들을 다 가족으로 품을 수 있다는 말입니다. 우리는 모두 하나님의 자녀이고, 그리스도의 몸이기 때문입니다.

    제가 번역한 유진 피터슨의 《거북한 십 대, 거룩한 십 대》(홍성사 역간, 2000)에 보면 피터슨은 십 대를 상대하며 어려운 시기를 지나는 부모들을 위한 모임을 하면서 그들이 십 대를 이해하고 더 나은 부모 자녀 관계를 맺을 수 있게 도와주는 한편 가족을 우상으로 삼지 말라고 말합니다. 기독교인에게 궁극적으로 중요한 것은 믿음의 가족이지, 혈연 가족의 세속적 성공이 아니기 때문입니다.

유교 문화 안에 실제로 살고 있는 우리는 유교의 가족이 얼마나 혈연 중심적이고 배타적인지를 잘 압니다. 기독교는 일찍부터 혈연관계 중심이 아닌 믿음을 중심으로 하는 가족의 가능성을 보여 준 종교입니다. 피 한 방울 나누지 않은 사람들이 모여서 서로를 형제자매라고 부르면서 사랑의 교제를 나눌 수 있는 것이 기독교입니다. 섹스에 대한 엄격한 규범이 이러한 관계를 가능하게 하는데, 로마 시대 때도 그랬지만 기독교가 남녀가 서로 문란하게 어울리는 집단이라는 오명을 쓰는 것은 이들이 혈연 가족의 테두리를 넘어서 남녀가 함께 사랑의 교제를 나누는 집단이기 때문입니다. 그러한 오해를 받지 않기 위해서라도 기독교는 성 문제와 젠더 질서에 대해서 신중할 수밖에 없었을 것입니다. 이것은 생각할수록 정말 파격적인 실천이 아닐 수 없습니다. 그러나 사람들이 모인 집단인 만큼 시간이 지날수록 그 안에서도 잘난 가족, 못난 가족, 정상 가족, 비정상 가족의 구분이 생기는 것을 막기가 힘듭니다. 따라서 문제는 그러한 구분들을 믿음의 가족이 얼마나 넘어설 수 있느냐 하는 것입니다.

제가 대학에 다닐 적에, 아는 여자 선배의 아버지가 장로

였는데 마찬가지로 장로의 아들을 사귀면서 장로 집안의 자녀들이 사귄다는 사실에 제법 자부심을 가졌던 것을 기억합니다. 물론 이야기의 초점은 요즘 또래들과 달리 품위 있는 이성 관계를 이어 간다는 것이었지만, 거기에서 특별히 장로 '집안'이 가지는 의미는 무시할 수 없습니다. 또, 장로 집안의 아들이 집안에서 자기 혼자 교회에 다니는 여성과 사귀다가 기독교 집안의 여자가 아니라는 이유로 남자 집안이 반대해서 교제를 그만둔 적도 있습니다. 이러한 양상들은 믿음의 가족이 넘어서야 할 혈연 가족의 네트워크를 교회가 넘어서지 못하고 있음을 보여 줍니다. 물론 신앙의 전통은 중요하고 어느 집안에서 자랐는가 하는 것이 개인의 인성 형성에 영향을 미치는 것은 부인할 수 없습니다. 그러나 한국 사회에서는 개인의 인성보다는 개인의 가족 배경이 주는 사회적 지위가 더 중요하기 때문에 그것을 넘어서서 개인을 볼 줄 알아야 하는 교회도 그렇게 하지 못할 때가 많습니다. 또한, 며느리와 시어머니가 같은 교회에 다니는 경우 며느리는 유교의 규범에 매여 기독교인으로서 신앙생활이 매우 어려울 수도 있습니다. 따라서 교인들을 지도하는 목사 자신이 한국 사람들이 오랫동안 인간관계를 맺어 온 방식을 잘 이해하는 가운데 조금씩 기독교적인 인간관계 방식으로 유도할 필요가 있습니다.

물론 이것은 쉽지 않은 일입니다. 앞장에서 충분히 설명했듯, 인간관계의 방식이란 곧 서로에 대한 존중을 표하는 방식이기도 하기 때문입니다. 따라서 우리가 서로에 대해서 가지는 기본적인 존중을 침해하는 것이 아니라는 것을 이해시키면서 변화를 유도할 필요가 있습니다. 싱글들이 교회 안에 편안하게 정착할 수 있게 유도하는 것도 그러한 변화의 방법 중 하나일 것입니다. 한국 사회에서 싱글의 등장은 로마 시대에 등장한 기독교인 싱글만큼이나 새로운 존재입니다. 보통 여자들은 아가씨였다가 아줌마 혹은 누구 엄마가 되었고, 교회에서는 자매님이었다가 집사님이 되었습니다. 더 나이가 들면 할머니가 되고 권사님이 되었지요. 그러나 나이가 든 싱글 여성을 자매님이라고 하기도 어정쩡하고, 보통 결혼해야만 맡는 직책으로 생각했던 집사님이라는 호칭도 어색하기는 마찬가지입니다.

교회 안에서 싱글들을 부를 수 있는 적절한 호칭에 대한 고민은 우리 사회가 전체적으로 겪고 있는 인간관계의 변화를 돌아볼 수 있는 계기가 될 것입니다. 세상이 자기가 감당할 수 없는 속도로 변할 때 사람들은 더 방어적이 되기 쉽고 그렇기 때문에 변화에 더 저항할 수 있습니다. 한국 가족은 불과 2세대 만에 너무도 많은 변화를 겪었고, 그래서 교회는 사명감을 가지고 보수적인 가족을 지키려 들 수 있습니다. 그러나 이미 교인들은 사회의 변화와 함께 변하고 있고, 그 변화 속에서 피해를 보는 사람과 이득을 보는 사람들이 갈리면서 새로운 갈등을 낳고 있습니다. 목회자는 이러한 변화의 흐름을 읽고 자신이 돌보는 사람들이 기독교인으로서 정체성을 잘 지키면서도 필요한 변화를 받아들일 수 있도록 지도할 수 있어야 합니다.

한편 목회자 가정도 같은 변화를 겪고 있습니다. 저를 비롯한 저희 세대의 여성들은 전통적인 사모 역할에 대해 상당한 저항감을 가지고 있습니다. 그러나 저항만으로 해결할 수 있는 것은 많지 않습니다. 목사-사모라는 호칭부터가 유교 사회의 내외 규범을 그대로 반영하는 호칭입니다. 그래서 여성 안수를 주지 않는 보수 교단에서는 사역을 하고 싶은 여성들이 목사가 되는 대신 목사 아내가 되는 길을 택하기도 했습니다. 한국 교회에서 여성은 누군가의 아내나 어머니로서 사역할 때 가장 무리 없이 교인들에게 받아들여집니다. 이러한 자리가 흡족한 여성들은 그대로 하면 됩니다. 그러나 이러한 자리가 흡족하지 않은 여성들은 유교의 내외 규범을 부부 각자의 소명으로 재해석해서 오히려 남편이 일하는 교회와 거리를 둘 수도 있습니다.

설명하자면 이렇습니다. 한국 교회에서 목사-사모 호칭은 사라지기 힘들 것입니다. 사모라는 호칭은 궁극적으로 목사에 대한 존경의 표시이기 때문입니다. 따라서 목사가 아예 존경의 대상이 될 필요가 없거나, 모두가 흡족하게 합의하고 받아들이고 느낌상으로도 무리 없이 수용되는, 존경을 표하는 다른 방식이 생기지 않는 한 그 호칭은 사라지지 않을 것입니다. 이 말은 아무리 현대 사회에서 종교가 사적 영역에 배치되어 교회가 외(정치)의 영역보다는 내(사적 생활)의 영역에 속해 있고, 교회가 하는 일 자체도 돌봄이기 때문에 그 노동이 이미 여성화되어 있다 하더라도, 내외의 형식적 구분은 남아 있을 것이라는 뜻입니다. 그렇다면 이러한 내외 구분을 개인의 소명으로 재해석해서 내가 비록 사모일지라도 내 소명은 남편 옆에 붙어 있는 것이 아니라 내가 하나님 앞에서 받은 소명대로 사는 것이라고 말하는 것입니다. 즉 내외하는 부부로서 각자의 소명이 다르다고 말하는 것이지요. 물론 사모가 이 정도로 자기 소명을 주장할 수 있으려면 일단 목사인 남편이 교인들에게 하나님 앞에서 받는 개인적 소명의 의미를 잘 설명해 주어야 할 것입니다. 오늘날에는 여자들도 자기가 가진 재능을 살려서 일하는 것이 좋다는 견해가 일반적으로 자리잡고 있기 때문에 그러한 일반적 견해를 사모에게까지 연장시킬 수 있습니다.

한편 교인들이 사모가 교회 일에 지나치게 관여하지 않기를 바라는 경우도 있을 것입니다. 공식 사역자도 아니면서 목사에게 준하는 대우를 해주어야 하는 사모는 오히려 교회의 일에 방해가 될 수도 있습니다. 때로는 교인들이 두 주인을 모시는 듯한 심정을 느끼기도 할 것입니다. 이런 경우는 오히려 사모가 자기 소명을 찾아가기 좋습니다. 그러나 사모 자신이 자기 소명을 찾아가려 하지 않고 이미 자신이 가진 사모의 신분으로 교회 일에 관여하고 싶어 한다면 교인들과 목회자 부부 사이에 몇 가지 기본적인 규칙들에 합의하고 논의할 필요가 있을 것입니다. 한편 사모로서 남편 옆에 붙어 다니지 않고 자기 소명을 찾아가는 경우, 남편이 교회 일을 하면서 자주 만나게 되는 여자 교역자들과 성도들 사이에서 일어날 수 있는 불미스러운 일들을 미리 방지할 방안도 생각해 두어야 할 것입니다.

이 모든 것이 어느 정도의 규모에 어떠한 전통이나 멤버를 가진 교회냐에 따라서, 그리고 남편이 담임이냐 부교역자냐에 따라서 다 다를 것입니다. 그러나 어떠한 경우든 바람직한 것은 목회자 가정의 사생활을 존중해 주는 것입니다. 유진 피터슨도 자신이 안식일로 지키는 월요일만큼은 교인들이 방해하지 말 것을 부탁했습니다. 가정을 지키고 싶은 목회자라면 사역에서 해방되어 온전히 아내와 가족에게 집중하는 시간을 의무적으로 가져야 합니다. 그리고 가족과 시간을 보낼 때는 온전히 남편이자 아버지로서 시간을 보내야지 목회자로서 보내서는 안 됩니다. 이전의 사모들처럼 그저 남편이 주의 일을 한다고 모든 것을 다 이해해 주는 여자는 요즘 많지 않습니다. 사모는 영원불변한 자리가 아니라 실제로 살아 있는 여성들이 맡게 되는 역할인 만큼 목회자도 교회도 사모를 살아 있는 현실의 여성으로 볼 수 있어야 합니다.

한편 남편이 목사이건 아니건 결혼한 기독교인 여성들이 기억해야 할 것은, 두 마리 토끼를 다 잡는 방법은 없다는 것입니다. 누군가는 살림을 해야 하고 아이를 봐줘야 하기 때문입니다. 아내가 못할 경우 보통은 어머니나 시어머니가 해줄 것이고, 아니면 돈으로 인력을 따로 살 것입니다. 그렇지 않다면 남편이나 아내 중 어느 한쪽이 자기 커리어를 조금이라도 희생해야 가정이 유지될 수 있습니다. 유교 가족은 남편이 바깥 일에 집중하고 아내가 자녀 교육에 집중함으로써 자녀의 성공을 이끌고 그 것으로 가족의 번영을 다지는 가족입니다. 그리고 남편/자녀가 사회에서 획득하는 신분이 곧 아내/어머니의 신분이 됩니다. 그 러므로 여성이 자기 커리어를 택함으로써 남편의 커리어가 희 생되거나 자녀의 교육이 희생될 경우 자기 가족과 자신의 신분 전체가 타격을 입습니다. 저도 제 소명을 택함으로써 남편은 중 견 교회에서 일할 기회를 잃고 아주 작은 개척교회를 맡게 되었 습니다. 여성들이 자기 일을 택할 때는 이것을 염두에 두어야 합 니다. 아직도 남편의 신분이 곧 아내의 신분인 한국 사회에서 여 성들은 대체로 그 가부장제에서 자신이 유익을 얻을 수 있는 방 식으로 선택을 하며 삽니다. 따라서 무조건 가부장제 때문에 혹 은 가부장적인 교회 때문에 내가 하고 싶은 일을 못하고 산다고 말해서는 안 됩니다. 할 수 있습니다. 그에 따라오는 결과만 받 아들일 수 있으면 됩니다.

　　마지막으로, 생명 문제를 간략하게 다루고자 합니다. 가 족은 생명이 탄생하는 곳이자 떠나는 곳이기 때문입니다. 혼자 아이를 낳아야 하는 경우, 그리고 홀로 세상을 떠나는 경우는 아 마도 세상에서 손꼽히는 슬픈 일 중 하나일 것입니다. 가장 이상 적인 것은 부모가 함께 아이를 갖고 함께 기쁘게 이 세상에 맞이 하고, 그렇게 맞아 들이고 자녀들이 지켜보는 가운데 평화롭게 눈을 감는 것일 터입니다. 그러나 제법 자연스러워 보이는 이러 한 일들이 갈수록 힘들어지고 있습니다. 기독교인들은 생명이 자기 손에 있지 않다고 믿는 사람들입니다. 그래서 생명의 시작부터 마지막까지 최선을 다해 살려 하고, 살리려 하고, 함부로 중단시키지 않으려 합니다. 그래서 낙태도 반대하는 것입니다. 그러나 정말로 생명이 귀중해서 낙태를 반대하는 것이라면 결혼의 전제 없이 출산이 가능할 수 있게 해주어야 합니다. 남자가 동참하지 않아도 여자 혼자 아이를 낳아 키우고 싶어 하면 그렇게 할 수 있게 해주어야 하고, 여자 혼자 키울 형편이 되지 않을 때 아이를 입양할 수 있게 해주어야 합니다. 이것이 바로 혈연을 넘어서는 믿음의 가족이 보여 줄 수 있는 모습입니다. 남자는 자신의 행위가 낳은 결과를 보면서 오히려 더 책임감을 느껴야 하고, 그 책임을 지려 하지 않을 때 자신이 얼마나 비겁한 사람인지를 그 아이를 보면서 느낄 수 있어야 합니다. 임신해서 결혼하고 그 결혼이 잘 이어진다면 제일 좋을 것입니다. 그러나 준비가 되지 않은 상태에서 단지 임신했다는 이유만으로 결혼할 경우 부부나 아이 모두에게 오히려 더 힘들 수도 있습니다. 따라서 이러한 예기치 못한 임신을 빨리 결혼으로 무마시키려 하지 말고 당사자가 출산을 결심했다면 출산 자체에 집중할 수 있게 해주어야 합니다. 불임을 경험한 부부들은 알겠지만, 임신은 누구에게나 찾아오는 복이 아닙니다. 따라서 어떠한 경로로 임신을 했건, 교회는 그 아이를 하나님이 주신 생명으로 받아들일 수 있습니다. 그러한 분위기가 전반적으로 형성되면 여성들도 자기 몸에도 해로운 낙태를 택하기보다 아이를 낳는 쪽으로 생각할 수 있습니다.

그러나 지금과 같은 상황에서는 원하지 않는 임신은 결혼 여부를 떠나 쉽게 낙태로 이어집니다. (앞으로는 어떨지 모르지만 한국 사회에서 낙태는 비혼 여성보다 결혼한 여성이 더 많이 해왔습니다.) 낙태를 할 수밖에 없는 상황들이 있습니다. 한국 사회에서 결혼하지 않은 여성이 임신을 지속하는 것은 죽기보다 힘든 선택일 수 있습니다. 따라서 이 문제도 여성들이 하나님 앞에서 스스로 결정할 수밖에 없습니다. 어쩔 수 없는 선택을 했다면 참회하고 용서를 구하면 됩니다. 낙태 문제는 남자들이 이래라저래라 할 수 있는 문제가 아닙니다. 자기 몸에서 일어나는 일이 아니므로 결혼 여부를 떠나 임신을 둘러싼 여러 가지 복합적인 신체적 심리적 경험에 대한 체험적 지식이 없기 때문입니다. 그런데 한국 사회의 특이한 현상은 낙태금지법 폐지에 산부인과 의사들이 동참했다는 것입니다. 미국에서 이 싸움은 온전히 여성들의 싸움입니다. 그리고 낙태는 일반 산부인과 병원에서 하는 것이 아니라 낙태 클리닉에서 이루어집니다. 페미니즘 운동의 결과로 여성들이 안전하게 낙태할 수 있는 몇 개의 클리닉을 얻은 것입니다. 반면에 한국에서는 낙태를 인공 유산이라고 하고 낙태가 아닌 유산을 자연 유산이라고 부를 정도로 낙태에 대해서 별다른 자각이 없었습니다. 이 말은, 한국 사회에서 낙태는 이미 여성의 권리 문제가 아니었다는 것입니다. 낳아서 키울 만한 여건이면 낳고 아니면 낙태하는 것이 좋다는 것이 한국 사회의 일반적 견해입니다. '낳아서 키울 만한 여건'에는 여러 가지가 있습니다. 결혼하지 않은 여성은 당연히 낳아서 키울 만한 여건이 아니라고 생각할 것이고, 장애아의 경우도 마찬가지입니다. 가족의 경제 상황도 작용할 것이고, 자녀들의 숫자와 성비, 부부 사이의 관계와 기타 가족 관계도 작용할 것입니다. 이러한 모든 것을 따져서 여성들이 알아서 낙태를 하는 것입니다. 즉 '내가 원하는 때를 선택해서 낳고 싶다'가 핵심이 아니라, '내가 할 도리를 하면 된다'는 생각입니다.

그나마 한 가지 낙태에 있어서 여성들이 가졌던 통제권은 남편 몰래 할 수 있었다는 것입니다. 이것 또한 내외 규범과 연관이 있는데, 피임과 임신은 '내'의 일로서 여자들이 알아서 하는 일로 여겨졌기 때문입니다. 그래서 낙태가 피임 수단으로 사용되기도 했는데, 피임에서 남자의 협조를 구하기 힘들었기 때문에 여성의 건강을 담보로 알아서 피임할 수밖에 없었던 것입니다. 그러나 남자들이 관여하지 않았기 때문에 오히려 몰래 계속 피임을 할 수도 있었습니다. 예전의 드라마를 보면 임신하려고 부부가 노력하고 있는 줄 알았는데 어느 날 남편이나 시어머니가 화장대 서랍에서 아내 혹은 며느리의 피임약을 발견하는 장면들이 나오고는 했습니다. 남편이 관여하는 영역이 아니었기 때문에 오히려 몰래 임신 시기를 조절하고 있었던 것입니다. 박완서의 소설 《아주 오래된 농담》에도 보면, 여자가 임신을 원하지 않아서 남편 몰래 계속 피임을 하다가, 내가 병원에 가보니 불임이라고 하더라며 거짓말을 하고 이혼을 합니다. 그리고 《서 있는 여자》를 보면 원하지 않는 임신을 한 신혼의 여주인공이 남편 몰래 낙태를 하기도 합니다. 이것은 단지 소설 속의 이야기만이 아닙니다. 국가가 법으로는 금지했을지 몰라도 유교 관습에 따라 그것을 이행할 의지가 없었던 만큼, 이렇게 현실에서 여성들은 남편들 모르게 자신이 원하는 바와 자신이 할 도리를 적절히 저울질하면서 임신을 통제해 왔던 것입니다.

결국, 낙태가 합법화된다고 해서 크게 달라질 것은 없습니다. 낙태가 금지되었던 때에도 한국에서 낙태는 임신 초기에만 했던 것은 아니었습니다. 합법화되어 의료보험 혜택을 받는다면 저소득층 여성들에게는 도움이 될 것입니다. 그러나 의료보험 혜택을 받음으로써 그나마 여성들이 알아서 할 수 있었던 낙태를 남편이 알게 될 수도 있습니다. 또한, 국가가 외면하고 있던 영역에 주목하게 함으로써 또 다른 방식으로 여성의 몸이 국가의 통제를 받을 수도 있습니다. 미국처럼 선거 때마다 이슈가 되면서 여성들이 오히려 더 피곤해질 수도 있습니다.

한국의 복음주의권에서는 1990년대부터 낙태를 반대해 왔습니다. 그러나 일부 적극적인 사람들 외에 큰 파급 효과를 가진 것 같지는 않습니다. 오히려 최근에 낙태가 이슈가 되면서 좀 더 대담하게 낙태를 찬성하는 사람들이 교회 안에 생겨났습니다. 낙태 문제가 정치화되기 시작한 것입니다. 이럴수록 교회는 정치적 관점에서가 아니라 진정 생명의 관점에서 낙태에 접근해야 합니다. 그리고 그러려면 어떠한 아이든 아이는 다 하나님이 주신 것으로 받을 수 있어야 합니다. 한부모 밑에서 크는 아이든, 조부모 밑에서 크는 아이든, 재혼 가정에서 크는 아이든, 장애가 있는 아이든, 혈연 여부나 가족 형태와 상관없이 다 하나님의 자녀로 받을 수 있어야 합니다. 그 아이들을 편견의 시선으로 대하지 말고 지원해 주어야 합니다. 그리고 여건이 된다면 입양에도 적극적이어야 합니다. 그러나 그 전에 좀 더 쉽게 할 수 있는 일이 있습니다. 바로 유산과 사산을 생명의 죽음으로 진지하게 대하는 것입니다. 이 경험을 한 여성들이 제대로 애도할 수 있도록 교회가 도와 줌으로써 생명에 대한 태도를 돌아보게 할 수 있습니다.

낙태를 여성들의 권리이자 선택으로 보아야 한다는 입장에 서 있는 페미니즘의 관심은 태아가 임신부의 몸 밖에서 생존할 수 있는 시점입니다. 낙태와 살인을 구분하기 위해서입니다. 임신부가 있어야만 존재할 수 있는 시점의 태아는 태아일 뿐이고, 따라서 그때까지는 여성의 몸의 일부로서 대할 수 있다는 것입니다. 낙태 합법화의 절차는 바로 이런 것입니다. 낙태와 살인을 구분하기 위해서 태아가 여성의 몸의 일부가 아닌 독립적 개체가 되는 시점에 대한 논쟁을 하는 것입니다. 따라서 유산한 아이에 대한 애도는 태아도 별개의 생명이라는 인식을 가지는 데에 도움이 됩니다.

일본에서는 유산이든 낙태든 불운하게도 태어나지 못하

고 간 아이들에 대해서 절에서 치러 주는 의식이 있습니다. 일각에서는 절이 돈을 벌기 위해서 그 아이의 혼이 와서 괴롭힐 거라는 말로 공포심을 조장하여 여성들로 하여금 돈을 내고 의식을 치르게 한다고도 하지만, 제가 보기에 그것은 여성들의 심리를 제대로 이해하지 못하는 발언입니다. 일본에서 살 때 제 일어 선생이 인공 수정으로 어렵게 임신했는데, 저랑 점심을 같이하기로 한 날 오전에 병원에서 유산된 것을 알고 저를 만나게 되었습니다. 깊은 좌절과 충격에 빠진 그는 제일 먼저 절에서 하는 그 의식에 대해 말을 꺼냈습니다. 그래서 저는 그와 함께 근처의 절로 갔습니다. 그 의식을 당장 치르기 위해서가 아니라 혹시 그곳에서 그가 위안을 찾을 수 있을까 해서였습니다. (그는 기독교인이 아닙니다.) 그러나 그는 곧 그곳을 떠나기를 원했고 그래서 우리는 딱히 목적지 없이 함께 걷다가 우리 집 근처 공원에 한참 동안 앉아 있었습니다. 그렇게 우리는 함께 유산된 아이를 애도했습니다. 그는 불임인 줄 알았는데 그래도 일단 임신이 되기는 했으니까 안도했다는 이야기, 지금 이 일이 현실 같지 않다는 이야기, 아이를 무척 기다리던 남편이 충격받을까 봐 걱정된다는 이야기 등을 했고, 저는 가만히 들으면서 위로해 주었습니다. 저도 유경험자였으므로 그가 겪는 감정들을 충분히 이해할 수 있었고, 그는 경황 없는 순간에 함께 있어 준 제게 깊이 감사했습니다. 그가 어느 정도 마음을 추슬렀을 때 그는 마침 공원에 만개한 장미를 보면서 아이가 꽃이 된 것 같다고 하고는 집으로 돌아갔습니다.

이틀 전에 그에게서 문자가 왔습니다. 그 공원에 핀 꽃을 사진으로 찍어 보내면서 1년 전의 일이 생각난다고 말했습니다. 유산을 말하는 것이었습니다. 그에게 나름대로 애도 의식이 생긴 것입니다.

물론 이 애도는 공개적일 필요도 없고 평생 계속될 필요도 없습니다. 그러나 여성들이 적절하게 슬픔을 표현할 수 있게 해줄 필요는 있습니다. 그리고 사산의 경우, 제대로 예를 갖춰서 그 아이를 보낼 수 있게 도와 주어야 합니다. 한국에는 그런 관습이 없기 때문에 병원에서 으레 하는 절차를 따르게 되는데, 기독교인 의사들이 이 부분에서 새로운 선례를 세움으로써 선한 영향을 미칠 수 있을 것입니다. 낙태를 한 경우에도 애도의 시간을 가질 수 있습니다. 무슨 혹 떼어 버리듯이 아이를 뗀다, 지운다는 표현을 쓰는데, 그렇게 하지 말고 생명으로 태어날 수도 있었던 아이를 낳지 못하게 된 상황을 제대로 인지하면서 애도하고, 그 아이와 하나님에게 용서를 구함으로써 앞으로는 더 조심하는 계기가 될 수 있습니다. 남자를 탓하고 싶을 수도 있겠지만 결국 내 몸에서 일어나는 일은 내가 책임질 수밖에 없습니다. 남자에게 아무런 책임이 없다는 말이 아닙니다. 그러나 남자가 책임을 지건 지지 않건, 몸이 힘든 것은 여성 자신입니다. 따라서 여성은 더 신중하게 자기 몸에 대해서 생각할 수밖에 없고, 자신의 몸에 대한 그러한 책임 의식은 여성을 더욱 성숙하게 할 것입니다.

그럼 이제 마지막으로 사역에 대해서 살펴보도록 하겠습
니다.

저는 기독교 세계관 운동 세대입니다. 제가 대학 생활을 시작할 무렵 기독교 세계관 운동이 일어나기 시작했고, 저는 라브리라는 선교 단체를 통해서 기독교 세계관을 몇 년간 공부했습니다. 이 운동의 영향을 받은 저와 저희 세대의 기독교 신앙 패턴은 저희 부모님 세대의 신앙 패턴과 확연히 다릅니다. 저희 부모님 세대만 해도 기독교인이 된다는 것은 주일에 교회에 가는 것 그리고 교회에 헌금을 하는 것이 전부라면 전부였습니다. 물론 그 외에 제사를 지내지 않는 것, 점을 보지 않는 것, 술과 담배를 하지 않는 것, 전도를 하는 것, 성경을 읽는 것도 중요했지만, 이러한 몇 가지 행동 패턴에 변화를 주는 정도였습니다. 우상숭배 하지 않기, 도덕적으로 살기, 전도하기, 이 정도면 주님 오실 때까지 바르게 살면서 땅끝까지 복음을 전파하라는 사명에 충실하다 볼 수 있었습니다.

이때에 교회에 생계를 건 사람들은 주로 목회자들이었고 일반 교인들은 다 '세속' 직업을 가지고 있었습니다. 그들의 헌금으로 목회자들은 먹고 살고, 해외 선교사들을 후원하고, 교회 건물을 짓고 교회 내 비용을 쓰고, 여력이 되는 교회라면 유치원이나 복지관을 운영하고는 했습니다. 저도 동네 교회에서 운영하는 유치원을 다녔습니다. 그 선생님들의 월급도 교회에서 지급했겠지요. 그리고 돈이 있는 장로님들은 간혹 기독교 출판사나 서점을 운영하기도 했습니다. 제 친구의 할아버지는 강남에서 제법 큰 기독교 서점을 운영하셨고, 아버지는 일반 직장을 다니면서 장로직에 계시다가 결국 신학을 공부하고 목사가 되었습니다. 한국 교회에서 장로들은 주로 교회에 돈을 낼 수 있는 사람들이 맡는 직책인데, 이들 중 어떤 사람들은 제 친구의 아버지처럼 나중에 아예 신학을 공부하기도 하고, 어떤 사람들은 사업을 하면서 교인들에게 좀 더 봉사하는 마음으로 일하기도 하고, 아니면 아예 교회와 관련된 일을 사업으로 하기도 했습니다. 물론 장로가 아니어도 사업하시는 분들 중에는 그렇게 하시는 분들이 있었고, 이러한 정도가 신앙과 일을 연결시키는 방식이었습니다. 즉 내 사업으로 번 돈을 교회에 헌금하거나, 교인들에게 혹은 교회를 위해서 조금 더 싸게 재화나 용역을 제공하는 것이지요. 일반 직장을 다니는 기독교인들은 일하는 방식에 대한 통제력이 덜한 만큼 자신의 일터와 신앙을 연결하기가 좀 더 힘들었을 것이고, 주일을 지키기 힘든 경우들도 많았습니다. 그나마 열심이 있는 사람들은 직장 신우회를 조직해서 직장 안에서 신앙을 지키고 전도할 수 있는 방안을 모색하기도 했습니다. 그

4. 한국 복음주의 페미니즘은 어디로?

러다가 기독교인들이 한국 사회의 주류로 점차 자리잡으면서 신앙 정체성과 일상생활의 분리에 대한 갈등을 해결해 주는 하나의 방법으로 등장한 것이 기독교 세계관입니다.

기독교인의 기본 사명을 두 가지로 본다면, 하나는 바른 생활이고 또 하나는 전도입니다. 기독교인이 생활을 바르게 하는 것도 사실은 전도를 위한 것입니다. 복음을 증거하는 사람으로서 거리낄 것이 없어야 하기 때문입니다. 그런데 때로는 바른 생활이 아닌 세속적 복을 받는 것으로 복음을 증거하게 되는 변형이 일어나기도 합니다. 나의 바른 생활이 본보기가 되어 전도를 하는 것이 아니라 내가 돈을 잘 벌고 가족이 다 잘되는 것이 본보기가 되어서 전도가 되는 것입니다. 일반 신도들, 특히 도시 중산층은 이 중간의 어느 지점에 서 있습니다. 즉 양심에 거리끼지 않을 정도로 적당히 바르게 살면서 사회적 품위는 유지할 수 있을 정도로 적당히 잘되기를 바랍니다. 한국 교회는 이 두 가지 욕망의 조합 위에서 성장합니다. 기독교 세계관이 등장하기 전 성장기의 한국 교회는 일단 사회 안에 자리를 잡아야 했기에 복을 강조할 필요도 있었습니다. 우리가 기존 것을 버리고 다른 것을 선택할 때는 다른 것이 더 좋아야 그 선택을 하는 것처럼, 개종을 할 때도 내가 전에 따르던 종교보다 새로운 종교에 더 나은 것이 있어야 합니다. 그리고 인간에게 가장 직접적으로 '더 나음'을 증명할 수 있는 길은 나의 실제 삶이 좋아지는 것입니다. 병이 낫고, 돈이 벌리고, 관계가 회복되고, 마음이 평안해질 때 우리는 아, 이게 좋은 거구나 하고 느낍니다. 기독교는 예수를 믿는 것이 이러한 실제적인 삶의 변화를 가져온다고 말하고, 그렇게 실제적인 변화를 가져왔기 때문에 이렇게 오랜 세월 동안 세계 종교로 남아 있을 수 있었던 것입니다. 남자가 노름하지 않고, 술 담배 안하고, 바람만 피우지 않아도 일단 가족의 경제 형편이 좋아지고, 부부 사이도 좋아지며, 그렇게 합심하면 당연히 잘 살 수 있습니다. 사람의 나쁜 습관은 쉽게 고쳐지지 않기 때문에 거기에 종교적 권위를 더하면 교정 효과가 있습니다. 그래서 하나님의 뜻이 그렇다고 말하면서 바른 생활을 강조하는 것이지요. 한국 교회는 바로 그러한 정도의 바른 생활과 복 받는 생활의 조합 속에서 성장했습니다.

지금도 그러한 기본적인 사실은 달라지지 않았습니다. 우리는 양심에 거리끼지 않을 정도로 적당히 바르게 살면서 사회적 품위는 유지할 수 있을 정도로 적당히 잘 살기를 바랍니다. 그리고 사회적 품위를 유지하려면 신분이나 지위, 아니면 돈이 필요하기 때문에 우리의 바른 생활은 어느 정도 세속적 복에 대한 기대와 결합이 됩니다. 우리가 사실 인간에게 기대할 수 있는 것은 많지 않습니다. 이러한 욕망의 조합에서 어느 하나가 지나쳐서 추해지지만 않아도 제법 괜찮은 삶입니다. 상류층 생활을 하는 목사를 보면서 우리는 씁쓸해하지만, 그렇다고 목사라면 누구나 가난하게 살아야 하는 것도 아닙니다. 성경에서 '족한 줄 알라'고 했을 때 그 '족함'의 기준은 사람이 자라 온 성장 환경에 따라 다 다르기 때문에 일괄적인 기준을 적용할 수는 없지만, 남에게 눈살 찌푸리게 하지 않을 정도의 기준이 무엇인지는 생각해 볼 수 있습니다. 성경에서 인간은 사랑하라고 하고 하나님은 신뢰하라고 한 이유를 잘 이해해야 합니다. 인간은 사랑의 대상이지 신뢰의 대상이 아닙니다. 그것은 자기 자신도 마찬가지입니다. 나도 나를 믿지 못하는 것이 인간입니다. 지금 내가 부유한 생활을 하는 목사를 욕하지만, 내가 그러한 자리에 오르게 되었을 때 혹은 남편이 그렇게 되었을 때, 나는 다르게 살고 나는 옆에서 바른 소리 할 수 있을 거라고 아무도 장담할 수 없습니다. 물론 그렇다고 개인의 차원을 넘어 공동체의 차원에서 영향을 미치는 사안에 대해서 침묵해야 한다는 말은 아닙니다. 다만 자기 자신만 의인인 양 말하는 것은 교회는 물론이고 자신에게도 도움이 되지 않습니다.

현재 한국 기독교 안에서 일어나고 있는 분열은 그만큼 기독교가 한국의 주류 종교로 자리잡았다는 것을 반증하는 현상입니다. 말하자면 상대할 만한 상대가 된 것입니다. 교회가 작을 때는 일단 생존만으로도 벅차서 그런 것을 따지지 않고 자기들끼리 뭉칠 수 있다면, 규모가 제법 커져서 이제 주류 사회와 관계를 맺을 시점에 오면 그 사회와 관계를 맺는 방식에 대한 견해들이 갈리게 됩니다. 한국의 기독교 세계관 운동은 교회가 사회의 주류로 진입하면서 주류 사회와 관계를 맺는 방식이 달라질 필요가 있음을 자각했음을 보여 준 현상입니다. 그러나 현재 상황으로 보면 주류 사회와 상관하기보다는 오히려 기독교 안에서 하나의 진영을 형성해서 교회를 공격하는 양상을 보입니다. 다시 말해서 주류 사회에서는 진보 정치에 가담하는 것으로 기독교를 대변하려 하면서 진보와 합세해 보수 교회를 욕하는 양상입니다. 이것은 미국의 자유주의 개신교의 패턴을 그대로 따르는 것인데, 거기에 결정적인 걸림돌이 성 문제, 즉 페미니즘입니다.

앞에서 살펴본 대로 유교의 젠더 규범을 가진 한국 사회는 전반적으로 성에 대해 보수적이고, 여성에 대해서는 아내로 둘 여자와 밖에서 어울릴 여자로 구분해서 보는 시선이 여전히 남아 있습니다. 따라서 남자의 방종한 성생활마저도 이혼을 정당화해 주지 못합니다. 자유주의의 패턴을 따라 제대로 진보가 되려면 이것이 바뀌어야 합니다. 그런데 한국 남자들은 이것을 제대로 이해하지도 수용하지도 못하면서 진보 정치를 하려 하기 때문에 실제로 중요한, 남자와 여자가 얽히는 온갖 생활 문제를 다룰 능력은 갖추지 못한 채 이념적인 구호만 외치는 진보가 됩니다. 자유/해방주의 기독교 페미니즘이 이러한 문제를 제대로 다루지 못하는 이유도 유교 사회의 특성상 남편을 두지 않고는 남자들에게 인정받기가 힘들고 그래서 자신도 그 규범 안에서 사는데 그렇다고 그런 현실을 내놓고 인정하면 페미니즘 이념에 어긋나니까 여성들의 실제적인 문제는 덮어 두고 남자들처럼 구호만 외치기 때문입니다.

그러나 교회는 이념 공동체가 아닙니다. 교회가 이념적이 되기 힘든 이유는 온갖 배경의 사람들이 모여서 하나님을 예배하며 자기 삶을 드러내는 공동체이기 때문입니다. 따라서 한국의 교회는 한국인들의 못난 모습부터 잘난 모습까지 다 보여줄 수 있습니다. 이러한 사람들이 예수를 모범으로 삼아 새로운 사람들로 빚어져 가는 곳이 교회입니다. 그리고 그 과정은 아름답지만은 않습니다. 한국 사회보다 나은 수준을 보여 주는 것이 한국 교회의 목표이기는 하지만 그것을 장담하기는 힘듭니다. 오히려 표면적으로는 더 수준이 낮을 수도 있습니다. 왜냐하면, 자신이 죄인인 것을 알고 모인 집단이기 때문입니다. 교회가 일반 사회보다 더 잘해야만 하는 것이 있다면 그것은 죄인이 용서받는 것을 보여 주고 그 용서가 사람에게 어떤 효과를 나타내는지를 보여 주는 것일 것입니다. 그러나 하나님의 시선이 아니라 이웃의 시선이 행동 교정 효과를 가지는 유교 사회에서 죄를 드러내는 건 힘든 일입니다. 사회생활에 필요한 최소한의 품위가 회복될 수 없을 만큼 망가질 위험이 있기 때문입니다. 그렇게 되면 사회에 재통합되기가 힘들기 때문에 사실상 파문이나 다름없습니다. 따라서 한국 교회에서는 개인과 사생활의 영역을 그 개인이 하나님과 만나는 거룩한 공간으로 인정하고 그 공간에서 죄와 용서의 문제를 피상적으로 다룰 게 아니라 제대로 다뤄지도록 조금은 거리를 두는 연습을 할 필요가 있습니다. 이러한 거룩한 공간을 유지하려면 교회를 자꾸만 이념적 정치의 장으로 만들어서는 안 됩니다.

저는 소위 진보적 성향의 목사를 둔 교회를 오랫동안 다녔는데, 그는 선거철만 되면 특별히 정치와 관련된 설교를 하면서 은근히 진보 정당 쪽으로 투표하도록 유도했습니다. 기독교 세계관이 진보 정치와 결합하면 기독교인에게 중요한 두 가지 사명 중 하나인 '바른 생활'이 '바른 이념' 혹은 '바른 정치politically correct'로 바뀝니다. 바른 생활이 도덕주의의 검열자 노릇을 해서 사람을 불편하게 한다면, 바른 정치는 이념의 검열자 노릇을 해서 사람을 불편하게 합니다. 그런데 진보들은 도덕주의의 검열은 나쁘지만 이념의 검열은 나쁘지 않다고 생각합니다. 자신이 실천하는 것은 진리이지 이념이 아니라고 생각하기 때문입니다. 그래서 실생활은 보수와 별로 다르지 않으면서 자신은 진보 정치를 하기 때문에 의롭다고 생각하는 것입니다. 이것은 교회에 정말로 해로운 행위가 아닐 수 없습니다. 비도덕적인 것을 비도덕적이라고 제대로 말하지 못하고 이념의 검열에 걸려서 비도덕적 행위를 옹호하게 만들기 때문입니다. 목사가 교인들에게 이런 못할 짓을 하게 해서는 안 됩니다. 특히 자신이 진보 정치를 지지하거나 특정 정당을 지지함으로써 의로운 사람으로 살 수 있다는 착각을 교인들에게도 심어 줄 수 있기 때문에 더욱 경계해야 합니다.

물론 교회의 정치화는 진보들만 하는 것은 아닙니다. 그러나 너희도 정치화했으니 우리도 정치화하겠다는 것은 교회로 모이겠다는 것이 아니라 편 갈라 싸우겠다는 것밖에 되지 않습니다. 한국 기독교가 기독교 세계관을 제대로 실천하려면 주류 사회와 상대하는 방식을 놓고 오래 오래 꾸준히 고민하고 연구하고 논의해야 합니다. 기독교 세계관 자체가 한국이 아닌 미국 사회에서 구성된 것이기 때문에 더욱 그렇습니다. 그래서 최근에 등장한 페미니즘 이슈는 오히려 교회에 기회가 될 수 있습니다. 어차피 한국 기독교는 성 문제에 있어서 진보적일 수 없다는 것이 입증되었기 때문입니다. 말하자면 진보성의 한계를 그대로 드러낸 것입니다.

처음 기독교 세계관 운동이 시작될 때는 기독교인의 기본 사명 두 가지 중에서 바른 생활을 강조하면서 이제 복음 그만 강조해야 한다고 했습니다. 그리고 윤리 실천 운동을 했습니다. 기독교인의 바른 생활이 공적 사회에서도 그대로 나타나야 한다고 보았기 때문입니다. 그러나 그러한 바른 생활을 주장할 수 있는 기반은 여성들이 '내'의 영역을 지키면서 유교적인 젠더 규범을 따라 주었기 때문에 가능했습니다. 윤리 실천 운동에서는 여자들은 가정생활을 할 것을 강조했고, 임금 노동을 하더라도 남자를 보조하는 수준이어야지 아내의 임금 노동이 본업이 되어서는 안된다고 했습니다. 그래서 여자들은 주로 선교 단체 간사나 자녀 교육과 관련된 일을 하면서 가사와 자녀 양육에 집중했습니다. 이랜드와 같은 기독교 기업에서 일하는 경우에는 여성의 직장 생활도 선교 활동의 연장에서 이해했습니다. 간혹 남편이 목회자인 경우 가정의 경제를 위해서 아내가 직장 생활을 하는 것이 용인되었는데, 그럴 경우 아내가 돈을 더 많이 벌더라도 목회자의 자리가 확고하게 머리의 자리를 차지하기 때문에 위협이 된다고 보지 않았습니다. 즉 교회에서 목사 자리를 능가하는 것은 없으므로 이럴 경우 아내의 경제 활동은 보조하는 역할로 쉽게 인식이 되었습니다.

그러나 페미니즘의 등장은 이러한 젠더 규범에 도전하기 시작했고, 평등 의식이 이전보다 훨씬 더 높아진 기독교인 여성들도 부부 관계뿐만 아니라 자신의 일과 사회생활에서 이전 세대와는 다른 것을 요구하고 기대하기 시작했습니다. 기독교 윤리의 중요한 축을 담당하던 여성들이 이렇게 달라지고 나면 더 이상 생활 윤리는 규제하기 힘들어지고, 그리하여 윤리 운동마저도 진보 정치를 곧 기독교 윤리로 상정하게 됩니다. 그러면서 결국 현실 문제를 다루는 데에 있어서는 무능력해지고 구호만 남게 되는 것입니다. 따라서 페미니즘의 도전을 기회 삼아서 정치의 흥망에 따라 휘둘리지 않는 교회 본연의 임무를 다시 생각해 볼 필요가 있습니다.

기독교 세계관과 관련하여 한 가지 더 이야기하면, 한국 사회에서 기독교 세계관 운동은 기독교 사역과 노동의 경계를 흐리면서 목회다운 목회를 더 힘들게 만드는 면이 있습니다. 기독교가 주류 집단이 된다는 것은 기독교 집단 안에서 먹고 살 수 있는 충분한 시장이 형성되었다는 말이기도 합니다. 그러나 기독교인들은 이것을 그냥 경제 활동이라고 보지 않고 '사역'이라고 말합니다. 전에는 사역이라고 하면 곧 교회에서 하는 사역을 일컬었고, 선교라고 하면 직접 복음을 전하는 선교를 일컬었지만, 점차 기독교 집단이 커지면서 사역도 기독교 정신을 가지고 하는 출판, 교육, 기업 활동 등을 다 아우르게 되었고, 그러한 모든 것이 다 선교가 되었습니다. 심지어 가정도 '사역'이라고 말할 정도가 되었습니다. 미술 선교, 음악 선교, 문화 선교 등등 이름만 붙이면 됩니다. 그러나 이것이 곧 교회가 될 수는 없습니다. 교회는 예배를 드리는 구별된 장소요 구별된 공동체입니다. 그래서 사역이라고 하고 선교라고는 하지만, 사실은 생계 노동입니다. 그러므로 사역도 곧 노동이고, 사역자도 노동자로서 기본 권리와 임금을 보장받아야 한다는 생각을 하게 됩니다.

물론 이윤 활동을 하는 곳에서 생계 노동을 할 경우에는 그렇게 하는 것이 마땅합니다. 예를 들어, 출판사도 시장의 논리에 따라 돈을 버는 기업인 만큼 피고용인들에게 그저 기독교 정신으로 봉사하라고 할 수는 없습니다. 정당한 임금을 지급해 주어야 합니다. 물론 선교나 사역의 이름으로 하는 일들은 질이 좀 떨어져도 혹은 실력이 좀 떨어져도 선교니까, 하고 넘어가고 그래서 일하는 사람에게도 정당한 임금을 쳐 주지 않기도 합니다. 그러나 이윤 활동을 하는 이상 그렇게 하면 안 됩니다. 그럴 거면 차라리 선교라는 명칭을 떼고 제대로 수준 있는 물건을 만들고 시장의 평가를 받는 것이 기독교의 전반적 수준 향상에 도움이 됩니다. 이것이 기독교의 이름을 걸고 하는 모든 이윤 활동의 딜레마라면 딜레마일 것입니다. 기독교가 작은 집단일 때는 '기독교니까' 하고 그냥 서로 봐 줄 수 있었다면, 지금은 새로운 기준이 요구되고 있습니다. 그런데 그 외에 선교의 이름을 걸고 하는 다른 많은 비영리 단체나 운동 단체들은 교회 사역이 아닌데도 사역의 연장선상에서 자신의 일을 이해하려 하는 한편, 그렇다고 교회에서 하는 목회는 아니기 때문에 일반 시민 사회의 운동 관점에서 사역을 재정의하려 듭니다.

　　문제는 이러한 변화가 교회에서 직접 사역하는 사람들에게도 영향을 미쳐서 목회자들도 자기 일을 노동의 관점에서 이해하고 자신이 받는 사례를 노동에 대한 임금의 관점에서 보기 시작했다는 것입니다. 물론 그 배경은 충분히 이해할 수 있습니다. 한국 교회는 담임 목사와 기타 부교역자들의 사례나 대우의 편차가 큰데, 지금까지는 다 신앙과 사역의 이름으로 받아들였다면 이제는 더 이상 그런 관행을 눈감아 주기가 힘들게 되었습니다. 그러나 그런 관행을 고치기 위해서는 교회가 어떠한 일을 하기 위해 모인 곳이고 그렇게 모인 사람들을 어떻게 대하는 것이 교회가 보여야 할 마땅한 태도인가의 관점에서 생각해야지, 고용인과 피고용인의 관점에서 노동 계약서를 작성하듯이 하고 그래서 관계가 원만하지 않으면 노동 운동 하듯이 문제를 풀어 가려 하면 안 됩니다.

　　옛날에 한국 사회에서 장남이 많은 유산을 받은 이유는

그가 선산과 제사를 다 책임지고 부모를 모셨기 때문입니다. 그러나 현대 사회로 들어서면서 장남이 그러한 역할을 더는 감당하지 않는데도 유산을 차지했기 때문에 문제가 되었고, 그래서 이제는 그러한 제도가 다 수정되었습니다. 물론 모든 자녀에게 똑같이 나누어 주게 함으로써 결과적으로 아무도 부모를 모시려 하지 않는 사회로 들어섰습니다만, 그것은 근대 국가의 이념에 따른 정책이니 어쩔 수 없습니다. 그러나 교회는 국가가 아니기 때문에 교회의 목적에 부합하는 방식들을 택할 수 있습니다. 그래서 교회에서 담임 목사가 받는 사례가 다른 부교역자에 비해서 차이나야 하는 여러 가지 이유를 따져 보고, 어떤 것이 교회의 전체 재정과 교역자들의 실제 생활 그리고 사역에 도움이 되는지를 종합적으로 판단해서 결정할 수 있습니다. 단지 담임 목사라서 좀 더 많은 사례를 할 필요는 있습니다. 그만큼 큰 책임이 따르는 자리이고 그것을 인정해 주는 방식이 자본주의 사회에서는 돈이기 때문입니다. 그러나 어느 정도 차등을 두어야 담임 목사가 리더십에 타격을 받지 않고 교인들과 부교역자 전체를 지도할 수 있는지는 서로 협의할 수 있습니다. 돈 문제가 잘 해결되려면 신뢰 관계가 형성되어야 합니다. 노동 관점을 섣불리 도입하는 것은 이러한 신뢰 관계를 위한 노력을 포기하고 권력 관계 문제로 모든 것을 환원시킴으로써 교회의 정신 또한 훼손시킬 수 있습니다. 그리고 자신의 사역을 노동으로 보는 목사가 얼마나 교인을 잘 돌볼지도 의문입니다. 물론 자본주의 사회인 만큼 많은 돈이 질 좋은 서비스를 보장하는 장치가 될 수도 있습니다. 엄마를 대신하는 믿을 만한 돌보미는 값이 비싼 것처럼 말입니다. 신뢰 관계를 돈이 담보하는 것이지요. 교회가 그러한 지경이 되지 않기 위해서 늘 경계할 필요가 있습니다.

한편 이렇게 노동 관점으로 접근하는 것은 페미니즘에서 여성 안수를 주장하는 배경이기도 합니다. 앞에서도 이미 설명했지만, 권력 관계의 관점에서 여성 사역에 접근하면 '사역'이란 무엇이고 그것이 원래 지향하는 바가 무엇인지는 부차적인 문제가 되고 일단 여성들이 권력을 가지는 것이 초점이 됩니다. 교회 안에 권력 관계가 없는 것은 아닙니다. 인간의 모든 관계는 다 권력 관계라고 할 수도 있습니다. 기독교에서 가르치는 사랑이 이러한 권력 관계를 은폐하려는 시도로 이용되는 것도 사실입니다. 그러나 그것을 인식한 후 해결하고자 선택하는 방법이 일반 사회에서 인간관계에 접근하는 권력 관계의 방식이라면 교회는 자신이 보여 주어야 하는 세상과 다름을 보여 주지 못하게 됩니다. 소금의 짠맛을 잃는다는 것이 바로 그런 것이겠지요.

유교의 젠더 규범을 가진 한국 교회에서 여성들의 권력은 목사의 자리에서 얻기보다는 사모의 자리에서 얻기가 더 쉽습니다. 그 규범을 이용할 줄만 알면 사모들은 상당한 영향력을 행사할 수 있습니다. 저도 남편이 잠시 대형 교회에서 일한 적도 있지만, 그렇게 교회 규모가 크면 사모들끼리의 모임이 생기고 거기에서 담임 목사 사모는 상당한 지위를 가지게 됩니다. 그러한 지위에 있는 사모는 남편이 교회에서 제일 높은 자리를 차지하고 있기 때문에 남편 신분의 연장선상에서 활동하면서 교회의 여러 중요한 일들에 관여하고 입김을 불어넣을 수 있습니다. 이러한 식으로 여성들이 영향력을 행사하는 방식은 페미니즘의 생리에 맞지 않습니다. 그리고 저처럼 남편의 신분에 기대지 않고 자기 이름으로 무엇을 해내고 싶은 여성들도 그렇게 '사모'의 자리에서 살기보다는, 목사까지는 아니어도 차라리 남편과 대등하게 평신도 리더십을 발휘하고 싶어 합니다. 그러나 그러한 평신도 리더십의 자리조차 여성들에게는 남편이 있기 때문에 누릴 수 있는 자리입니다. 독신 여성은 교회에서 영원한 청년이지 결혼한 부부들의 자리에 끼어 '어른'의 리더십을 발휘하기 힘들기 때문입니다. 하물며 집사가 그런데 여자 목사가 단지 목사라는 이유로 교회에서 리더십을 발휘하는 것은 쉽지 않은 일입니다. 결국 여성 목사의 리더십은 남편의 유무와 그 남편이 어떤 자리에 있느냐에 따라 상당한 영향을 받을 것이고, 그러므로 사모의 자리와 충돌을 일으킬 수밖에 없습니다. 여자 전도사들은 자신이 목사 안수만 받을 수 있다면 이러한 문제를 다 해결할 수 있을 거라고 생각할 수 있지만, 실제 교인들은 여자 목사와 사모가 하는 일이 무엇이 크게 다른지 이해하지 못할 확률이 높습니다.

여자 전도사든 목사든 교역자 모임에 가면 남자 교역자들과 한 자리에 있게 되고, 혹시 부부 동반 교역자 식사라도 하게 되면 거기에 사모들이 참석합니다. 그러면 여자 교역자들은 자신들이 남자 교역자들과 같은 교역자에 소속되는지 아니면 사모들과 같이 여성들에게 소속감을 가져야 하는지 애매한 위치에 있게 됩니다. 아마도 근대 교육을 받은 많은 여성은 그런 자리에서 교역자의 정체성을 가지고 남자 교역자들과 대등하게 어울리고 싶겠지만, 자기 아내까지 동반한 자리에서 남자들은 유교적 내외 규범을 자동으로 작동시켜서 자기들끼리의 네트워크를 중심으로 교제를 하지 여자 교역자들을 크게 고려하지 않습니다. 심지어 여자 교역자가 싱글이기라도 하면 더욱 조심스럽고 사모도 그 여자 교역자를 경계하기 쉽습니다. 결국 여자 교역자는 교역자들과 사모들 사이를 오가면서 어디에 서야 할지 적절하게 자기 위치를 타협할 수밖에 없습니다. 그것은 그 여자 교역자가 전도사든 목사든 크게 다를 것이 없습니다. 오히려 목사일 경우에 남자 교역자들 네트워크에서 더 배제되기가 쉽습니다. 차라리 전도사라면 직분상으로라도 아래니까 여성으로 대하지 않고 아랫사람 대하는 방식으로 대하면서 같이 어울릴 수 있습니다. 하지만, 같은 목사가 되면 남자 목사들은 내외 규범을 벗어난 대등한 위치의 여성을 대하는 방식을 모를 뿐더러 밖에서 일하는 여자의 섹슈얼리티는 불안한 것이기 때문에 더 경계하고 차라리 남자들끼리 일하는 방안을 택할 수 있습니다. 이때 여자 목사들이 내가 누구의 아내 혹은 엄마라는 것을 부각시키면서 일하면 그 여자 목사를 어떻게 대해야 하는지에 대한 기본적인 틀이 제공되고 성적 긴장도 배제할 수 있으므로 차라리 나을 수 있는데, 보통 목사 안수까지 받은 여성들은 자기 개인의 이름으로 사역하고 싶어 하지 누구의 아내나 엄마 자리를 내세우고 싶어 하지 않기 때문에 남성 교역자 네트워크를 뚫고 들어가기가 더 어렵습니다. 따라서 무조건 여성 안수의 이슈만 제기하는 것은 교회의 현실과 실제적인 인간관계 방식 그리고 교회가 사역을 통해서 지향하는 바가 무엇인지는 고려하지 않은 채 외치는 운동 차원의 구호밖에 되지 않습니다.

제가 예전에 다니던 교회에 나이든 여자 전도사님이 계셨는데, 결혼은 하셨지만 남편은 교회에 나오지 않았습니다. 그 교회에서 그분은 유일한 전임 여자 교역자였는데, 나중에 교회가 구조를 개편하면서 이 여자 전도사님을 더 이상 사역자로 쓰지 않았습니다. 저는 이분이 여자 목사였으면 그대로 남아 있었을 거라고 생각하지 않습니다. 이분은 나이가 제법 드신 분이었고, 남편이 교회에 나오지는 않아도 결혼한 여성이었고 장성한 자녀도 있었기 때문에 자기보다 어린 남자 목사가 함부로 대할수 있는 상대는 아니었습니다. 이 여자 전도사님은 교회에서 일하면서 교역자 회의 때마다 여자 성도들의 입 역할을 하면서 그들의 필요를 채워 줄 일들을 건의했는데, 남자 목사는 그런 것이 분명 마음에 들지 않았을 것이고 그래서 교회 조직 개편을 핑계삼아 더 이상 함께 일하지 않기로 했겠지요. (이 목사는 '진보적인' 목사였습니다.) 그 여자 전도사님이 그만두면서 제게 '지금까지 권사님들을 비롯한 교회의 많은 여자 성도들이 자신을 통해서 교회에 필요한 일들을 건의했는데, 이제 자기마저 없으면 교역자회의 때 누가 여자 성도들의 목소리를 대변할지 모르겠다'고 했습니다. 물론 제가 교회 일에 깊이 관여하지는 않았기 때문에 사태의 정확한 자초지종은 알 수 없었습니다만, 그 여전도사님이 평소 저를 대하고 사역하던 방식으로 미루어 저는 그분이 자기 입장에 유리한 말을 제게 하셨을 거라 생각하지 않습니다.

여기에서 여자 성도들의 목소리란 페미니스트 이념의 목소리가 아닙니다. 여자 성도들의 필요는 다양합니다. 저도 여러 여자 청년들을 상담했지만 그들이 원하고 필요로 했던 것은 제가 생각하는 것과 다를 때가 많았고, 그러면서 페미니즘의 이념으로 무엇이 여성을 위한 것이라고 말하기는 힘들다는 것을 배웠습니다. 어떤 여성들은 사모 자리가 힘들다는 것을 알면서도 목회자 후보와 결혼할 기회가 생기자 결혼해서 사모로 사는 것이 싱글로 사는 것보다는 낫다고 생각해서 좀 더 기다려 보라는 제 조언과 달리 결혼을 택하기도 했습니다. 교회가 페미니스트 단체가 아닌 이상, 심지어 페미니스트 단체라 하더라도 여성들이 개인적으로 하는 선택들을 이념의 기준으로 판단할 수는 없습니다. 우리는 각자 자신의 선에서 할 수 있는 것들을 하면서 잘 살아 보려고 노력할 뿐입니다.

그 여자 전도사님은 남편이 교회에 다니지 않았기 때문에 교회에서는 싱글이나 다름없었습니다. 내가 결혼한 여자라는 것 외에 남편의 장로 신분이나 목사 신분을 자기 신분의 연장으로 사용할 수 없었기 때문입니다. 그렇기 때문에 교회 안에서 차지하는 위치는 싱글 여성 정도로 취약할 수밖에 없었습니다. 만일 그분의 남편이 교회에서 어느 정도 높은 자리를 차지하는 사람이었다면 담임 목사가 그 남편 때문에라도 그분을 쉽게 해임하지 못했을 수도 있습니다. 이처럼 교회 안에서 남성 교역자들이 어떠한 네트워크를 가지고 움직이고 어떠한 젠더 규범과 성별적 이해를 가지고 행동하는지를 잘 이해해야 하고, 그들과 결혼해서 사는 배우자 여성들이 그러한 네트워크를 통해서 무엇을 얻고 있는지도 잘 이해해야 합니다. 그 여성들이 페미니스트인지 아닌지는 중요하지 않습니다. 앞에서도 보았듯 페미니스트들도 교회 안에서 결혼한 여성으로서 누리는 혜택은 같습니다. 본인의 남편들도 똑같은 가부장 네트워크에서 사는 남성들이고 페미니즘이 진보의 표지가 되었으니까 별 부담 없이 아내가 하는 일을 내버려두는 것일 수도 있습니다.

이러한 상황에서 일단 여성 사역자들이 좀 더 안정적으로 사역을 하려면 일단 사모들과 여성 사역자들이 같이 협력할 수 있어야 합니다. 여성 안수를 위해서 페미니즘 관점에서 싸우면 여성 사역자들은 사모를 자신의 타자로 삼고 함께 연대하기보다는 비판하기 쉽습니다. 남편에게 종속되어 억압된 상태로 사는 해방되지 못한 여성으로 그들을 재현하면서 그에 대한 반대 이미지로 자신은 남녀평등을 추구하는 깨인 여성임을 내세우는 것이지요. 그렇게 되면 사모는 사모대로 여성 사역자들을 폄하하거나 교회에서의 영향력을 축소하려 할 수 있습니다. 교회에 영향을 미치고 싶어 하는 사모일수록 안 그래도 여성 사역자들을 견제하기가 쉬운데, 페미니즘은 이미 존재하는 그러한 긴장 관계를 더 악화시키고 대립 구도를 더 강화할 수 있습니다.

여성이 교회에서 남성과 같은 대표성을 가지려면 남자와 여자를 다 품을 수 있는 상징적 이미지를 가져야 하는데 지금까지 그 대표성은 아버지였습니다. 그 아버지를 가장 효과적으로 대체할 수 있는 것은 페미니즘이 주장하는 독립적 여성이 아니라 어머니입니다. 따라서 싱글 여성이라 하더라도 그러한 모성을 강조할수록 무성적 존재로서 교회의 남자와 여자를 다 대표하기가 좋습니다. 어머니에게서 태어나지 않은 남자는 없기 때문입니다. 따라서 이 어머니상을 어떻게 변형시킬 것인가에 먼저 집중해야 교회 안에서 여성 리더십의 필요와 기여에 대해 좀더 구체적으로 이야기할 수 있습니다. 남자와 같은 권력을 가지는 것이 여성 안수의 초점이 아니고 교회에서 여성들이 성경에서 약속하는 복을 제대로 누리도록 돕는 것이 목적이라면 좀 더 현실적으로 생각해야 합니다.

예를 들어서, 교회에서 싱글들을 위한 자리를 만드는 데에 사모들이 적극적으로 도움을 주면 여성들이 결혼의 압박을 받지 않으면서 영적으로 형성되어 가는 데에 도움을 받을 수 있습니다. 그리고 여성들이 조금씩 전통적인 역할에서 벗어나 크

4. 한국 복음주의 페미니즘은 어디로?

고 작은 모임에서 남자들과 대등한 리더십을 발휘할 기회를 얻도록 사모들이 힘을 더할 수도 있습니다. 즉 사모들 자신이 전통적 성 역할에 매이지 않고 성도들이 수긍할 수 있는 수준에서 조금씩 변화를 시도할 수 있습니다. 그리고 그렇게 하는 데에 있어서 여성 사역자들을 경쟁자로 보지 말고 함께 협력하면 좋을 것입니다. 남편이 교회에서 힘 있는 자리에 있을수록 사모들은 자기 남편 신분의 연장으로 자신도 그러한 권력을 휘두르고 싶어할 수 있습니다. 하지만 그러한 사모는 교인들도 피곤해합니다. 따라서 자신이 가진 힘을 자기를 위해서 쓸 것이 아니라 교회의 여성들을 위해서 쓰면 좋을 것입니다. 이때 사모의 지도력이 여성들에게 결혼하고 아이를 낳으라고 압박하지도 않고, 페미니스트가 되라고 도전하지도 않으면서, 하나님 앞에서 자기 자신을 찾아가는 데에 도움을 주는 방향으로 발휘된다면 여자 교인들에게 도움이 될 것입니다. 유교의 내외 규범은 사모들이 그러한 역량을 발휘하기 좋은 구조입니다. 옛날에 내의 영역을 책임졌던 어머니들처럼 성별 분리의 규범을 활용해서 결혼한 여성이든, 결혼 경험이 없는 싱글 여성이든, 이혼한 여성이든, 재혼한 여성이든, 여성들에게 유익을 끼칠 수 있는 방향으로 사모들이 지혜를 발휘하면 좋을 것입니다.

한편 선교 단체 부부 간사는 교회의 목사-사모 틀 안에 있지 않기 때문에 오히려 각자의 사역을 놓고 더 갈등을 일으킬 수 있습니다. 똑같이 사역으로 부름받은 평등한 관계라고 생각하고 싶지만, 실제 삶과 사역에서는 차이가 드러나기 때문입니다. 그리고 교회가 아니기 때문에 페미니즘과 같은 이념적 시류의 영향을 더 받으면서 결혼한 여자 간사들은 남편 간사들을 상대로 평등의 요구를 더 들이밀 것이고, 그렇게 선교 단체가 결혼한 여자들의 이익 중심으로 움직이게 되면 결국 소외당하는 것은 싱글 여자 간사들입니다. 싱글들이 안정적으로 사역할 자리를 잃으면 결국 여자들은 결혼을 독려받을 수밖에 없고 그러면 결국 여자들은 결혼해야 한다는 전통적 패턴을 반복하는 것밖에 되지 않습니다. 그 패턴을 벗어나고 싶어 페미니즘 운동을 더 열심히 한다고 해도, 페미니즘 운동을 제대로 하려면 결혼 관계 밖의 성관계와 동성애를 다 허용해야 하는데 그렇게 하면 교회로부터도 비난받고 스스로의 정체성도 흔들리기 때문에 그렇게는 못하고 결혼한 여자를 차별하지 말라는 요구만 하면서 더 엄격한 이성애 부부 중심의 모델을 고수하게 됩니다. 결국 싱글 여성을 타자 삼아 결혼한 여성이 이익을 챙기는 근대화된 유교의 부부 중심 모델을 고수하는 것이지요. 그런데 선교 단체는 일반 교회의 수준보다 더 헌신된 사람들이 모였다는 자부심이 있는 만큼 도덕적 우월성을 유지하려 하고 그 도덕적 우월성은 일차적으로 남자들의 성적 정절과 깨끗한 돈 문제로 나타나야 하는데, 최근에 불거진 몇 가지 사태들은 선교 단체들도 그 문제에 있어서 자유롭지 못하다는 것을 보여 주었습니다. 그렇다면 가장 쉬운 방법은 진보 정치 이슈를 지지하는 것으로 도덕적 우월성을 입증하려는 전형적인 자유주의의 방법입니다. 행태는 보수 교회와 똑같으면서도 진보적 정치 이념으로 도덕적 우월성을 드러내려는 것입니다.

이럴 때일수록 여자들은 단지 남자들이 페미니즘에 대해 열린 태도를 보이고 있다고 해서 혹해서는 안 됩니다. 현재 복음주의에서 저와 비슷한 세대의 남성들에게 페미니즘은 자기보다 윗세대의 가부장들에게 저항하는 도구일 뿐, 실제로 페미니즘을 제대로 이해하거나 여성들을 생각해서 지지하는 것이 아닙니다. 한국 교회에서 남성 사역자의 남성성은 어머니가 하나님께 바친 자식이라고 떠받들고 아내가 목사님이라고 떠받드는 가운데서 구성된 남성성입니다. 저희 세대 남성 사역자들은 그러한 교회의 젠더 구조에서 아들로 자란 사람들이고, 따라서 자신들도 그러한 대우를 받기를 기대합니다. 그러나 평등 욕구가 한창 팽배하던 시대에 대학을 다녔던 만큼 전통적 가부장과는 거리를 두려 하고 그래서 페미니즘의 의제에도 열린 자세를 취하기는 하지만, 결국 아버지를 넘어서기 위해서 아버지와는 다른 정치노선을 택하는 것일 뿐 실제 여성들의 권익에는 관심이 없습니다. 서구 사회처럼 남성들끼리 아버지-아들의 위계를 깨고 형제애를 결성해야 하는데 한국 사회의 유교 규범 때문에 그것이 어려우니까 진보 정치로 아들끼리의 단결을 꾀하는 것입니다. 페미니즘은 그냥 거기에 던져넣은 종합세트 중 하나일 뿐인데 거기에 여성들이 감동해서 같이 행동하면 남자들의 들러리밖에 되지 않습니다. 전통적 가부장은 생계를 책임져야 한다는 당위가 있었고 그 책임을 다함으로써 권위를 인정받았다면, 그 아들들은 생계는 책임지지 못해도 진보 정치를 통해 아내를 동지로 얻었기 때문에 아내가 대신 생계를 책임지기도 합니다. 결국 패턴은 목회자 후보이거나 가난한 목회자인 남편을 위해 피아노 레슨 등을 해서 생계를 보조하는 것과 다르지 않습니다. 다만 남편은 부양 의무가 더 희박해졌고, 아내들도 부양 의무를 요구하는 것은 평등 의식에 걸맞지 않다고 생각하기 때문에 결과적으로는 같은 패턴에서 같은 역할을 수행하면서도 자신들은 더 평등하고 진보적이라고 생각할 뿐입니다.

이럴 때는 여성들이 차라리 페미니즘을 모르는 것이 더 유리할 수 있습니다. 진보 타이틀이 자기에게 딱히 의미가 없으면 그 논리대로 행동할 필요를 느끼지 못하기 때문입니다. 그러면 내가 정치적으로 올바른 소리를 하지 못할 것에 대한 두려움 없이, 하나님 앞에서 자기를 부지런히 살핀 사람으로서 자신이 보고 경험한 것을 정직하게 말할 수 있습니다. 그리고 제대로 하나님 앞에서 자기를 살핀 남성이라면, 자신이 그리스도의 '신부' 위치에 있다는 것에 대해서 깊이 고민할 것입니다. 성경대로라면 남성들은 기독교 신앙 앞에서 자신의 남성적 정체성에 대해 심각한 도전을 한 번쯤은 받아야 합니다. 여자들은 세상에서도 신랑이 아닌 신부가 되기 때문에 그리스도의 신부가 된다는 것을 일상적 경험의 연장선상에서 상상할 수 있다면, 남자들은 세상에서는 신랑이 되는데 그리스도에게는 신부가 되는 성 정체성의 역전을 경험합니다. 어머니도 아내도 자신을 떠받들지 않을 때 그리스도의 '신부'가 된 '남자'인 자신은 누구인가를 심각하게 고민해 본 남성이 아니라면, 여자들이 페미니즘을 가지고 무엇을 하려는 것인지를 이해하는 것보다 낙타가 바늘귀로 들어가는 것이 더 쉬울 것입니다.

에필로그

저는 거의 20년 동안 꾸준히 유진 피터슨이라는 미국 백인 남성 목사이자 작가의 책을 번역했습니다. 그는 성경의 세계와 지금 이 세계는 같은 세계라는 확신이 있었습니다. 다시 말해서, 예수께서 태어나고 자라고 걷고 울고 웃고 하시던 그 땅은 지금도 우리가 비행기만 타면 갈 수 있는 이 지구상에 있는 실제의 땅이고, 성경에서 그가 만나 함께 먹고 마시고 논쟁하고 가르친 사람들은 우리와 다를 바 없는 사람들이라고 믿었습니다. 그 인간들은 우리와 같은 것을 고민했고, 우리와 같은 잘못을 했고, 우리와 같은 것을 원했습니다. 병이 낫기를 바랐고, 가족이 화목하기를 바랐고, 좋은 지도자가 자신들의 민족적 자부심을 회복해 주고 더 살기 좋은 나라를 만들어 주기를 바랐고, 자신들의 종교적 신념이 궁극적으로 옳다는 것을 확인받기를 바랐습니다. 이러한 사람들을 상대하시면서 예수는 많은 것들을 가르치고 보여 주셨습니다. 피터슨은 그러한 예수의 방법과 내용을 잘 배워서 지금 자신이 사는 지구상의 또 다른 지역에서 그대로 실천하며 사는 것이 기독교인의 삶이라고 생각했고, 그러려면 기독교인들이 성경의 내용을 잘 알아야 한다고 생각했습니다. 그냥 문자적인 의미가 아니라 정말 그 의미를 잘 알아야 한다고 생각했습니다. 그래서 그 의미를 제대로 전달하기 위해서 그는 자신의 독자인 현대의 미국인들이 이해할 수 있는 말로 성경을 번역했습니다. 저는 그의 책을 여러 권 번역하면서, 그가 성경 번역을 통해서 말하고자 한, 성경에 대한 그의 해석을 이해할 수 있었습니다. 즉 그가 번역 작업을 할 때 가지고 오는 그 자신의 해석과 세계관을 이해할 수 있었습니다. 그는 젠더 관점이나 탈식민주의를 들먹이지 않았지만, 지금, 이 땅, 지리적 여기를 강조했기 때문에 서구의 관점을 보편적 관점으로 제시하지 않으면서 기독교를 이야기할 수 있었습니다. 자신에게 주어진 토양에서 기독교인으로 사는 것을 강조하고 거기에 충실했던 사람이었던 만큼, 미국인이자 백인 남성으로서 그의 지위는 제게 상대화되어 전달되었고, 한국이라는 저 자신의 토양에서 기독교인 여성으로 사는 것에 대해 고민할 수 있는 자리를 복음주의 안에 마련해 주었습니다. 지금까지 이 책에서 이야기한 모든 것은 저 자신의 토양에서 기독교인 여성으로 사는 방법에 대해 지난 20년간 고민하며 연구한 결과입니다.

처음 예수를 저 자신의 결심으로 믿을 때부터 저는 기독교는 경험하고 실천해야 비로소 의미가 있다고 생각했습니다. 제가 번역한 수많은 책들이 그러한 실천에 도움이 되기도 했지만, 많은 경우 벽에 부딪히기도 했습니다. 바로 토양의 차이 때문입니다. 그리고 그 토양의 차이는 페미니즘을 한국과 미국에서 공부하면서 더욱 분명하게 느낄 수 있었습니다. 기독교는 실천의 차원을 영성으로 초월해 버리려 하는 경향이 있다면, 페미니즘은 실천의 차원을 우리의 여성 됨과 남성 됨의 차원, 인간의 가장 친밀한 사랑과 뼈아픈 배신이 시작되는 그 차원으로 끌어내려 모든 것을 해체하려는 경향이 있습니다. 끈질기게 이 땅에 발을 디디고 있는 영성은 초월하려 하지 않으면서 초월성을 믿고, 초월성에 대한 그 믿음 덕분에 다 해체해야 할 정도로 타락한 이 세상 속에서 붕괴되지 않고 새롭게 되는 것입니다. 성전을 다 허물고 사흘 만에 다시 지을 분은 예수밖에 없습니다. 우리는 성전을 허물고 나면 그냥 폐허 위에 서 있을 뿐입니다. 따라서 부활 신앙 없는 해체 작업은 결국 망치를 들고 성을 부수는 자기 자신의 욕망만 드러낼 뿐입니다.

한국의 기독교인은 한국이라고 하는 토양에서 서양 사람들이 전해 준 기독교를 믿는 사람들입니다. 지금도 우리는 꾸준히 서양으로부터 기독교만이 아니라 거의 모든 학문을 배우고 있습니다. 대학교 4학년 때인가 영국인 백인 여성 선교사와 대화를 한 적이 있습니다. 그는 동남아시아 국가에서 여러 해 동안 선교사로 산 여성이었는데, 백인 선교사들은 기독교를 전할 때 복음을 서구라는 포장지로 싸서 전하는데 중요한 것은 포장이 아니라 그 포장지 안에 든 선물이기 때문에 포장지를 뜯고 선물을 받아야 한다고 제게 말했습니다. 이 선물과 포장지는 과연 얼마나 분명하게 서로 분리될 수 있을까요? 완벽한 분리는 힘들 것입니다. 그러나 정말로 우리의 여성 됨과 남성 됨의 차원에서 실천하다 보면 '아, 이거는 포장지일 거야' 하고 깨닫는 부분이 있을 것입니다. 그리고 때로는 포장지도 나름대로 쓸모가 있어서 재활용을 할 수도 있을 것입니다. 중요한 것은 포장지의 존재를 인식하고 인정하는 것입니다. 포장지의 존재를 인식하고 그런 포장지는 서구에서 온 것이라 다 필요 없다고 하면 기독교의 테두리를 벗어날 것이고, 포장지가 있는 줄 깨닫지도 못하고 그게 다 선물인 줄 알고 받아들이면 한국 토양의 테두리를 벗어날 것입니다. 우리의 실천이 의미를 지니기 위해서는 이 두 가지를 붙잡고 부지런히 우리의 언어로 번역하면서 새로운 포장지가 조금씩 모습을 드러내기를 기다리는 수밖에 없습니다. 신앙인의 삶의 태반은 인내와 기다림입니다. 우리는 할 수 있는 일을 하지만 결국 이루시는 것은 신이기 때문입니다. 그래서 신앙은 신을 믿는 만큼 신을 우러르는 것이기도 합니다. 그리고 교회는 돈으로든 이념으로든 정치하는 곳이 아니라 우리가 우러를 수 있는 그 신의 영역을 상기하기 위해 다양한 색깔과 배경의 사람들이 그리스도의 이름으로 함께 모여 예배하는 장소이고 공동체입니다. 수많은 새로운 사상과 논쟁 속에서도 이 사실을 기억해야 우리는 길을 잃지 않을 것입니다.

종교와 페미니즘, 서로를 알아 가다

양혜원 지음

초판 1쇄 발행 2020년 7월 23일

펴낸이 김도완
등록 제406-2017-000014호(2017년 2월 1일)
전화 031-955-3183
전자우편 viator@homoviator.co.kr

펴낸곳 비아토르
주소 경기도 파주시 문발로 197 102호(우편번호 10881)
팩스 031-955-3187

편집 최유진
제작 제이오

디자인 즐거운생활
인쇄 (주)민언프린텍
제본 (주)정문바인텍

ISBN 979-11-88255-62-7 03300

저작권자 ⓒ 양혜원

이 도서의 국립중앙도서관 출판예정도서목록(CIP)은 서지정보유통지원시스템 홈페이지(http://seoji.nl.go.kr)와
공동목록시스템(http://www.nl.go.kr/kolisnet)에서 이용하실 수 있습니다. (CIP 제어번호: CIP2020029705)